10才までに学びたい

マンガ×くり返しで

スイスイ覚えられる

47都道府県と世界の国

監修
学力向上アドバイザー
陰山英男

わーい！
沖縄のおばあちゃんから手紙だ！
ユカリ（小2）
へえ、なんて書いてある？
とっても楽しいよって
ユウキ（小4）
沖縄か…
でへへへ…
ボイん
ぼくも沖縄に行きたい！
わたしも！
ところで沖縄ってどこにあるの？
ズコー

お兄ちゃん そんなことも 知らないの？
だってー、どうせ 飛行機で行くんだし…
バカタレ!!
ぐはっ
わたしだよ わ・た・し
いてて… だれだよ？
沖縄のおばあちゃん！
ピンポーン
バーン
どうして こっちに来たの？
わー!!
かわいい孫に 日本のことを 教えたくてね
つまり…

北海道地方
東北地方
関東地方
中部地方
太平洋
これが日本の地図よ。
北から南、西から東に
それぞれ3000キロあるのよ

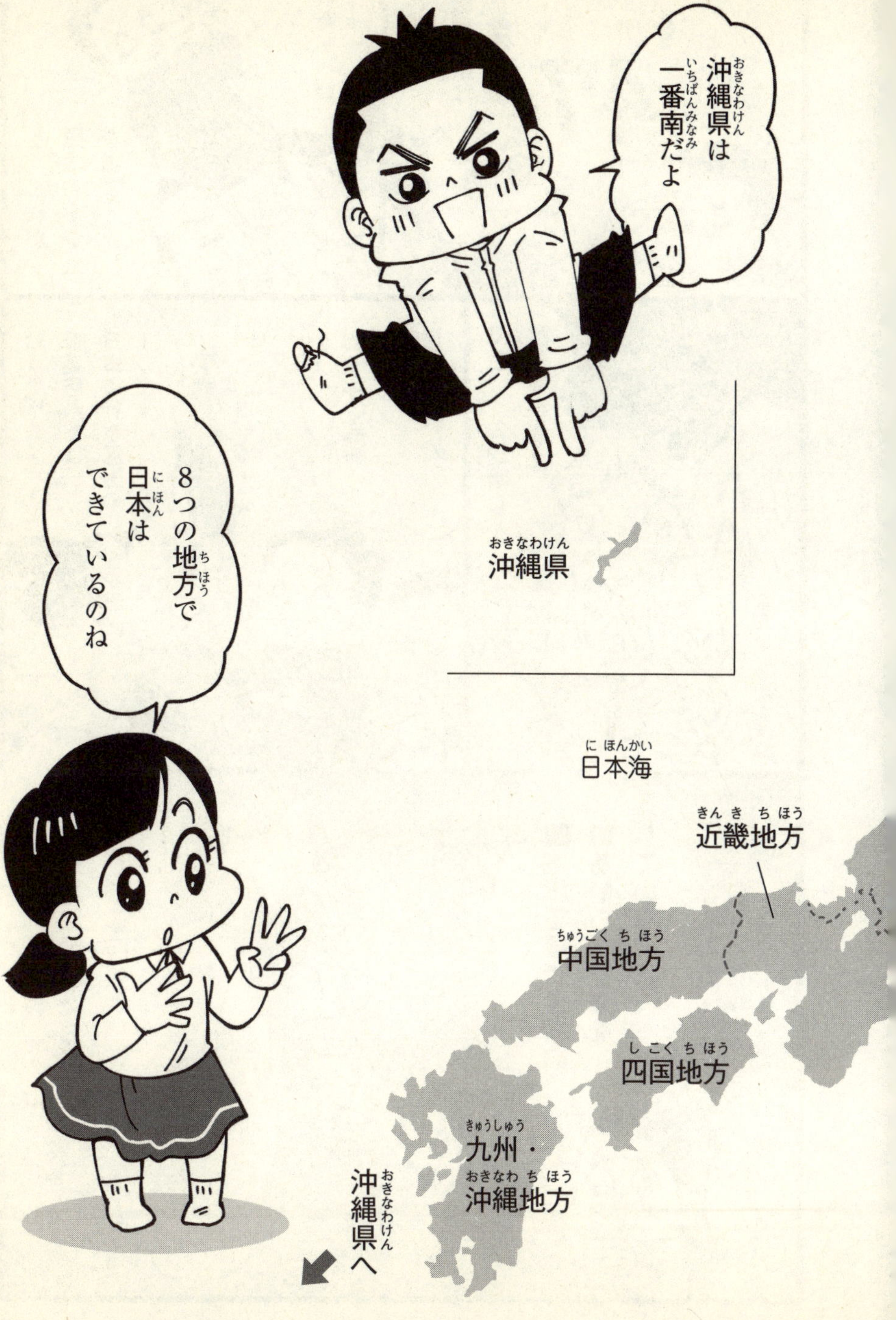
沖縄県は一番南だよ
8つの地方で日本はできているのね
沖縄県
日本海
近畿地方
中国地方
四国地方
九州・沖縄地方
沖縄県へ

と、これが日本のすがたなのよ！
へえ おもしろい
ちなみに都道府県は47あるのよ
47
と、とどう…それって何？
はーい！都道府県とは、日本の行政区画の1つです
おー大正解！すごいじゃないの
パチパチ
イッ
でも、今の説明じゃ難しすぎるよ
ぐぎぎぎ
まあ、そうよね
日本を47の地域に分けたもの、それが都道府県よ
市や区、町や村がふくまれているわ
国だけではできないいろいろな仕事をしているのよ
なるほど！

しかも、都道府県それぞれにいろいろな文化や自然があるの
博多ラーメン
みそ煮こみうどん
ほうとう
おみやげよ
どれもおいしそう…
もっと日本や都道府県をくわしく知りたいわ
それならこの本を読むといいわ
都道府県のおもしろい話がたっぷり!
10才までに学びたい
マンガ×くり返しで
スイスイ覚えられる
47都道府県と世界の国
陰山式地図ポスター付き!
陰山英男
地名 気候 名産品 世界遺産 交通
これ1冊で日本がまるわかり!
楽しみながらくわしくなれるわよ
なーんだ、じゃあおばあちゃんいなくてもいいね!
ヒヒヒヒ
ハァ〜
ほーお そこまで言う?
もういっぱついくかい?

もくじ

1章 北海道・東北地方

2章 関東地方

がまの
油

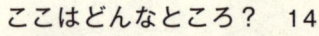

朝市

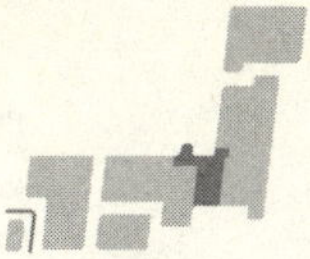

3章 中部地方

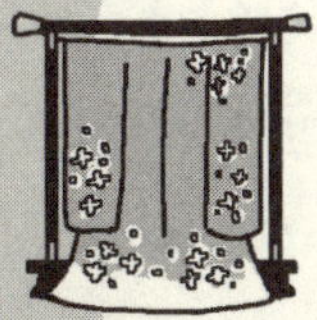

4章 近畿地方

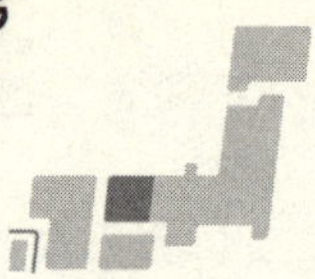

5章 中国地方

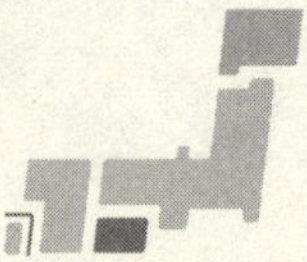

6章 四国地方

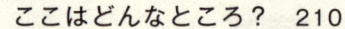

7章 九州・沖縄地方

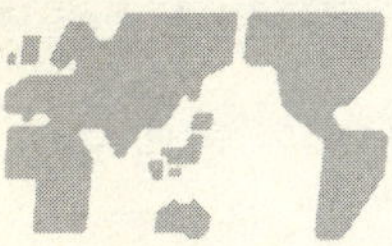

8章 世界の国

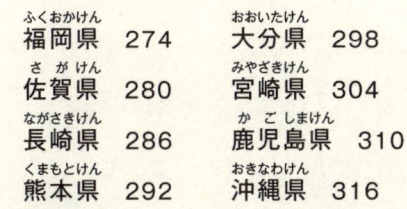

おうちの方へ

この本は、マンガで楽しみながら、日本の都道府県の知識を学べる作りになっています。読み進めるうちに、いろいろな都道府県について「もっと知りたい」「行ってみたい」と思うことでしょう。

こうした、**知らない世界への興味・好奇心**がとても大切であると、私は考えます。興味と好奇心こそが、お子様の学ぶ意欲を育むからです。そしてそれは、一生でかけがえのない「社会を生き抜く」ための財産になるはずです。

また、この本を**何度も反復して読む**ことも大切です。1回だけでなく、2回、3回と読む回数を重ねることで、知識が定着していきます。定着することで覚える能力が高まり、より広い世界への興味と好奇心を抱くようになります。ページの左端にある「学んだ日」欄に日付を書いて、お子様の達成感を引き出しながら、進めてみてください。

さらに巻末の「陰山式地図ポスター」を切り離し、目につくところに貼るなどして、本書で得た知識のおさらいに活用してください。

この本がお子様の「学ぶ意欲」を育てる一助となれば幸いです。

陰山英男

1章（しょう）

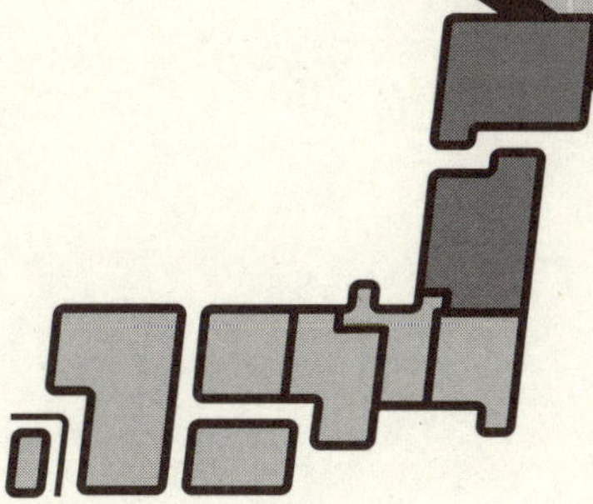

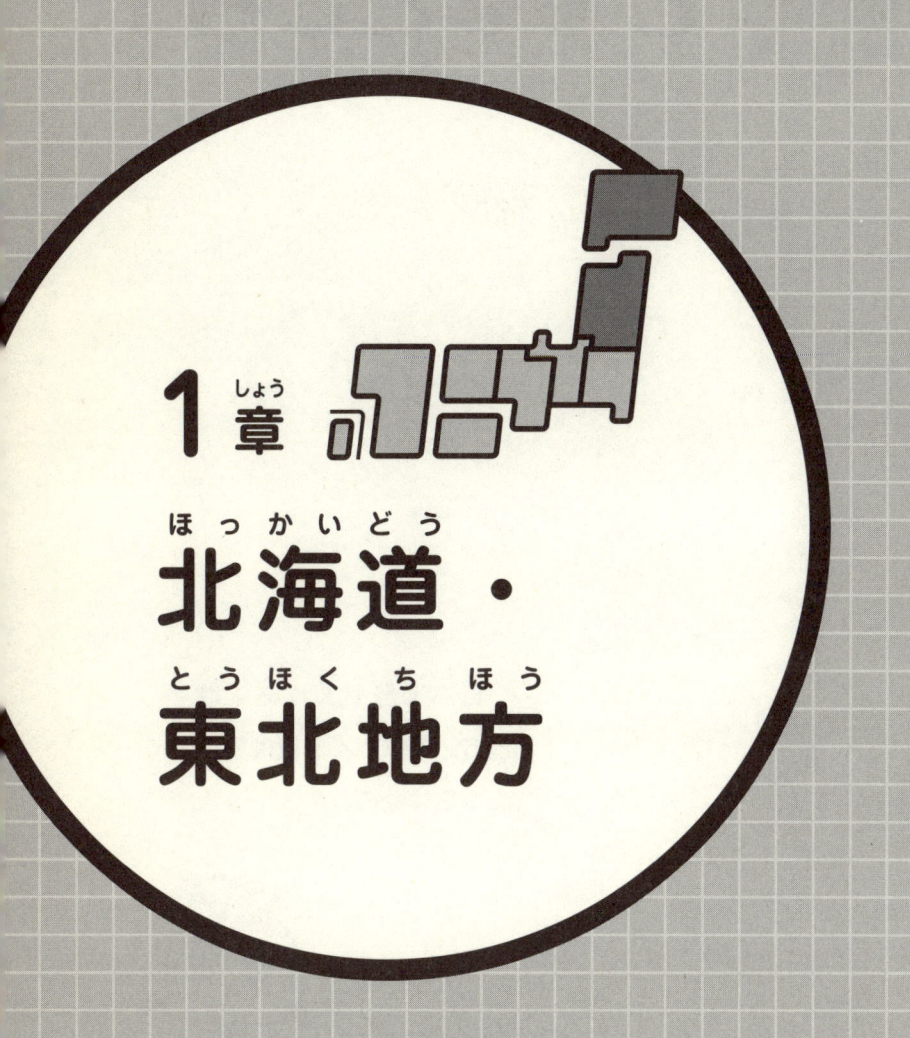

北海道（ほっかいどう）・東北地方（とうほくちほう）

北海道・東北地方

ここは どんなところ？

オホーツク海
石狩平野
北海道
日本海
十勝平野
青森県
秋田県
秋田平野
岩手県
庄内平野
宮城県
太平洋
山形県
福島県
日本で最も北にある地方。冬は寒くて夏は涼しい気候なの。

ポイント 1 日本海側は特に雪が多い

全体的に寒い地方だけど、太平洋側と日本海側の地域では気候がちがうんだ。太平洋側は夏に雨が多く、日本海側は冬に雨が多い。冬の雨は雪になるため、日本海側のほうが雪が多いよ。

➡ 寒い！ けれど…（P18）、かまくら（P43）

ポイント 2 農業がとてもさかん

面積の大きな道県が多く、広い農地を生かした農業がさかんだよ。米作りは北海道の石狩平野や東北の秋田平野・庄内平野、畑作は北海道の十勝平野でたくさん行われているんだ。

➡ 農業がさかん（P18）、あきたこまち（P43）

ポイント 3 北国ならではの伝統工芸

東北地方は、冬は雪のために農業ができない。そのため、昔から冬の時期に副業としていろいろなものを作っていたよ。それらの多くは、各県を代表する伝統工芸になっているんだ。

➡ 津軽塗（P25）、南部鉄器（P31）、天童の将棋（P51）

学んだ日

／

／

／

／

／

北海道

日本で最も北にあり、面積はダントツのトップ。広い大地で多くの農作物を生産しているよ。

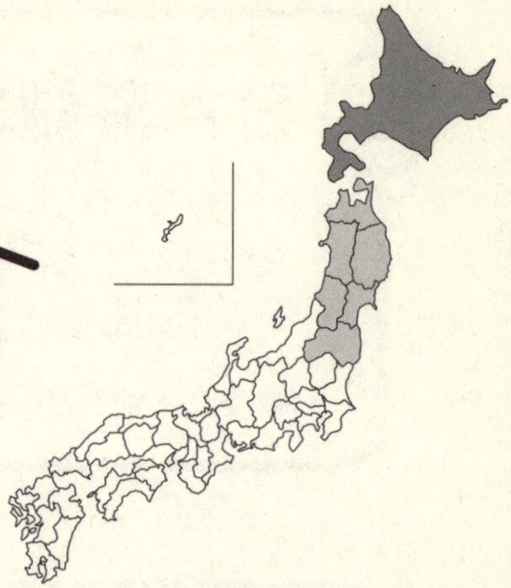

道庁所在地	札幌市
面積	7万8426㎢（全国1位）
人口	538万1733人（全国8位）

道の花 ハマナス　道の木 エゾマツ

道の鳥 タンチョウ

花粉が少ない？

来たぞ、北海道！
札幌の時計台ね
北海道はスギが少ないから、スギの花粉症の人も少ないの
へえ！
北海道にいれば花粉症とさよならかも！
よかったな
でも他の植物の花粉は多いのよ
ハックシュン！
あらー

北海道ってこんなところ

ロシアと北海道の間にあるオホーツク海。流氷はこのオホーツク海を通って、北海道にやってくるんだ。

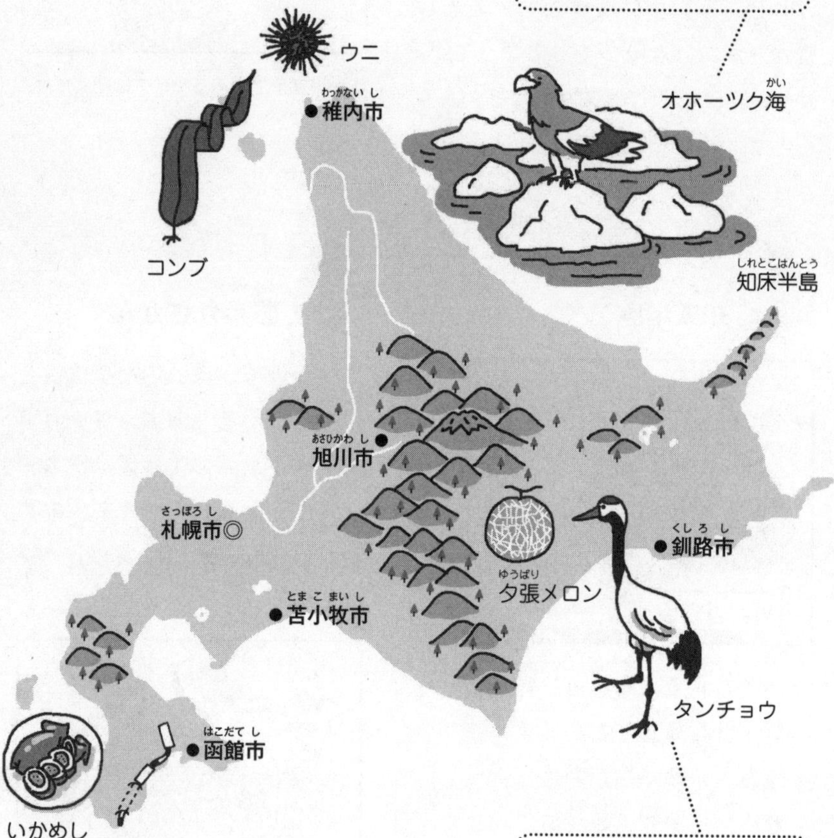
ウニ
稚内市
コンブ
オホーツク海
知床半島
旭川市
札幌市◎
釧路市
夕張メロン
苫小牧市
タンチョウ
函館市
いかめし

イカにごはんをつめて、たきこんだいかめし。駅弁として人気が出て、全国的に知られているんだ。

北海道の道鳥のタンチョウ。北海道の東部には1年中いて、天然記念物として保護されているよ。

学んだ日

／

／

／

／

／

自然 寒い！ けれど…

過去に日本一の寒さを記録した都市は旭川市で、1902年には何とマイナス41度を記録したんだ。信じられない寒さだね。
北海道の冬はとても厳しく、外は寒いけれど、家の中は暖房が効いてるし、暖かさがにげないつくりになっているから、実はとてもポッカポカだよ。

冬だからアイスがうまい！
いいな…
暖かい部屋で食べるアイスは最高だよ。

自然 知床半島

わしも住んでいるよ！
オジロワシ

北海道の北東にある自然豊かな半島。世界遺産でもあるよ。海と陸の生き物たちが関係し合って暮らしていて、オジロワシという珍しいワシもいるんだ。

たくさんの生き物がいることを「生物多様性」というよ。

産業 農業がさかん

広い大地でいろいろな農作物を生産している北海道。ジャガイモやタマネギの生産量は日本一なんだ。酪農もさかんで、牛乳やバターなどの生産量もトップなんだ。

ド〜ン
MILK
MILK
他にもトウモロコシやダイズなど、生産量日本一の農作物がズラリ。

もっと知りたい！北海道

北海道出身の偉人

- 伊藤整（小説家）
- シャクシャイン（アイヌの首長）
- 大鵬（大相撲力士）

北海道出身の有名人

- 大泉洋（俳優）
- 葛西紀明（スキー選手）
- 中島みゆき（歌手）
- 松山千春（歌手）
- 吉田美和（歌手）

ご当地グルメ

◆ジンギスカン

羊の肉を用いた焼肉。専用のジンギスカン鍋に野菜といっしょにのせて焼くんだ。北海道ではお花見や打ち上げのときの定番料理だよ。

◆石狩鍋

サケと野菜を煮こみ、みそで味付けした鍋料理。酒かすやバター、牛乳をかくし味で加えてもコクが出ておいしいんだ。

学んだ日
／
／
／
／
／

動物　野生動物

ぼくたちに会いに来て！
きみは会うと危ないけどね…
キタキツネ
ヒグマ

自然が多い北海道は、野生動物たちのパラダイス。みんなも、キタキツネやエゾシカに出会えるかも！？ 大きなヒグマには注意しようね。

自然　流氷

冷えてこおった海水が海にただよう現象で、オホーツク海などの寒いところで見られるよ。知床半島は流氷が流れつく世界の場所の中で、最も南にあるんだ。

ロシアにいたのに流されちゃった…

植物 マリモ

こんなに大きいんだ！

丸くてかわいい緑のマリモは、特別天然記念物になっている植物。阿寒湖はマリモが暮らすのにぴったりで、数少ない生息地になっているんだ。

直径 30cm まで成長するマリモもいるんだって。

方言クイズ

なんて言っているのか、考えてみよう！

① なまら

例）なまらおいしくて、たまらないね。

② ちょす

例）あれ、私の勉強机、ちょした？

③ あずましい

例）やっぱり家の中が一番あずましいね。

➡ 正解は P21 へ

歴史 アイヌ

北海道には先住民であるアイヌの人びとの文化が受けつがれているんだ。「アットゥシ織」という、木の皮から作られる織物などの工芸品もあるよ。
みんながよく知っている札幌や小樽、苫小牧などの北海道の地名は、実は彼らが話していたアイヌ語に由来しているものが多いんだ。

札幌
知床
苫小牧
美唄
小樽
みなアイヌ語由来よ！

ちなみに、青森県や岩手県の地名も、アイヌ語からきているものが多いよ。

交通 北海道新幹線

緑の車体が目じるし！

2016年に新青森駅～新函館北斗駅の間が開業したよ。H5系車両の車体にえがかれたラインは、ラベンダーなどをイメージしたむらさき色なんだ。

観光 旭山動物園

旭川市にある旭山動物園は、動物のふだんの姿を観察できる「行動展示」が見どころなんだ。のぞきカプセルからホッキョクグマをのぞいてみよう。

おおすごい
近いな…

みんなの給食 in 北海道

郷土料理のジンギスカンやちゃんちゃん焼きが人気メニュー。ちゃんちゃん焼きはサケを野菜と焼き、みそで味付けしたものなんだ。

ジンギスカン。北海道産の野菜といっしょに焼いて食べるんだよ。

サケのちゃんちゃん焼き。もともとは北海道の漁師の人びとが食べていたんだ。

学んだ日
／
／
／
／
／

[P20方言クイズの答え] ①とても ②しんどい ③落ち着く・安心だ

青森県

本州で最も北にあり、雪が多い地域だよ。リンゴ生産のほかに、漁業や林業もさかんだよ。

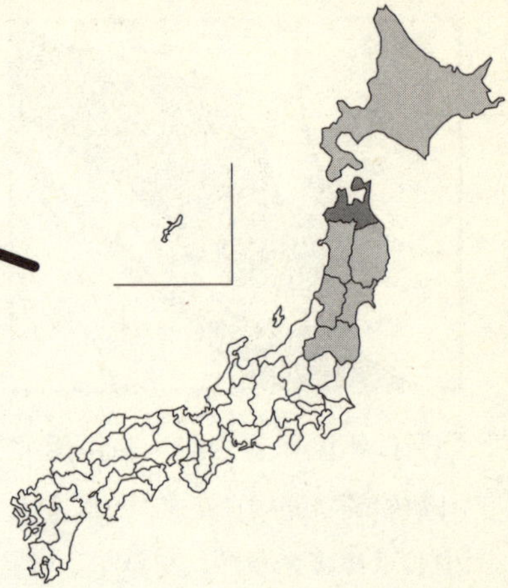

県庁所在地	青森市
面積	9646㎢（全国8位）
人口	130万8265人（全国31位）

県の花　リンゴ
県の木　ヒバ
県の鳥　ハクチョウ

リンゴづくし！

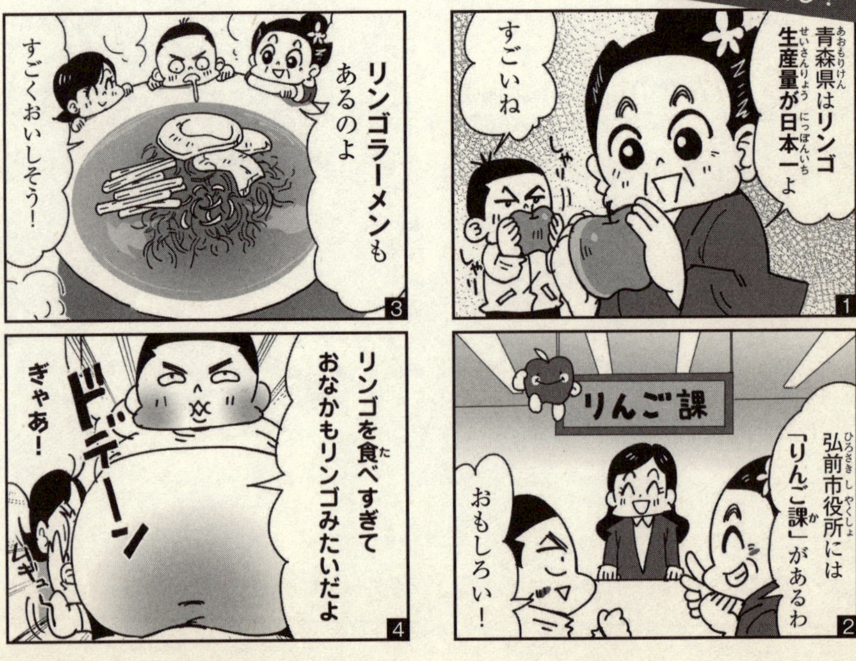
青森県はリンゴ生産量が日本一よ
すごいね
弘前市役所には「りんご課」があるわ
りんご課
おもしろい！
リンゴラーメンもあるのよ
すごくおいしそう！
リンゴを食べすぎておなかもリンゴみたいだよ
ドデーン
ぎゃあ！

青森県ってこんなところ

三内丸山遺跡は、縄文時代の大きな遺跡。当時の家や建物のあと、土偶などが見つかっているよ。

青森県西部に伝わるししゅうがこぎんさし。青い布に白い糸でいろいろな模様をつけていくんだ。

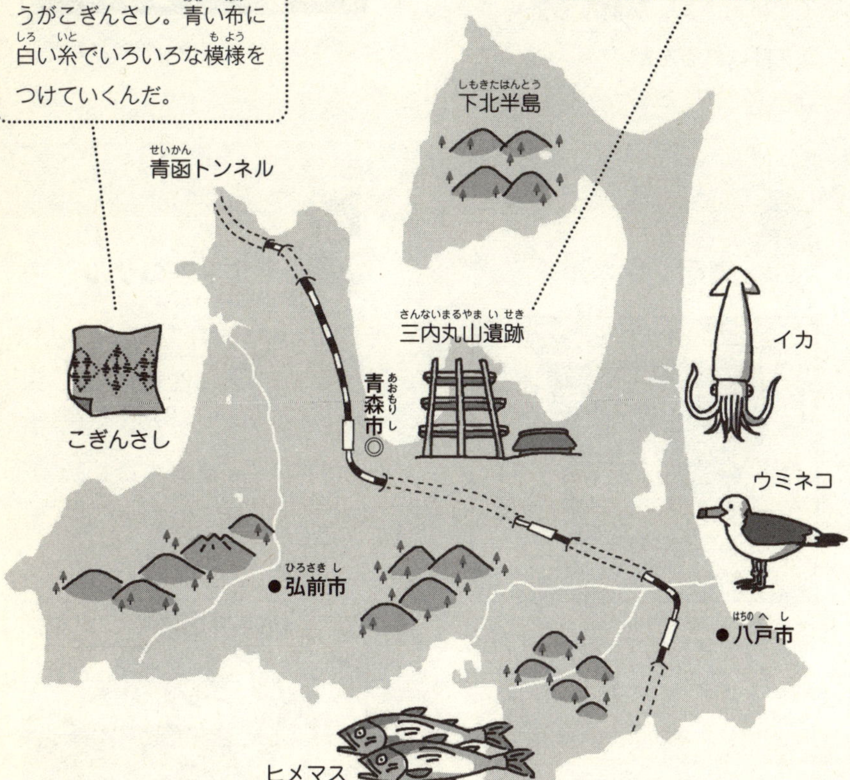
下北半島
青函トンネル
三内丸山遺跡
イカ
青森市
こぎんさし
ウミネコ
弘前市
八戸市
ヒメマス

青森県と秋田県の間にある十和田湖の名産がヒメマス。サケの仲間で、つりでも人気なんだ。

学んだ日

／

／

／

／

／

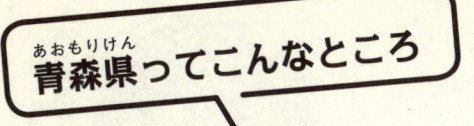

観光　ねぶたとねぷた

夏、青森県の各地で「ねぶた」「ねぷた」という、大きな山車を引くお祭りが行われるんだ。山車とは、祭りで引いたりかついだりする、出し物のことだよ。「ぶ」と「ぷ」のちがいは、地域ごとの方言のちがい。おおむね、青森市の近くではねぶた、弘前市の近くではねぷたと呼ばれるんだ。

ぼくらは「ねぷた」だよ

弘前市のねぷたの山車は約 80 台！

交通　青函トンネル

長いトンネルをぬけると、そこは…
って、全然ぬけないな！

青森県と北海道を結ぶ青函トンネルは日本一、世界でも２番目に長いトンネルだよ。トンネルに入ってから出るまで、新幹線でも 20 ～ 25 分もかかるんだ。

トンネルの開通前は、青函連絡船という船で行き来していたよ。

動物　下北半島のサル

下北半島に住むニホンザルは、世界で一番北に住むサルで、天然記念物にもなっているよ。海岸でノリや貝を食べて生活しているんだ。海産物をたくさん食べているから健康的かも？

海の男だぜ！
ザッパーン

下北半島のサルは体が大きいことでも知られているよ。海産物の効果？

もっと知りたい！青森県

青森県出身の偉人

- ◆太宰治（小説家）
- ◆寺山修司（劇作家）
- ◆棟方志功（版画家）

青森県出身の有名人

- ◆伊調馨（レスリング選手）
- ◆奈良美智（美術家）
- ◆松山ケンイチ（俳優）
- ◆三浦雄一郎（スキー選手）
- ◆吉幾三（歌手）

ご当地グルメ

◆せんべい汁

名産の南部せんべいを、野菜などとともにだし汁で煮こんだ料理。せんべい汁専用の南部せんべいを使うんだ。八戸市の郷土料理だよ。

◆スタミナ源たれ

青森県で「たれ」と言うとこれが出てくるくらい有名な焼肉のたれ。肉料理のほか、サラダやぎょうざのタレに使っても合うんだ。

産業

大間のマグロ

おおお
ひと切れ2千円！

下北半島にある大間町は、クロマグロ漁がさかん。「大間のマグロ」は高級で、高いお店ではさし身ひと切れが1000円以上することもあるよ。すごい！

産業

津軽塗

津軽塗は、木の器に何度もうるしをぬり、とぐことでピカピカのツヤを出すんだ。弘前市の伝統工芸で、江戸時代から高級品だったんだよ。

何て美しいの！
うっとり

学んだ日

／

／

／

／

／

歴史　亀ヶ岡遺跡

ハデー
日ざしがまぶしいわ

縄文時代に「土偶」という人形がたくさん作られたよ。特に有名なのが、つがる市の亀ヶ岡遺跡で見つかった土偶で、目がサングラスのような形なんだ。

正式名は「遮光器土偶」と言うよ。
遮光器はゴーグルのこと。

方言クイズ

なんて言っているのか、考えてみよう！

① せばだば

例）せばだばやってみら。

② いぱだだ

例）ずいぶんいぱだだな話だな。

③ わがね

例）勝手に入ればわがねえよ。

➡ 正解は P27 へ

観光　恐山のイタコ

むつ市の恐山には、昔からイタコと呼ばれる人びとがいるんだ。イタコは、亡くなった人の霊を呼ぶことができるとされる女性のこと。
イタコは今でも大人気。亡くなった家族や友だち、恋人の声を聞きたいと強く思う多くの人びとが、恐山を訪れるんだよ。

ダーリン、今でもたまらなく好き
うふ
お、おう

おばあちゃんのイタコもいれば若いイタコもいて、年れいはさまざま。

グルメ　イカメンチ

イカメンチ食べるおれはイケメン!
はいはい

弘前市などの津軽地方の人びとに人気のある料理がイカメンチ。イカを細かくして野菜と混ぜてフライにするんだ。定番の家庭の味だよ。

交通　ストーブ列車

津軽鉄道の車両には石炭ストーブが付いているよ。寒い冬になるとストーブをたいて車内を暖めるんだ。ストーブの上ではイカを焼くこともあるよ。

あったまるねえ!
あったまりすぎて、乗りすごしたよ…

みんなの給食 in 青森県

青森県は、カシスの生産量も日本一。そのカシスとリンゴのゼリーが給食で出るんだ。八戸市の郷土料理であるせんべい汁も定番の1つだよ。

カシス&りんごゼリー

カシスとリンゴのゼリー。カシスは約40年前から青森県で作られているんだ。

せんべい汁。南部せんべいは、他のせんべいとはちがって小麦粉でできているよ。

学んだ日
／
／
／
／
／

[P26方言クイズの答え] ①それでは　②不思議な　③いけない

岩手県

北海道に次いで２番目に大きな県。リアス式海岸では海の幸がたくさんとれるよ。

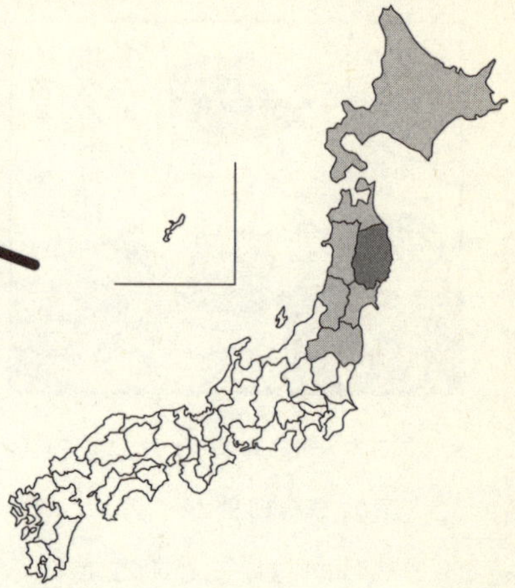

県庁所在地	盛岡市
面積	1万5275㎢（全国２位）
人口	127万9594人（全国32位）

県の花　キリ
県の木　ナンブアカマツ
県の鳥　キジ

おい、何か妖怪？

遠野市は妖怪で有名なの
って言っていたけど
い…いないよ！
じょ〜〜
その夜
ザザ
むにゃ…ん？
ちょっと…
ヒィイイイ
うわあっ妖怪！
どうしたんだい？

岩手県ってこんなところ

岩手県北部や青森県東部で食べられている南部せんべい。ゴマやクルミが入ったものもあるんだ。

二戸市で作られている浄法寺塗。同市でとれるうるしは高級品で、世界遺産や国宝にも使われるよ。

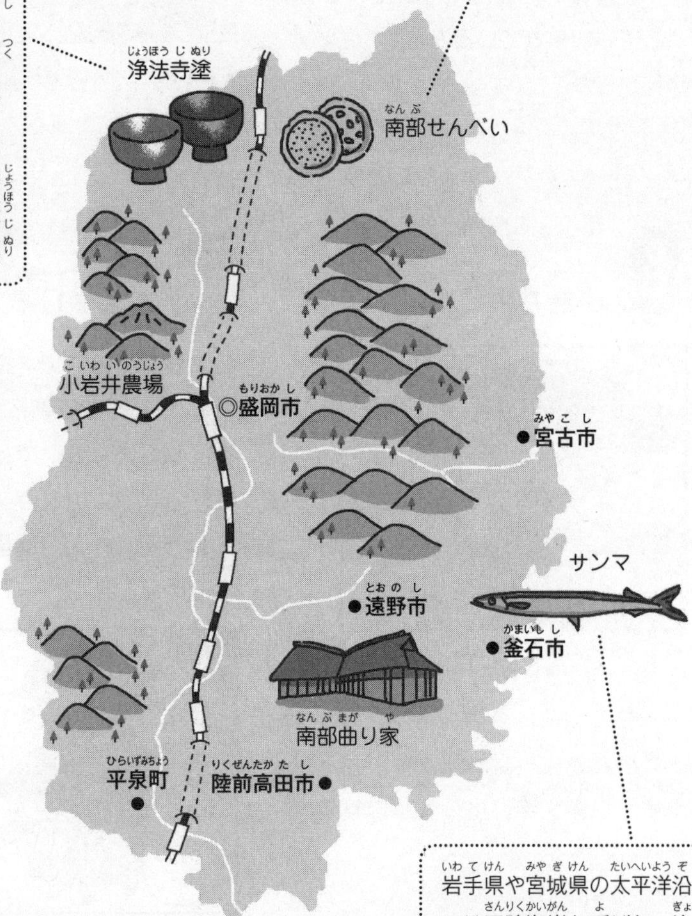
浄法寺塗
南部せんべい
小岩井農場
◎盛岡市
●宮古市
サンマ
●遠野市
●釜石市
南部曲り家
平泉町
陸前高田市●

岩手県や宮城県の太平洋沿いは三陸海岸と呼ばれ、漁場として有名。サンマの日本有数の産地なんだ。

学んだ日

／

／

／

／

／

自然　リアス式海岸

山地が地面にしずんだり、海面が上がったりすることでできた、入り組んだ海岸のことをリアス式海岸というんだ。リアス式海岸で有名なのが三陸海岸。青森、岩手、宮城の３県にまたがる海岸で、沖合いは魚がたくさんいる漁場としても知られているんだ。もちろん、漁業がさかんだよ。

エサが多くて
いいんだよ！
魚たちにとってはまさに天国？

観光　小岩井農場

モー
モー・・
サイコーー！

明治時代に造られた大きな農場。小岩井の名前は農場を造った３人（小野義眞・岩崎彌之助・井上勝）の頭文字。牛の乳しぼり体験もできるんだ！

ソフトクリームやジェラートがおいしくて有名だよ！

産業　ワカメ日本一

三陸海岸ではワカメや昆布、カキなどを育てる養殖がさかん。特にワカメについては、肉厚でおいしい、よいワカメがたくさんとれるんだ。生産量も消費量も日本一だよ。

ワカメ人間だぞ〜
アホか
ワカメは栄養たっぷり！ みんなもワカメ人間になろう！？

もっと知りたい！岩手県

岩手県出身の偉人

- 石川啄木（歌人）
- 新渡戸稲造（農学者）
- 宮沢賢治（童話作家）

岩手県出身の有名人

- 大谷翔平（野球選手）
- 菊池雄星（野球選手）
- 千昌夫（歌手）
- 新沼謙治（歌手）
- 吉田戦車（マンガ家）

ご当地グルメ

◆盛岡冷麺

盛岡市の名物料理。朝鮮半島の料理だった冷麺をアレンジしたもので、ジャガイモのでんぷんで作った麺のこしの強さがとくちょう。

◆まめぶ汁

黒砂糖やクルミの入った団子を野菜とだし汁で煮こんだ料理。久慈市の郷土料理で、ドラマ「あまちゃん」で有名になったよ。

産業　南部鉄器

おれでいれたお茶はうまいぞ！

奥州市などで400年以上前から作られてきた鋳物。鋳物とは、熱した金属を型に入れて作ったもののこと。鉄びんやきゅうすが人気を集めているよ。

グルメ　わんこそば

「ほら、じゃんじゃん」というかけ声とともに、小分けにしたそばがふるまわれ、食べた数を競い合うよ。お腹いっぱいになったら「もう、結構」。

もう200ぱい食べちゃった

学んだ日
／
／
／
／
／

観光　チャグチャグ馬コ

チャグ
チャグ

毎年６月に行われる祭り。滝沢市の鬼越蒼前神社から盛岡市の盛岡八幡宮まで、鈴と衣装を着けた 100 頭ほどの馬が、音を立てながら行進するんだ。

鈴の音が「チャグチャグ」と聞こえるからこの名前になったよ。

方言クイズ

なんて言っているのか、考えてみよう！

① あべ

例）いっしょにあべ。

② いだまし

例）この服いだましな。

③ きゃっぱりする

例）きゃっぱりして、くつをなくしてしまった。

➡ 正解は P33 へ

歴史　平泉

平泉町にあるいくつかのお寺や遺跡は世界遺産になっているよ。1000 年近く前の平安時代に、奥州藤原氏という地元の豪族が造ったんだ。
その中でも、中尊寺金色堂は金ぱくがふんだんに使われた豪華な建物。お堂の中も金ぱくが全体にびっしりと使われていて、ピッカピカだよ。

まぶしくてサングラスがほしいよ
キラ
キラ
キラ

中には、藤原氏の４人のミイラが眠っているんだ。

その他 奇跡の一本松

2011年の東日本大震災で東北地方を大津波がおそったときに、陸前高田市の松原でただ1本残った松の木。大切に保存され復興のシンボルになっているよ。

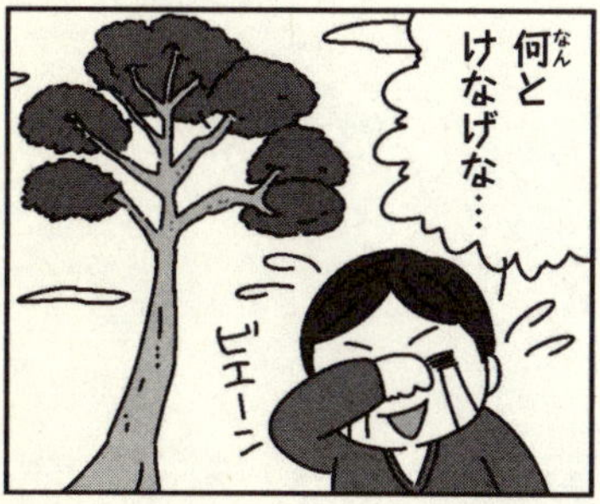
何とけなげな…
ビエーン

交通 新幹線の併結

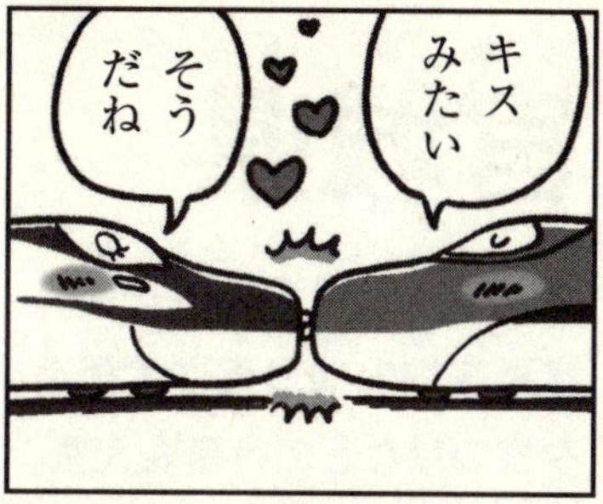
キスみたい
そうだね

盛岡駅では、東北新幹線「はやぶさ」と秋田新幹線「こまち」の併結（連結）と切りはなしを見られるよ。色も形も違う新幹線がくっついたりするのがおもしろいね。

みんなの給食 in 岩手県

小麦粉をねって団子にしたものを野菜とともにだしで煮たひっつみは、栄養のバランスが取れた料理。盛岡名物のじゃじゃ麺も人気メニュー。

ひっつみの団子は平べったい形で、麺に近い見た目と歯ざわりだよ。

じゃじゃ麺。麺の上に、あまからい味の肉みそとキュウリをのせるんだ。

学んだ日
／
／
／
／
／

[P32方言クイズの答え] ①行こう ②もったいない ③足をすべらせて、川に落ちた

宮城県

東北地方で最も人口が多く、県庁所在地の仙台市は大都市。七夕まつりなどの行事も人気。

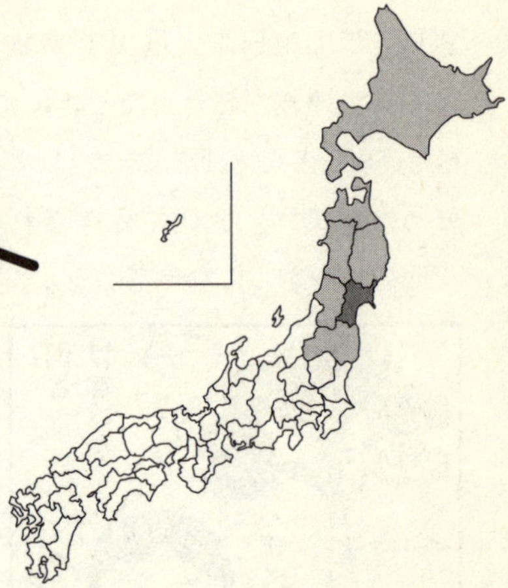

県庁所在地	仙台市
面積	7282㎢（全国16位）
人口	233万3899人（全国14位）

県の花　ミヤギノハギ
県の木　ケヤキ
県の鳥　ガン

仙台四郎を知ろう！

この人の写真、仙台でよく見るわ
仙台四郎よ
昔、彼が来た店は必ずはんじょうしたわ
縁起かつぎで、今も写真をかざるのよ
福の神なのね！
ぼくもそうなりたいなあ
今はびんぼう神だけど…
おこづかいのつかいすぎ！

宮城県ってこんなところ

鳴子温泉の周辺の特産品である鬼首菜。独特のからさがある野菜で、つけものに使われるよ。

ずんだもちはすりつぶした枝豆をもちにまぶしたおかし。仙台名物としてみやげの定番なんだ。

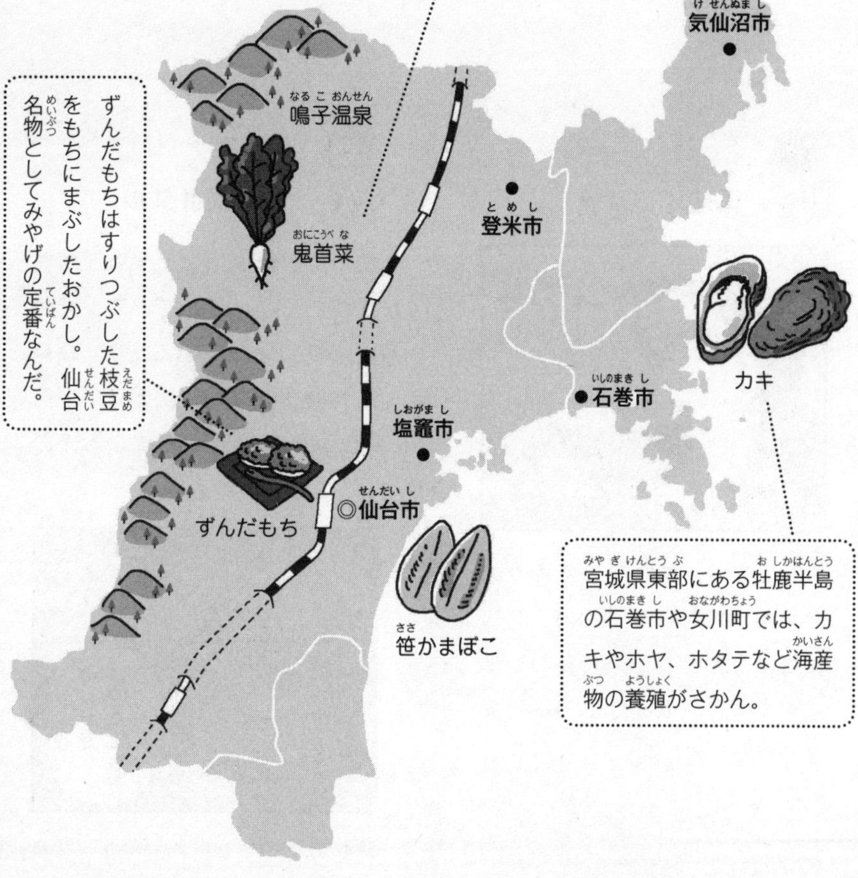
気仙沼市
鳴子温泉
登米市
鬼首菜
カキ
石巻市
塩竈市
仙台市
ずんだもち
笹かまぼこ

宮城県東部にある牡鹿半島の石巻市や女川町では、カキやホヤ、ホタテなど海産物の養殖がさかん。

学んだ日
／
／
／
／
／

自然 松島

松島は、入り組んだ海岸や大小さまざまの島がつくりだす独特の風景が人気の観光地。
江戸時代から景色の美しさは有名で、松尾芭蕉は『おくの細道』にその美しさを記しているよ。でも、芭蕉は松島の句をよんでいないんだ。あまりにきれいでよめなかったのかも？

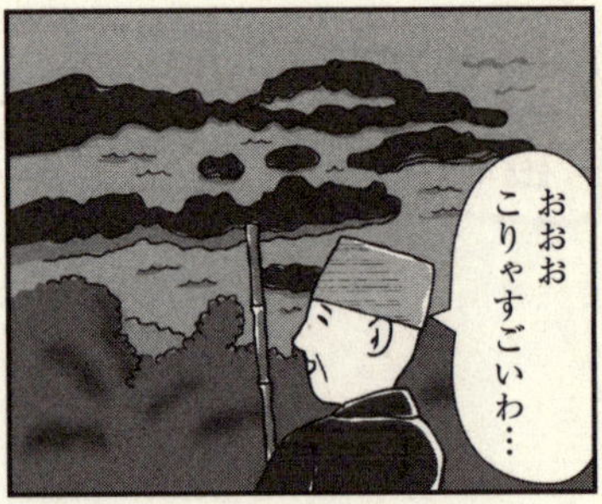
おおお
こりゃすごいわ…

俳句にできないほど美しい？ 景色。

産業 気仙沼のサメ

よゆう
シャーク
シャーク

気仙沼市は、国内の９割のサメが水あげされるサメの町。高級食材のフカヒレからちくわやはんぺんまで、サメはいろいろな食品で大活躍だよ。

気仙沼市には「シャークミュージアム」という博物館もあるよ。

動物 ゲンジボタル

登米市の鱒渕川は、ゲンジボタルがたくさん住んでいて、天然記念物になっているんだ。６月下旬から７月上旬にかけてが見ごろで、ホタルたちによる光のダンスが見られるよ。

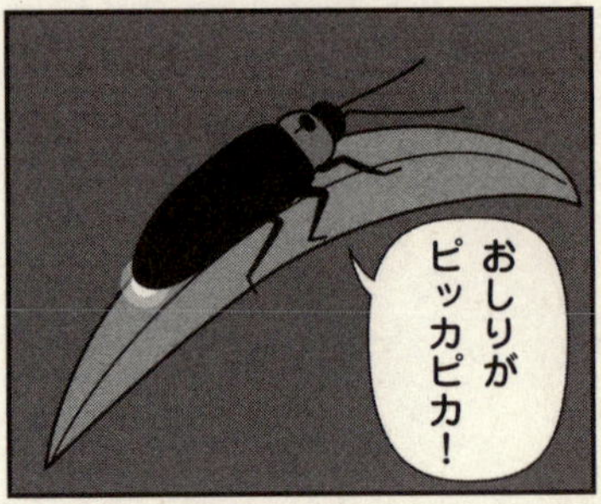
おしりが
ピッカピカ！

登米市にはゲンジボタル以外に、小さいヘイケボタルも住んでいるんだ。

もっと知りたい！宮城県

宮城県出身の偉人

- 志賀潔（細菌学者）
- 吉野作造（政治学者）

宮城県出身の有名人

- 石ノ森章太郎（マンガ家）
- 恩田陸（小説家）
- 鈴木京香（女優）
- 福原愛（卓球選手）
- 羽生結弦（フィギュアスケート選手）
- サンドウィッチマン（漫才師）

ご当地グルメ

◆笹かまぼこ

ササの葉の形のカマボコ。仙台藩の伊達家の家紋にちなんで、笹かまぼこと呼ばれるようになったという説があるよ。

◆はらこめし

サケを煮ただしでごはんをたき、その上にサケの身とイクラ（はらこ）をのせたたきこみごはん。亘理町の郷土料理なんだ。

学んだ日
／
／
／
／
／

観光　仙台七夕まつり

仙台の七夕まつりは江戸時代からの伝統行事で、８月６～８日に行われるよ。町中が色とりどりの七夕かざりでうめつくされる、楽しい祭りなんだ。

産業　鳴子のこけし

宮城県はこけし作りがさかん。特に大崎市の鳴子地区では、首を回すとキュッキュッと音がする鳴子こけしが有名。町にはこけしがいっぱい！

少しこわい…

グルメ 牛タン

あ～ん
たーんとお食べ

戦後の食べ物がない時代、当時仙台市にいた料理人が余った牛の舌を使ったのが、牛タン焼きの始まりと言われているよ。今では仙台を代表する名物グルメ。

仙台では牛タン焼きに麦ごはんを合わせるのが定番だよ。

方言クイズ

なんて言っているのか、考えてみよう！

① おだつ

例）この、おだつなよ！

② おれさま

例）おれさまが鳴っているよ。

③ ぺそらぺそら

例）このもち、ぺそらぺそらしておいしくない。

➡ 正解はP39へ

歴史 伊達政宗

戦国時代に東北地方を支配して、仙台藩を開いた戦国大名だよ。仙台城のあと（青葉城址）では、馬にまたがるかっこいい伊達政宗像が見られるんだ。

政宗が宮城県だけでなく、全国的に人気があるのは、1987年のNHKの大河ドラマ「独眼竜政宗」が大ヒットしたからだと言われているよ。

仙台といえばおれでしょ！

政宗といえば仙台のイメージだけど、実は山形県の米沢生まれなんだ。

その他　おはよう靴下

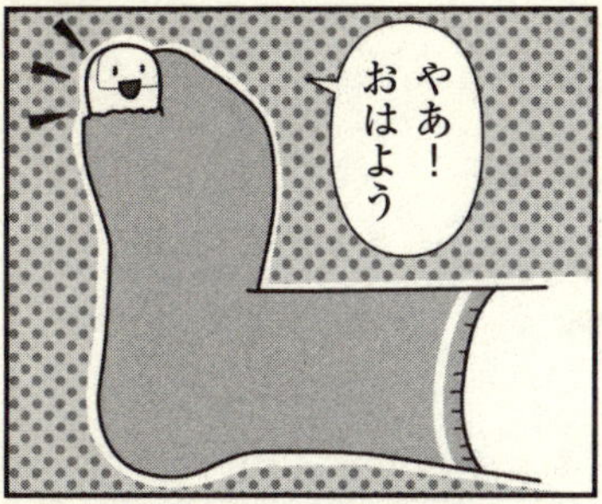
やあ！
おはよう

みんなは、穴のあいた靴下のことを何と呼ぶかな？　宮城県ではこんな言い方をするんだって。指が「おはよう！」と顔を出しているみたいだからかな。

交通　東北新幹線

東京駅と新青森駅を３時間弱で結ぶ、東北新幹線「はやぶさ」E5系。国内最速の時速 320km で走るよ！　北海道新幹線とはラインの色で見分けてね。

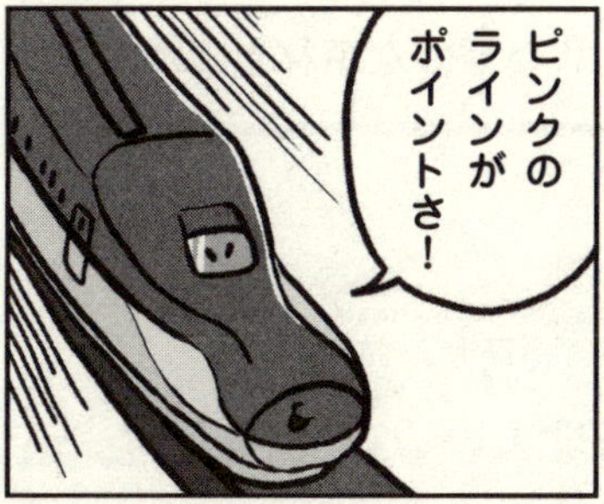
ピンクの
ラインが
ポイントさ！

みんなの給食 in 宮城県

おくずかけは、うーめんという白石市特産のそうめんを使った汁料理。宮城県の郷土料理の代表の１つだよ。笹かまぼこを使った料理も。

おくずかけ。うーめんはそうめんの仲間だけど、表面に油をぬらないのがちがい。

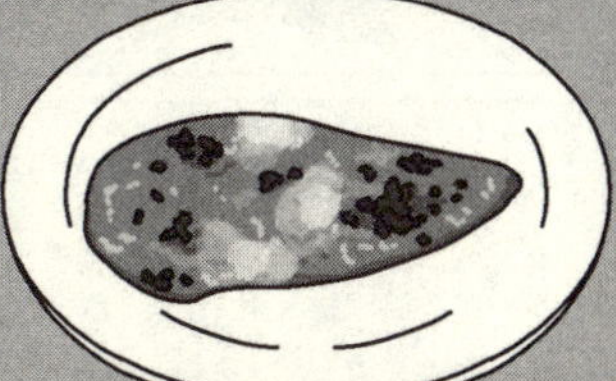

笹かまぼこの磯辺あげは、ノリを衣に入れているから、かおりがいいんだ。

学んだ日
／
／
／
／
／

[P38 方言クイズの答え] ①調子に乗る　②雷　③ねばりけがない

秋田県

日本有数の米どころで、「あきたこまち」の産地。白神山地などには豊かな森林が広がるよ。

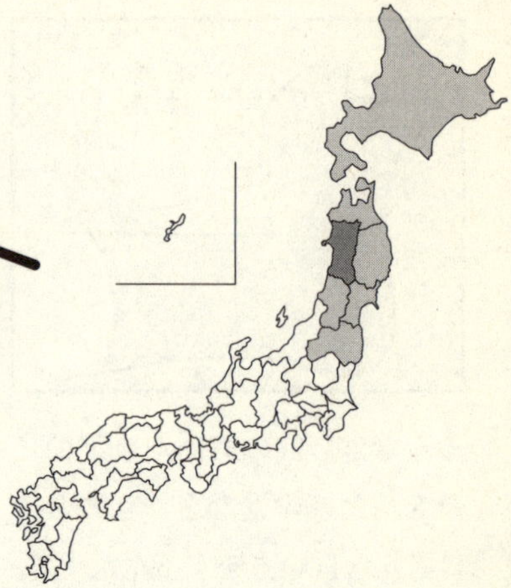

県庁所在地	秋田市
面積	1万1638㎢（全国6位）
人口	102万3119人（全国38位）

県の花　フキノトウ　県の木　アキタスギ

県の鳥　ヤマドリ

いい味のひけつ？

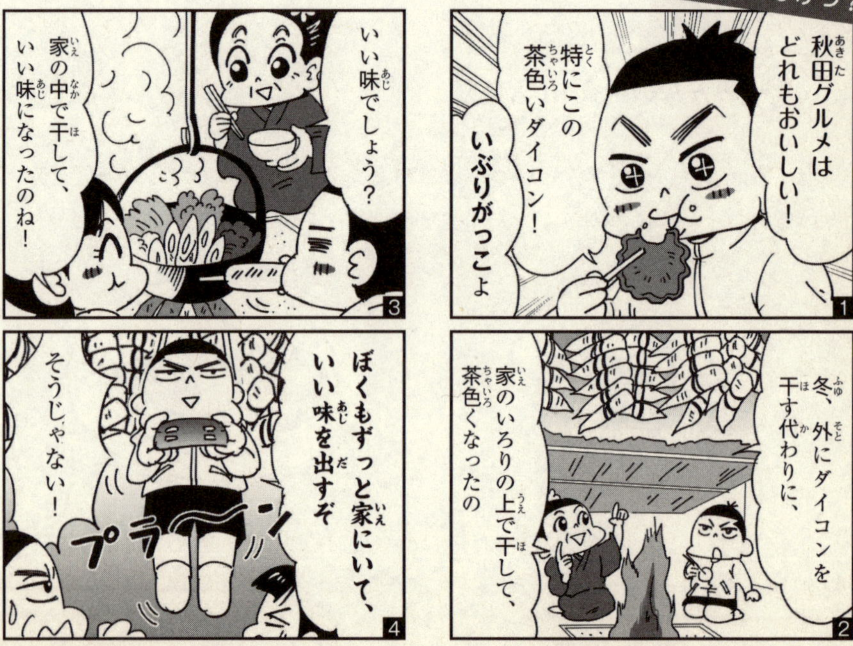
秋田グルメはどれもおいしい！
特にこの茶色いダイコン！
いぶりがっこよ
冬、外にダイコンを干す代わりに、
家のいろりの上で干して、茶色くなったの
いい味でしょう？
家の中で干して、いい味になったのね！
ぼくもずっと家にいて、いい味を出すぞ
プラ〜ン
そうじゃない！

秋田県ってこんなところ

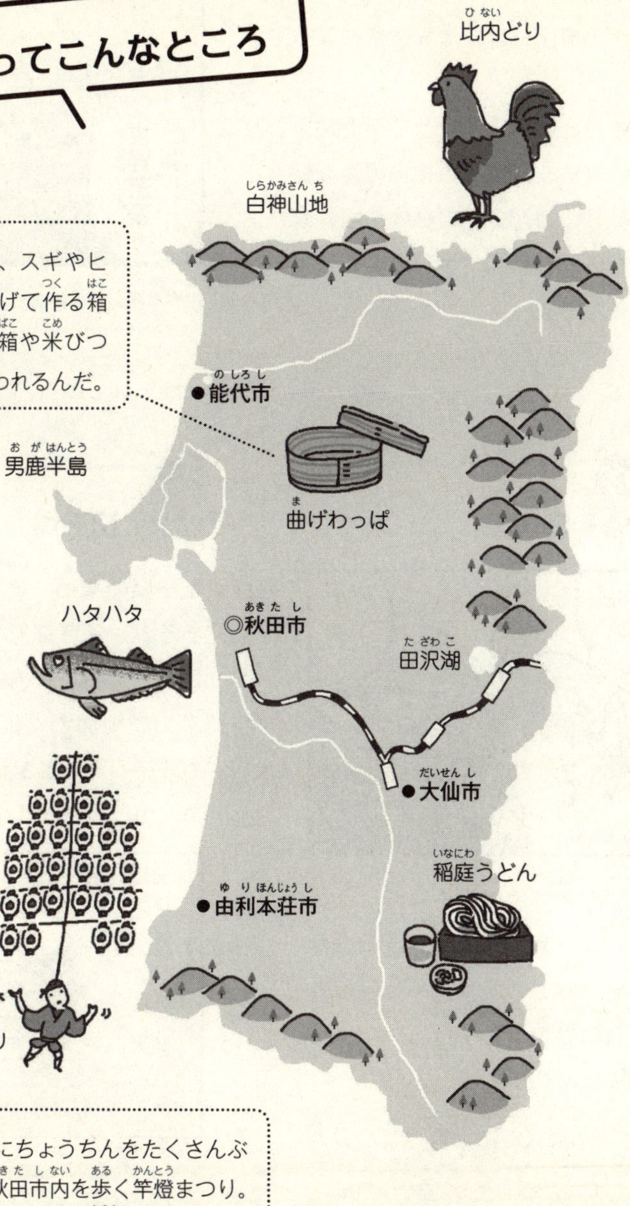
比内どり
白神山地
能代市
男鹿半島
曲げわっぱ
ハタハタ
◎秋田市
田沢湖
大仙市
稲庭うどん
由利本荘市
竿燈まつり

曲げわっぱは、スギやヒノキの板を曲げて作る箱のこと。弁当箱や米びつとして主に使われるんだ。

長いさおにちょうちんをたくさんぶら下げ、秋田市内を歩く竿燈まつり。ちょうちんはイネを表しているよ。

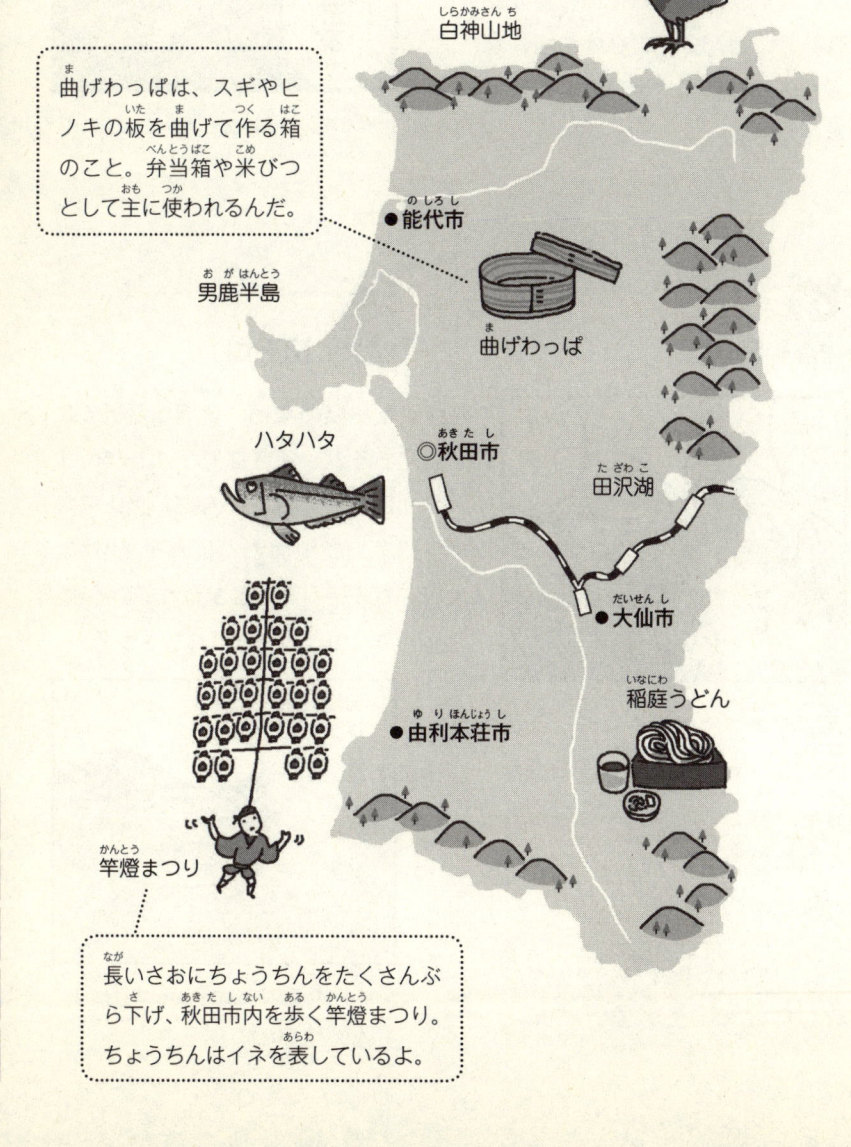

学んだ日

／

／

／

／

／

自然 白神山地

青森県と秋田県にまたがる白神山地。ブナの原生林は、世界遺産になっているんだ。
原生林とは、人によって手を加えられていない、自然そのままの姿を保った森林のこと。多くの動物や植物がたくさん住んでいて、世界的にもとても貴重なんだよ。

世界遺産だよ！
世界遺産の部分は立ち入り禁止だよ。

動物 秋田犬

行くぞ！
ワン

天然記念物に指定されている日本犬の一種で、「忠犬ハチ公」が有名。もとは、マタギと呼ばれる猟師の狩りを手伝う犬だったと言われているよ。

アメリカでも秋田犬の流れをくむ「アキタ」という品種が人気。

自然 田沢湖

秋田県の東部、奥羽山脈近くにある湖。深さは何と423.4m！日本一の深さなんだ。火山のふん火で地面がくぼんでできた、カルデラ湖だと言われているよ。魚やカッパもおぼれちゃう？

深すぎておれでもおぼれそう
東京タワーがすっぽり入ってしまうぐらいの深さなんだ。

もっと知りたい！秋田県

秋田県出身の偉人

- ◆安藤昌益（思想家）
- ◆石川達三（小説家）
- ◆小林多喜二（小説家）

秋田県出身の有名人

- ◆落合博満（元野球選手）
- ◆小倉智昭（キャスター）
- ◆佐々木希（女優）
- ◆壇蜜（女優）
- ◆柳葉敏郎（俳優）

ご当地グルメ

◆稲庭うどん

うどんの中でも細く、のどごしがつるっとなめらか。すべて職人による手作りで、高級なおくり物として人気があるよ。

◆横手やきそば

横手市の地元グルメで、太めの麺であまい味付け。半熟の目玉焼きがのっていて、黄身をくずして麺にからめて食べるんだ。

学んだ日
／
／
／
／
／

産業　あきたこまち

もっと食べて美人になるの
食べ過ぎだよ…

1984年に生まれた、日本を代表する米の品種。美人で知られた平安時代の歌人・小野小町にちなんで名付けられたんだ。秋田平野は日本有数の米どころ。

観光　かまくら

雪を固めてドームのようにしたかまくら。横手市では、2月に水神様をまつる行事としてたくさんつくられるよ。中では甘酒やおもちがふるまわれるんだ。

シローッどこ行ったの？

グルメ　きりたんぽ

あなたってしんのない男！
うるさい！生まれつきだ

炊いた米をつぶして棒に巻きつけて焼き、つつ状にした郷土料理だよ。とり肉などといっしょに鍋に入れて食べる「きりたんぽ鍋」はポカポカ温まるよ！

入れるとり肉は、地元の比内どりが一番合うとされているよ。

方言クイズ

なんて言っているのか、考えてみよう！

① ほじなし

例）おめえはほじなしだな。

② えふりこぎ

例）新しい車買って、えふりこぎだなあ。

③ とかふか

例）時間があまりなくて、とかふかする。

➡ 正解は P45 へ

歴史　なまはげ

鬼のお面をつけ、わらの服をまとった人が「泣く子はいねーがー！」とさけびながら家を回る、大みそかの伝統行事だよ。見た目はとてもこわいから、みんなも本物に会ったら、つい泣いちゃうかも？

男鹿市には、高さ 10m をこえる世界最大のなまはげ像があるんだ。

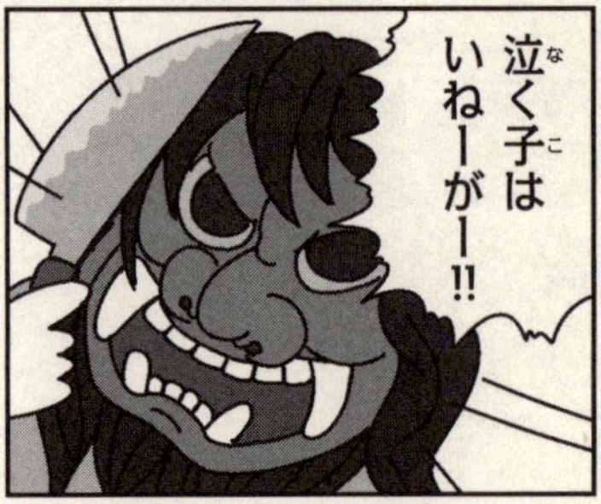
泣く子はいねーがー!!

もともとは家族の無事や豊作をいのるための行事なんだ。

交通 秋田新幹線

ビューン
踏切を通るのさ

東京～秋田間を約3時間半で結び、小ぶりでミニ新幹線とも言うよ。盛岡駅～秋田駅の間は普通列車と同じ線路を走るから、新幹線だけど踏切を通るよ。

グルメ ババヘラ

秋田では、おばあさんのことを親しみをこめて「ババ」と呼ぶんだ。ババがヘラでもりつけたアイスがババヘラ。花のような見た目とやさしい味が人気。

はい、どうぞ

みんなの給食 in 秋田県

ごはんを丸めた「だまこ」を入れただまこ汁は冬の鍋の定番だけど、給食のメニューの１つでもあるんだ。ハタハタの料理も出るよ。

だまこ汁。だまこはきりたんぽに似ているけれど、焼き目をつけないんだ。

ハタハタのフライ。小骨が多い魚だけど、フライにすると骨ごと食べられるよ。

学んだ日
／
／
／
／
／

[P44方言クイズの答え] ①常識がない・おろか ②見栄っぱり ③そわそわして落ち着きがない

山形県

山が多い地形で、サクランボなどの生産がさかん。急流で有名な最上川が流れるよ。

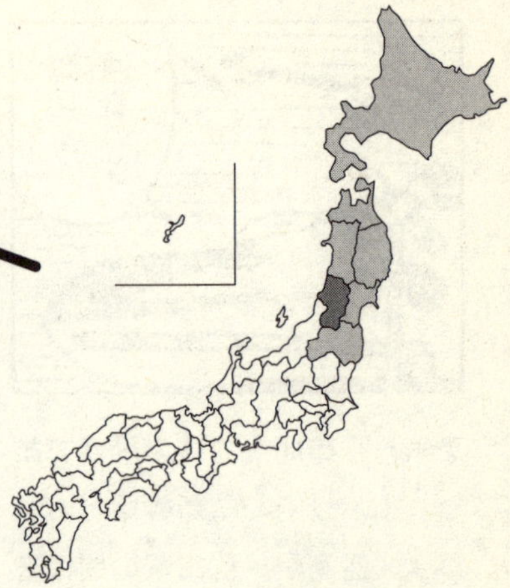

県庁所在地	山形市
面積	9323㎢（全国９位）
人口	112万3891人（全国35位）

県の花　ベニバナ

県の木　サクランボ

県の鳥　オシドリ

蔵王で雪遊び！

たくさんの木がこおってる！
蔵王の樹氷よ
これはえびのしっぽと呼ばれているわ
本当にしっぽみたい！
あれは人みたいだからモンスターと…
ユラ
ユラ
あれ？
雪まみれだー
キャー
樹氷が動いたぁ！

山形県ってこんなところ

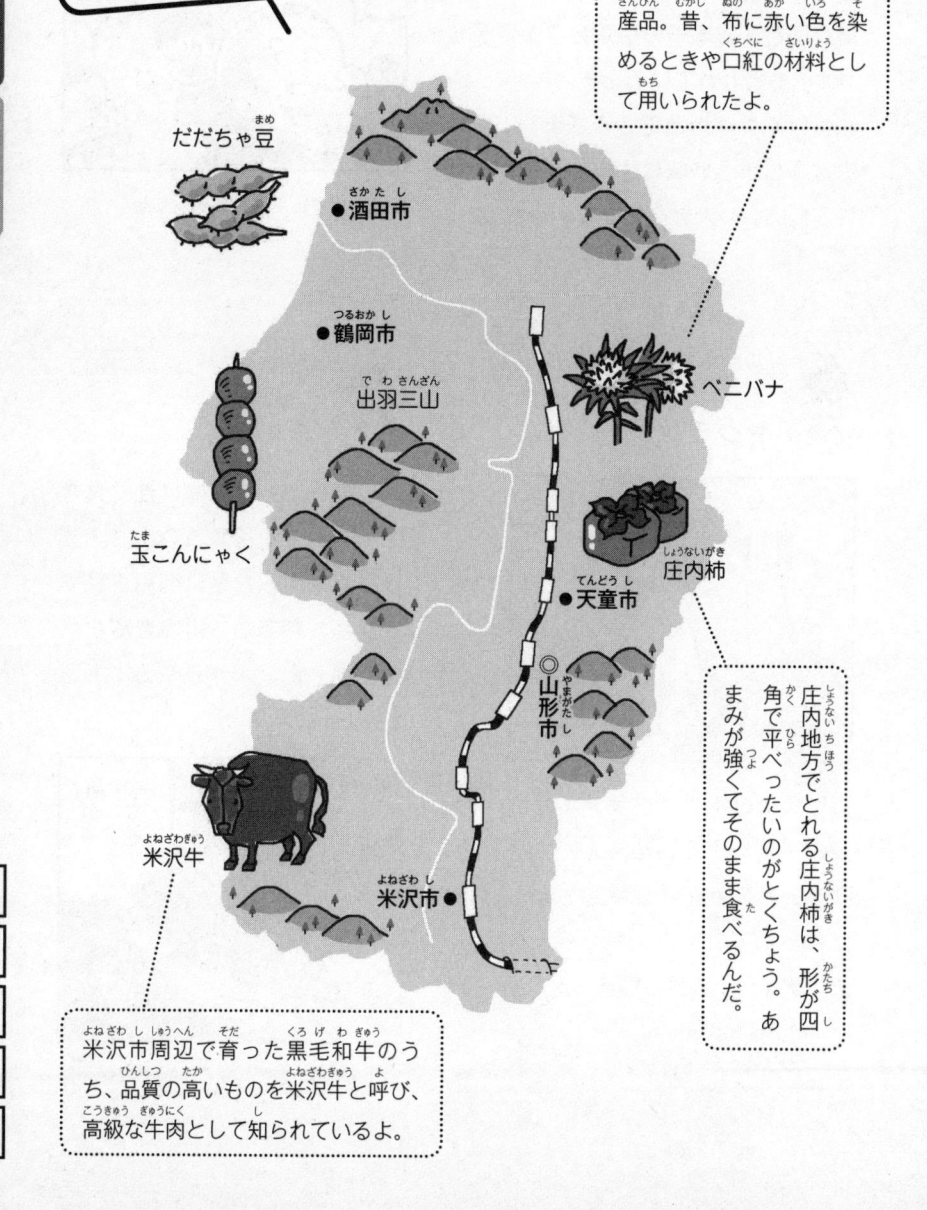

ベニバナは、最上地方の特産品。昔、布に赤い色を染めるときや口紅の材料として用いられたよ。

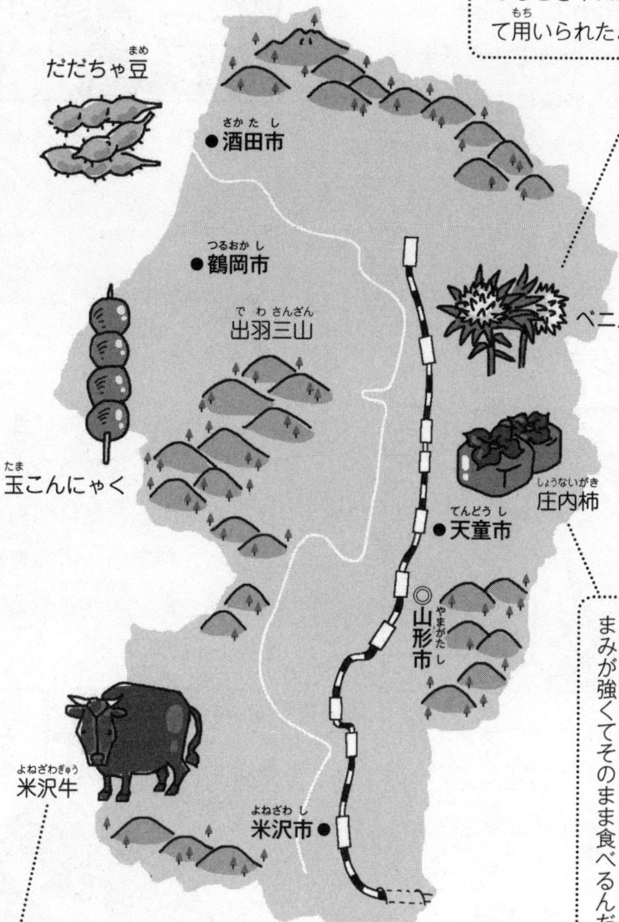
だだちゃ豆
酒田市
鶴岡市
出羽三山
ベニバナ
玉こんにゃく
庄内柿
天童市
山形市
米沢牛
米沢市

庄内地方でとれる庄内柿は、形が四角で平べったいのがとくちょう。あまみが強くてそのまま食べるんだ。

米沢市周辺で育った黒毛和牛のうち、品質の高いものを米沢牛と呼び、高級な牛肉として知られているよ。

学んだ日

／

／

／

／

／

グルメ　芋煮

東北地方には、河原などでサトイモや他の具を煮て食べる風習があるよ。山形県では特にさかんで、みんなで特大鍋を囲む「日本一の芋煮会フェスティバル」も行われているんだ。

味付けや具は地域でさまざま。山形県では「しょうゆ味に牛肉」と「みそ味にぶた肉」の大きく２つに分かれるよ。

ぜったいしょうゆ！
いいやみそだ！
どっちもうまい！

地域でまったく味がちがうんだ。

産業　サクランボ

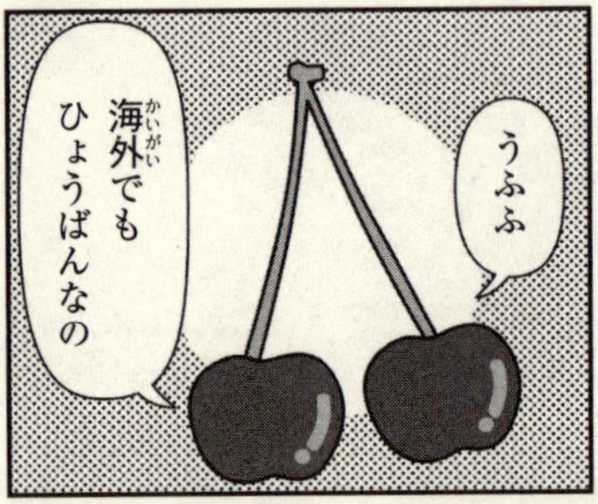
うふふ
海外でもひょうばんなの

山形県は日本のサクランボ収穫量の７割以上を占めるんだ。サクランボの女王「佐藤錦」などが作られているよ。さくらんぼ東根駅は、新幹線も停まるよ。

佐藤錦は、品種を作った佐藤さんの名字を品種名にしたんだ。

自然　最上川

庄内平野から日本海に注ぐ大きな川で、日本三急流の１つ。昔から農業用水などに利用されてきたよ。今でも、川の豊富な水を生かした、米作りや日本酒造りがさかんなんだ。

腕が鳴るぜ！

川下りも有名で、多くの観光客が体験するんだ。

もっと知りたい！山形県

山形県出身の偉人
- ◆井上ひさし（小説家）
- ◆伊達政宗（大名）
- ◆土門拳（写真家）
- ◆藤沢周平（小説家）

山形県出身の有名人
- ◆ウド鈴木（漫才師）
- ◆冨樫義博（マンガ家）
- ◆峯田和伸（歌手）
- ◆渡辺えり（女優）

ご当地グルメ
◆玉こんにゃく

丸いこんにゃくを竹ぐしにさし、しょうゆで煮た玉こんにゃく。山形県では、祭りやイベントで必ずといっていいほど売られているよ。

◆冷やしラーメン

スープも麺も冷たい冷やしラーメン。冷やし中華とはちがい、スープがたっぷり。山形県のラーメン店の夏の定番メニューなんだ。

植物　洋ナシ

もう
わたしなんか
用なしなのね
洋ナシ
だからね

サクランボと並んで、洋ナシ（西洋ナシ）の収穫量も６割以上を占めるんだ。最初は「見栄えが悪い」といやがられたけれど、独特のあまさと香りで大人気に。

歴史　立石寺

険しい山の上にあるお寺で、たくさんの石段を登って見る風景が有名なんだ。松尾芭蕉の俳句「閑さや岩にしみ入る蝉の声」がよまれた場所として有名。

しょうがない
鳴いてやるか…
セミだ！
セミだ！

学んだ日
／
／
／
／
／

観光　花笠まつり

ヤッショウ
マカショ

山形県の名産であるベニバナの花笠を着けた人たちがおどるお祭りだよ。仙台七夕、青森ねぶた、秋田竿燈まつりとあわせて、東北四大祭りと呼ぶよ。

「ヤッショウ、マカショウ」というかけ声をあげておどるよ。

方言クイズ

なんて言っているのか、考えてみよう！

① あわえに

例）あわえに、おいしいものでも買ってこい。

② かます

例）ちょっとみそ汁かましといで。

③ めじょけね

例）おじいさんも亡くなり、めじょけねえ。

➡ 正解はP51へ

自然　出羽三山の山伏

出羽三山は、山形県内にある羽黒山、月山、湯殿山の３つの山をまとめた言い方だよ。これらの山は、昔から信仰の対象とされ、山に登って修行をする山伏がたくさんいたんだ。

山伏たちは、ホラ貝という貝を楽器に加工して、それを口でふいて、連絡を取り合うんだよ。

ブオー

ホラ貝をふく「ブオー」という音は、時代劇などでもおなじみ。

交通　とれいゆつばさ

ごくらく
ごくらく!

山形新幹線の「とれいゆつばさ」は、足湯につかることができる新幹線で初めてのリゾート列車なんだ。ポカポカ温まりながら、旅を楽しめるよ。

産業　天童の将棋

天童市では、江戸時代に天童藩の人が将棋の駒作りを始めて以来、将棋駒の生産がさかんだよ。今でも全国の９割以上を占める、代表的な産地だよ。

王手
あれ
痛いんだよ
ピシッ
王将

みんなの給食 in 山形県

西洋ナシの生産量がトップの山形県。品種の１つ、ラ・フランスのゼリーは人気デザート。タラ１匹を丸ごと使う、どんがら汁も定番なんだ。

ラ・フランス
ゼリー

ラ・フランスのゼリー。ラ・フランスのジャムが出ることもあるんだ。

どんがら汁。真冬の、一番おいしい時期のタラを使う料理だよ。

学んだ日
／
／
／
／
／

［P50方言クイズの答え］①たまに　②かき混ぜる　③かわいそう

福島県

東北地方の南部に位置し、面積は日本で３番目。果物の生産のほか、工業もさかんだよ。

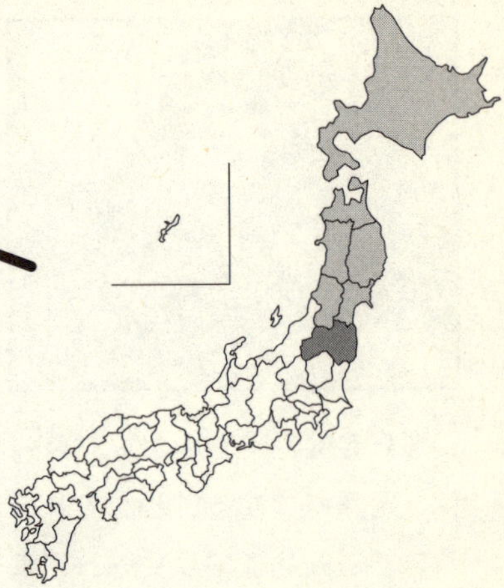

県庁所在地	福島市
面積	1万3784㎢（全国３位）
人口	191万4039人（全国21位）

県の花　ネモトシャクナゲ
県の木　ケヤキ
県の鳥　キビタキ

お城だじょー！

かっこいいお城！
会津若松市の鶴ヶ城よ
1
かわらが赤くてきれい
2011年にかわらを変えたのよ
2
しゃちほこもあるのね
銀色に光って…ん？
3
お兄ちゃん！
た…高くてこわい
4

福島県ってこんなところ

相馬野馬追は、相馬市と南相馬市で行われている伝統行事。武士が馬に乗って市内をねり歩くよ。

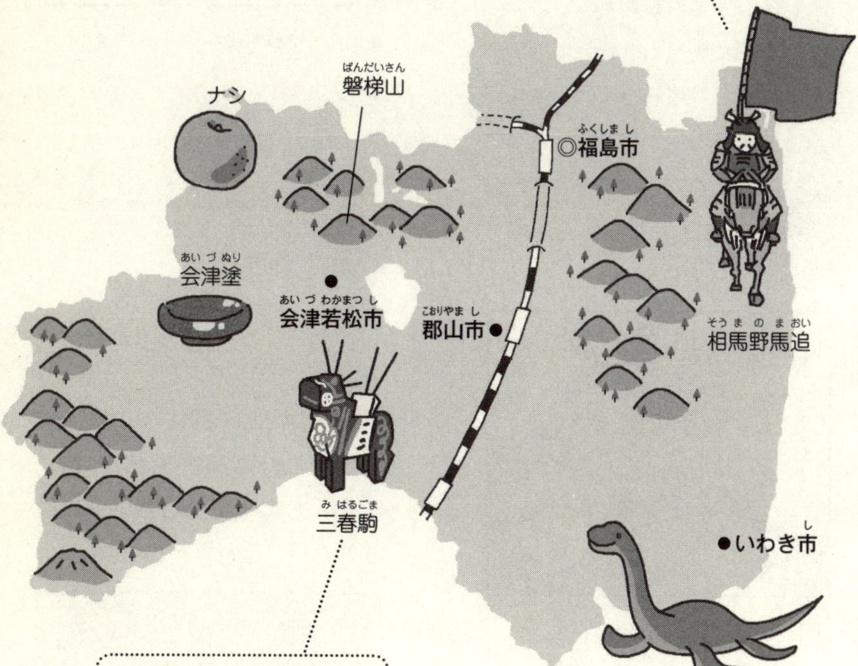
ナシ
磐梯山
◎福島市
会津塗
会津若松市
郡山市
相馬野馬追
三春駒
いわき市
フタバスズキリュウ

馬の形をした三春駒は、子どものためのおもちゃ。福島県を代表する民芸品の1つでもあるんだ。

1968年に、現在のいわき市で化石が見つかった恐竜が、フタバスズキリュウ。全長は7mもあるよ。

学んだ日
／
／
／
／
／

産業 赤べこ

会津地方で作られる伝統的なおもちゃだよ。子どものための魔よけ・病気退治の効果があるとして、古くから作られてきたんだ。赤い色は、魔よけの色なんだって。

東北地方では牛のことを「べこ」と言うんだ。会津若松市のマスコット「あかべぇ」は赤べこがモデルだよ。

シ●ア専用じゃなくてよ

首がゆらゆらゆれるのがとくちょう。

自然 五色沼

青い！
カラーじゃないからわかりづらいけど…

正式には「五色沼湖沼群」と言い、毘沙門沼、赤沼、みどろ沼、弁天沼、瑠璃沼、青沼などの沼が、さまざまな色に見えるんだ。裏磐梯の代表的な観光スポット。

特に、青緑色に光る毘沙門沼が有名だよ。

自然 磐梯山

南側から見た磐梯山は表磐梯と呼ばれ、穏やかな美しい姿で「会津富士」とも呼ばれているよ。一方、北側は裏磐梯と呼ばれ、火山としてのあらあらしい風景を味わうことができるんだ。

活動中の火山で、磐梯山が原因の地震もひんぱんに起きているよ。

もっと知りたい！福島県

福島県出身の偉人

- 野口英世（細菌学者）
- 横光利一（小説家）
- 円谷英二（映画監督）
- 円谷幸吉（陸上選手）

福島県出身の有名人

- 梅沢富美男（俳優）
- 中畑清（元野球選手）
- 西田敏行（俳優）

ご当地グルメ

◆白河ラーメン

喜多方ラーメンとならぶ福島県の地元ラーメン。あっさりとしたしょうゆ味のスープに、手打ちのちぢれた麺がとくちょう。

◆ままどおる

ミルクのあんを小麦粉の生地で包んで焼いたおかし。福島県を代表するおかしとして、福島みやげの定番なんだ。

植物　三春滝桜

天然記念物の指定を受けた、とても大きな紅しだれ桜だよ。岐阜県の淡墨桜とともに東西の桜の横綱と呼ばれているよ。樹齢はなんと1000年以上！

歴史　白虎隊

江戸時代末期、戊辰戦争で幕府側として戦った会津藩の部隊のうち、武家の青年で組織されたのが白虎隊。新政府軍の攻撃でほろぼされてしまったんだ。

みんな十代でたたかったんだ

学んだ日
／
／
／
／
／

産業　ステンレスの流し台

ピカ
ピカ
ピカ
ピッカピカで鏡みたい！

いわき市にはキッチン関連用品の工場が集まっているんだ。中でも、ステンレスなどの金属製の流し台の出荷額では、日本一なんだよ。

ステンレスは鉄と比べて、さびにくいのがとくちょうなんだ。

方言クイズ

なんて言っているのか、考えてみよう！

① さすけね

例）この問題がわからなくても、さすけね。

② ごせやげる

例）あいつとしゃべっているとごせやげる。

③ ねっぱす

例）テープでねっぱっといて。

➡ 正解は P57 へ

観光　スパリゾートハワイアンズ

いわき市にある、ハワイをイメージした大型レジャー施設。温泉やフラダンスが楽しめるよ。

もともとは「常磐ハワイアンセンター」といって、1966 年にオープン。地元の炭鉱が不景気で閉じてしまい、活気がなくなっていた町を活性化するために造られたんだ。

フラガールを見に来て!!

フラダンスをおどるフラガールは、2 年間の修行を経てデビューするよ。

グルメ 喜多方ラーメン

そば 700
メン 600
05:12
ズズ～ッ
あっさりしてるからペロリと食べちゃう

あっさりしたスープと平たいちぢれ麺がトレードマークのご当地ラーメン。福島では、朝からラーメンを食べる「朝ラー」という習慣も根づいているんだ。

交通 フルーティアふくしま

郡山や会津若松を走る列車「フルーティアふくしま」は、走るカフェと言われているよ。福島県産のオリジナルスイーツを食べながら、列車の旅を楽しもう。

ダイエットは明日から！
昨日も言ってたよ…

みんなの給食 in 福島県

いわき市の郷土料理であるサンマのポーポー焼きは、魚だけど食べやすくて給食で人気。福島県の食卓の定番、いかにんじんもよく出るんだ。

サンマのポーポー焼き。小判の形にして焼く、いわば「サンマのハンバーグ」。

いかにんじんは、イカとニンジンをコンブの細切りと和えた料理だよ。

学んだ日
／
／
／
／
／

[P56方言クイズの答え] ①大丈夫 ②腹が立つ ③はる・くっつける

コラム　日本一の米好き・パン好きは？

みんなのおうちの朝ごはんは、ごはん？ それともパン？　どちらの場合もあると思うけれど、実は地域によってもちがいがあるんだ。都道府県の県庁所在地ごとにまとめた、下の表を見てみよう。一番ごはん好きなのは静岡市。お茶の生産量が多いから、緑茶に合うごはんをよく食べるのかも。

また、一番のパン好きは京都市。いかにもごはんを食べてそうなのに、意外な結果だね。京都は職人が多いから、手軽に食べられるパン食が好まれたと言われているよ。

ごはんを多く食べる都市

1	静岡市	87.1kg
2	札幌市	83.7kg
3	山形市	83.5kg
4	新潟市	82.3kg
5	富山市	80.0kg

パンを多く食べる都市

1	京都市	60.7kg
2	神戸市	55.7kg
3	岡山市	55.6kg
4	大阪市	55.0kg
5	大津市	54.6kg

※県庁所在地の2014～2016年の1世帯（2人以上）あたりの平均値（総務省統計局「家計調査」）

2章（しょう）

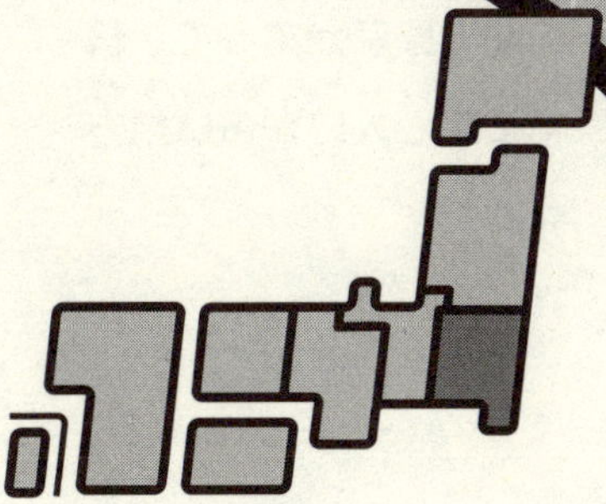

関東地方（かんとうちほう）

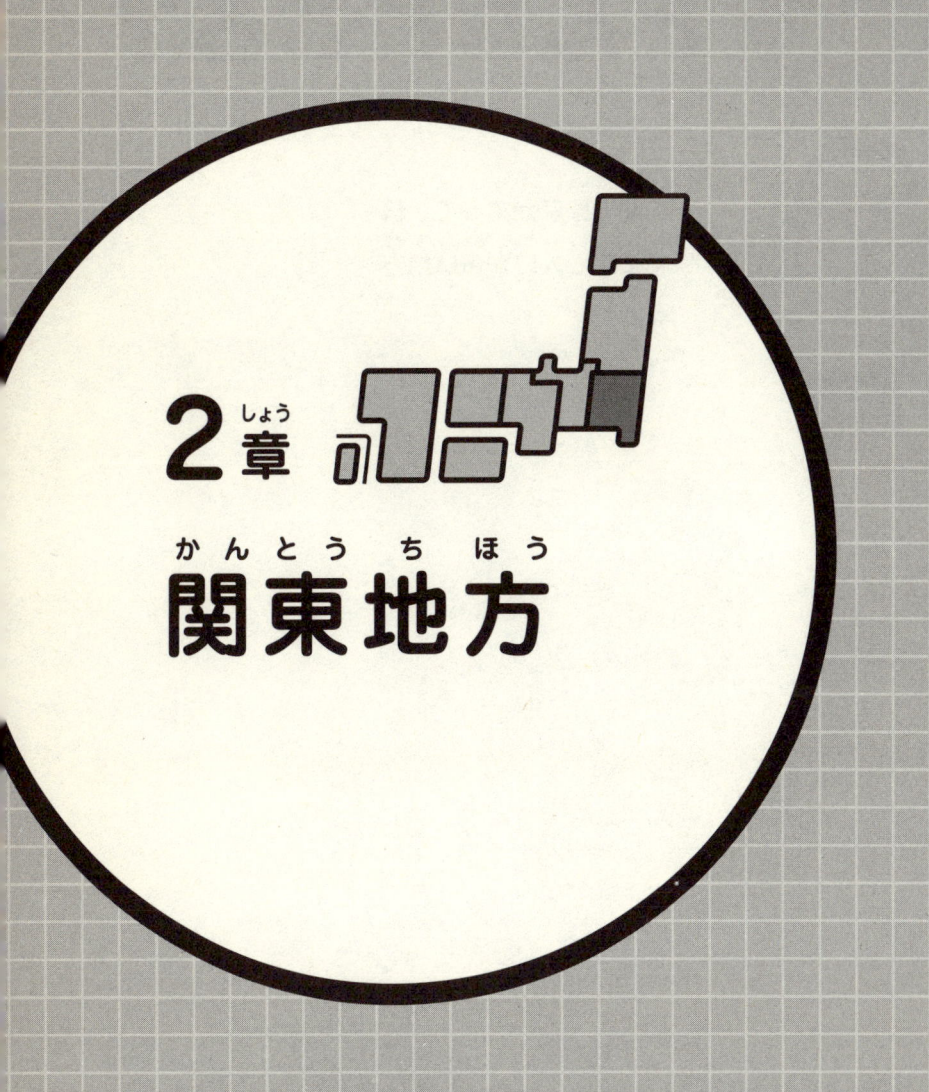

関東地方

ここは どんなところ？

首都の東京があって、日本で最も人口が多い地方なんだ。

栃木県
群馬県
関東平野
茨城県
埼玉県
東京都
東京特別区
神奈川県
千葉県

ポイント

1 日本の中心

関東地方には日本の全人口の３割以上が住み、人も物も集中している地方。首都である東京は、皇居や国会議事堂、最高裁判所、日本銀行などがあり、日本の政治・経済・文化の中心だよ。

➡ 東京スカイツリー (P96)、国技館 (P97)

ポイント

2 内陸部にも工業が進出

工業が特に発達しているのは、東京・神奈川・千葉の３都県の東京湾沿いの地域と、茨城県の鹿島灘沿いの地域。最近では、その他の県の内陸部にも工場が進出し、工業がさかんなんだ。

➡ 日立製作所 (P67)、京浜工業地帯 (P102)

ポイント

3 実は農業もさかん

関東地方の多くは、関東平野という日本最大の平野で、土も関東ローム層という農業に向いたもの。消費者が多いこともあって、実は茨城県、千葉県を中心に野菜の生産がさかんなんだ。

➡ レンコン (P64)、ラッカセイ (P89)

学んだ日

／

／

／

／

／

茨城県

農業がさかんで、関東地方の食を支えているよ。つくば市には多くの研究所が集まるよ。

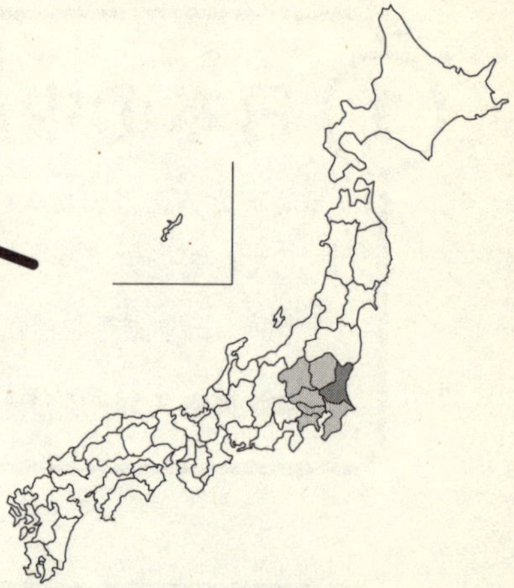

県庁所在地	水戸市
面積	6097㎢（全国24位）
人口	291万6976人（全国11位）

県の花　バラ　県の木　ウメ

県の鳥　ヒバリ

ウメよりギャル？

わーひろーい！
水戸市の偕楽園よ
都市の公園では世界で2番目に広いの
2位
世界2位！
ウメが有名で、3千本の梅林があるわ
きれい！
ん？
梅林にきれいなバイリンガルが！
せやな
ウメよりそっちなのね…

茨城県ってこんなところ

笠間市などで作られている陶器が笠間焼。江戸時代から日用品として皿やとっくりに使われてきたよ。

日立市
ひたちなか市
水戸市◎
笠間焼
クリ
サバ
土浦市
霞ヶ浦
鹿嶋市
がまの油
ガマの油売り

茨城県はクリの生産が日本一。特に笠間市やかすみがうら市、石岡市で生産がさかんなんだ。

筑波山は、江戸時代からガマの油と呼ばれる薬が名物。今でも油売りが大道芸を見せながら売るんだ。

学んだ日
／
／
／
／
／

自然

霞ヶ浦

茨城・千葉の２県にまたがる霞ヶ浦は、琵琶湖に次いで、日本で２番目に大きい湖。面積は220㎢もあるんだ。近くの地域の水道や農業・工業用水として、広く使われているよ。また、つりやヨットなどのレジャーもさかんで、最近では帆船を使った漁も見ることができるんだ。

もうほとんど
海だね

漁ではワカサギやシラウオがとれるよ。

産業

レンコン

先まで
よく見える！

全国のレンコン生産量は茨城県がトップ。霞ヶ浦の近くで多く作られているよ。穴が空いているから「先が見通せる」と縁起かつぎで食べる人もいるよ。

レンコンは粉にして、和がしの材料になったりもするんだ。

産業

アンコウ

アンコウは平べったい体と頭の突起がとくちょうの魚。茨城県で特に水あげ量が多いんだ。とてもおいしい魚で、冬の時期にアンコウ鍋やどぶ汁などにして食べるよ。

見た目より
中身で
勝負さ！
うね
うね

キモの部分はアンキモと呼ばれ、特においしくて有名なんだよ。

もっと知りたい！茨城県

茨城県出身の偉人

- ◆間宮林蔵（探検家）
- ◆水戸光圀（大名）
- ◆横山大観（画家）

茨城県出身の有名人

- ◆石井竜也（歌手）
- ◆梅宮辰夫（俳優）
- ◆稀勢の里（大相撲力士）
- ◆栗山千明（女優）
- ◆渡辺直美（コメディアン）

ご当地グルメ

◆干しいも

むしたサツマイモを天日に干したもの。茨城県が全国の生産量の８割以上を占めているよ。あまくておいしくて栄養もたっぷり。

◆吉原殿中

もち米で作ったあられに水あめときな粉をまぶした、棒の形のおかし。水戸市を代表するおかしで、みやげものとしても人気。

学んだ日

／

／

／

／

／

産業　メロン

おれはイバラキング
ぼくはクインシー
外からじゃよくわからない

茨城県はメロン生産量も全国１位。特に鉾田市で生産がさかんなんだ。県では近年、オリジナルの品種「イバラキング」を作ったよ。

グルメ　水戸納豆

水戸市は明治時代から納豆生産がさかんになり、全国に知られる産地となったんだ。年間購入金額も福島市と争っていて、17年は水戸が第１位になったんだ。

混ぜれば混ぜるほどおいしくなるの
ぐる
ぐる
ぐる
ぐる
目がまわる〜

産業　結城紬

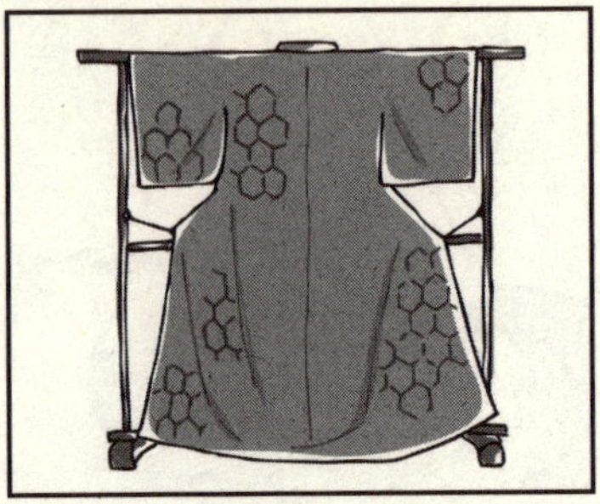

結城市の特産の結城紬は、すべて手作業で作られた絹の織物。軽くてやわらかくて、丈夫なんだ。高級品だからみんなのおこづかいではちょっと買えないよ。

奈良時代の『風土記』に出てくるぐらい、歴史があるんだ。

方言クイズ

なんて言っているのか、考えてみよう！

① しみじみ

例）もうちっとしみじみ勉強しなさい。

② ごじゃっぺ

例）そんなごじゃっぺ言ってんじゃない。

③ めんどかんど

例）今日の仕事はめんどかんどだったよ。

➡ 正解は P67 へ

観光　牛久大仏

牛久市の大仏像は、ブロンズ製の立像（立った姿勢の像）としては世界最大。高さは 120m で、ニューヨークの自由の女神と比べると約 3 倍近く、奈良の大仏と比べると 7 倍以上も大きいんだ。胸の部分は展望台になっていて、周りの景色を見ることができるんだ。ブッダの気分になれるかも？

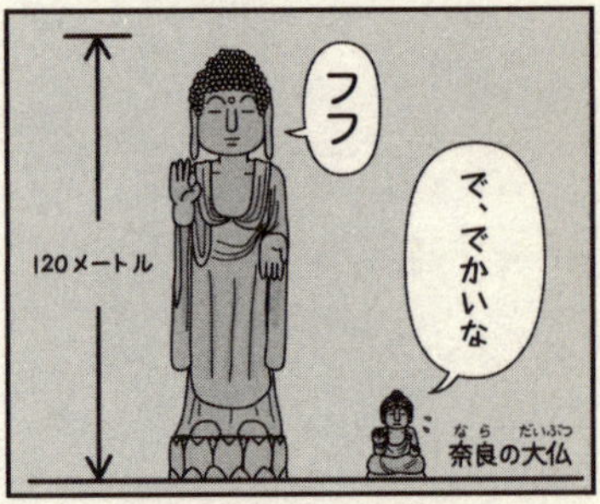
120メートル
フフ
で、でかいな
奈良の大仏

奈良の大仏は、牛久大仏の手のひらにのるぐらいの大きさだよ。

産業　日立製作所

おれが第1号さ！
モーター（5馬力）

電気機械メーカー・日立製作所のはじまりも茨城県。日立村（今の日立市）で５馬力のモーターを作ったのが最初。今でも県内に多くの工場があるんだ。

産業　宇宙技術の研究

つくば市には宇宙技術の研究を行うJAXA筑波宇宙センターがあるんだ。宇宙飛行士の育成も行っているよ。宇宙旅行に行きたい人は目指してみよう！

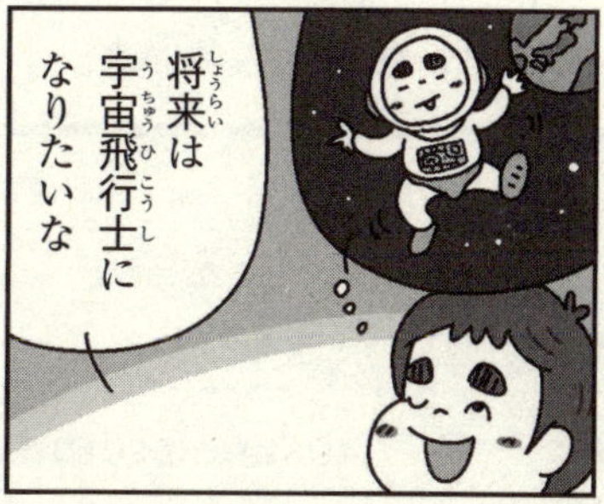
将来は宇宙飛行士になりたいな

みんなの給食 in 茨城県

納豆をよく食べる茨城県では、納豆に切り干し大根を合わせたそぼろ納豆が給食メニューの１つ。のっぺ汁は、野菜をとろみのある汁で煮た料理。

そぼろ納豆は、余った納豆を長い期間保存するために考えられた料理なんだって。

のっぺ汁。茨城県出身の力士・稀勢の里も好物らしいよ。

学んだ日
／
／
／
／
／

[P66方言クイズの答え] ①しっかり ②でたらめ ③目が回るほど、いそがしい

栃木県

イチゴ生産などの農業や酪農がさかんだよ。世界遺産がある日光市は、観光客も多いよ。

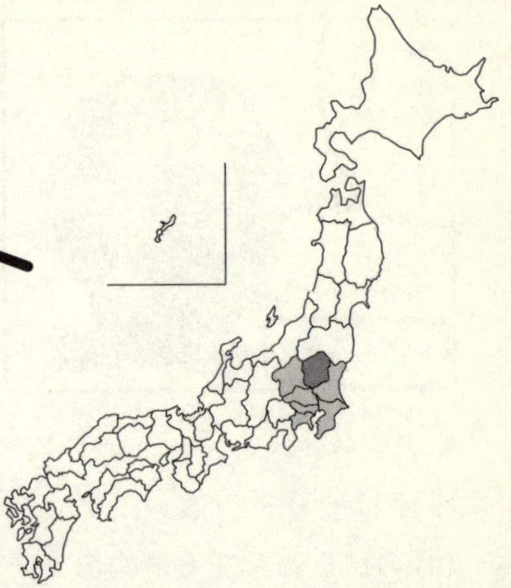

県庁所在地	宇都宮市
面積	6408㎢（全国20位）
人口	197万4255人（全国18位）

県の花　ヤシオツツジ
県の木　トチノキ
県の鳥　オオルリ

栃木のおとめ！

栃木県はイチゴの生産量が日本一よ
あまくておいしい！
何つぶ食べてもあきないよ…
モゴ
モゴ
それはイチゴの酸味のおかげよ
酸味が口をさっぱりさせるから、栃木のイチゴはあきないの
しあわせ〜
あまいだけじゃないのね
お兄ちゃんにも、あまいだけじゃダメなのか！
フフフフ…
今でもあまくないのに…

栃木県ってこんなところ

栃木県北部にある那須高原は、古くからの観光地。牧場も多く、乳しぼりやアイスクリームが名物。

日光市の名物の１つがゆば。日光では「湯波」と書くんだ。京都のものと比べて、厚めのつくりだよ。

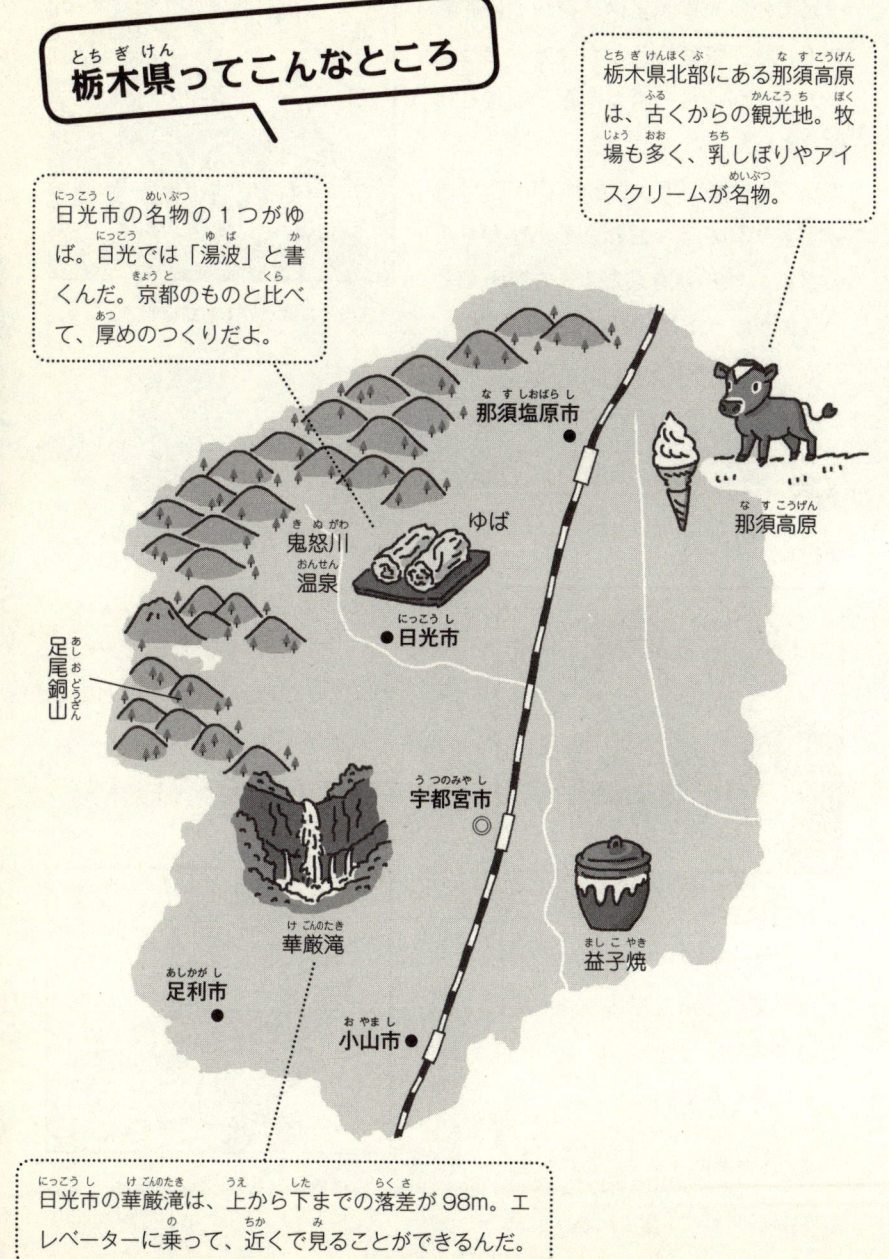

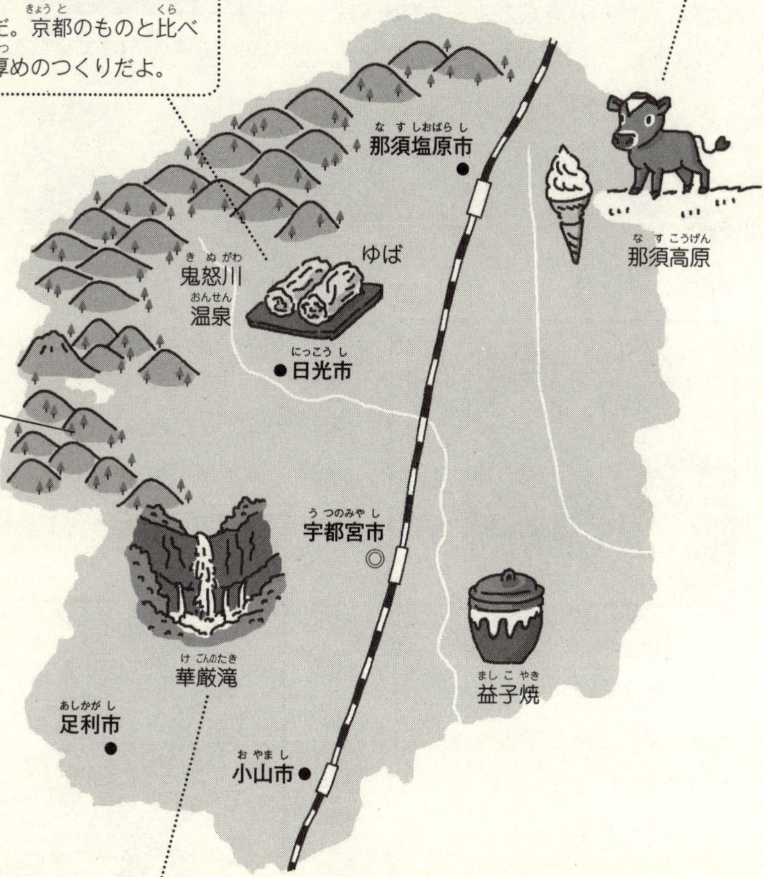
那須塩原市
那須高原
ゆば
鬼怒川温泉
日光市
足尾銅山
宇都宮市
華厳滝
益子焼
足利市
小山市

日光市の華厳滝は、上から下までの落差が98m。エレベーターに乗って、近くで見ることができるんだ。

学んだ日
／
／
／
／
／

歴史 日光東照宮

日光市の日光東照宮は、徳川家康をまつる神社。家康のことが大好きだった孫の家光が、今のような豪華な神社に造り直したんだ。

カラフルな彫刻でかざられていて、「眠り猫」や見ざる・言わざる・聞かざるの３匹のサルが有名だよ。左甚五郎という人が作ったと言われているんだ。

見ざる
言わざる
聞かざる
ぼくは「かがざる」

３匹のサルは世界でも知られているよ。

産業 日光彫

ぎょうざをほってみたよ
へぇ…

日光彫は日光市の伝統工芸。木材に動物や植物の細やかな模様をほって、うるしをぬったもの。お盆やお皿、テーブル、タンスなどに使われているんだ。

県の木であるトチノキが材料になることも多いんだ。

産業 かんぴょう

かんぴょうはヒルガオの実をむいて干したもの。全国で生産されるうちの９割以上が栃木県産だよ。みんなが食べたかんぴょう巻きのかんぴょうも、多分栃木県産だよ？

皮をむくようにけずっていくのさ
シュル
シュル

栃木県では煮たり、酢の物にしたりもするよ。

もっと知りたい！栃木県

栃木県出身の偉人

- 相田みつを（書家）
- 井深大（実業家）
- 田中正造（政治家）

栃木県出身の有名人

- 大島優子（女優）
- ガッツ石松（元ボクサー）
- 森昌子（歌手）
- 山口智子（女優）
- 渡辺貞夫（音楽家）

ご当地グルメ

◆佐野ラーメン

佐野市で食べられているラーメンは、青竹を使って打って作る麺のこしの強さがおいしさのひけつ。すき通ったスープもとくちょう。

◆いもフライ

竹ぐしにさしたジャガイモに衣をつけてフライにしたいもフライは、栃木県の定番のおそうざい。群馬県でも食べられているよ。

産業　益子焼

かざらない
そぼくさが好き
と言われるの

益子町で作られる益子焼は、ごつごつした風合いの焼き物。日用品として多くの人びとに親しまれてきたよ。毎年2回の陶器市には約60万人が訪れるんだ。

グルメ　宇都宮ぎょうざ

宇都宮市は、静岡県浜松市とぎょうざの年間購入額1位の座を毎年争っているよ。宇都宮駅の前には、ぎょうざの石像もあるんだ。

皮につつまれた
女神なのよ！

関東地方
栃木県

学んだ日
／
／
／
／
／

歴史 足利学校

ドーーン

足利学校は、江戸時代以前の日本でトップの学校。今でいう東京大学のようなものだったんだ。足利市には建物のあとが残されているよ。

いつから学校があったかは、まだはっきりわかっていないんだ。

方言クイズ

なんて言っているのか、考えてみよう！

① だいじ

例）今日は行かなくてもだいじだ。

② あったらもん

例）あったらもんだから捨てないでね。

③ じなる

例）うそをついたから、父ちゃんがじなった。

➡ 正解はP73へ

歴史 足尾銅山

江戸時代から、たくさんの銅がほり出された足尾銅山。明治時代になると、より多くの銅をほるため、周りの村に公害を引き起こしてしまったんだ。それをうったえた田中正造は、地元を代表する有名な人物だよ。
現在はほるのを止め、内部を観光できるようになっているんだ。

郊外の公害をうったえたよ

田中正造は一生をかけて、公害に苦しんだ村のために尽くしたんだ。

観光 日光江戸村

忍者だよ
お姫様よ

日光江戸村は、江戸時代の町なみを再現したテーマパーク。忍者やお姫様の衣装を着たり、江戸時代の仕事や武士の生活を体験したりできるんだ。

観光 鬼怒川温泉

日光市の鬼怒川温泉は昔、えらい大名やお坊さんしか入れない温泉だったんだ。今は年間200万人以上の観光客でにぎわっているよ。

昔はえらい人しか入れなかったのさ

みんなの給食 in 栃木県

レモン牛乳は、今は「レモン」という名前になり、アンテナショップなどでも人気。しもつかれはサケの頭と野菜を大根おろしと混ぜた料理だよ。

レモン
LEMON
レモン

レモン。レモン果汁が入っているわけではないんだ。

しもつかれ。見た目はちょっとグロテスクかも。味はとてもおいしい！

学んだ日
／
／
／
／
／

[P72方言クイズの答え] ①大丈夫 ②大切なもの ③どなた

群馬県

大きな利根川の源流があるよ。
コンニャクイモの生産ではダントツの日本一なんだ。

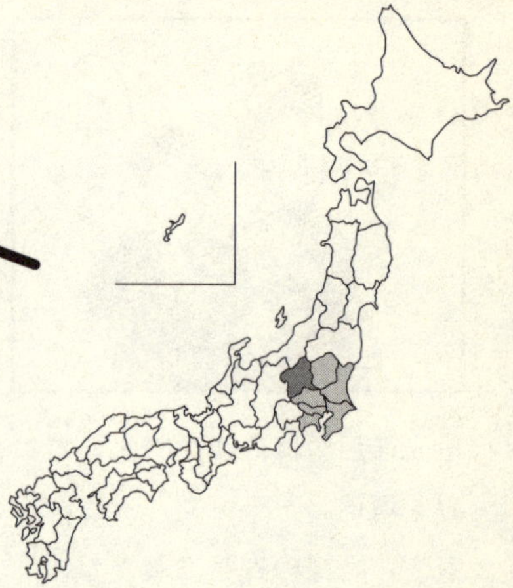

県庁所在地	前橋市
面積	6362㎢（全国21位）
人口	197万3115人（全国19位）

県の花　レンゲツツジ
県の木　クロマツ
県の鳥　ヤマドリ

上毛かるたでポン

あ、カルタをやってる
つるまう形の群馬県！
群馬県では、県のことを記したカルタがさかんよ
上毛かるた
おもしろそう
毎年1・2月に県大会もあるのよ
出てみたい！
せ…せきひがし？
「関東」よ！
まず言葉を覚えないと…

群馬県ってこんなところ

群馬県には白根山という名の山が２つあるよ。東にあるのを日光白根山、西のものを草津白根山と呼ぶんだ。

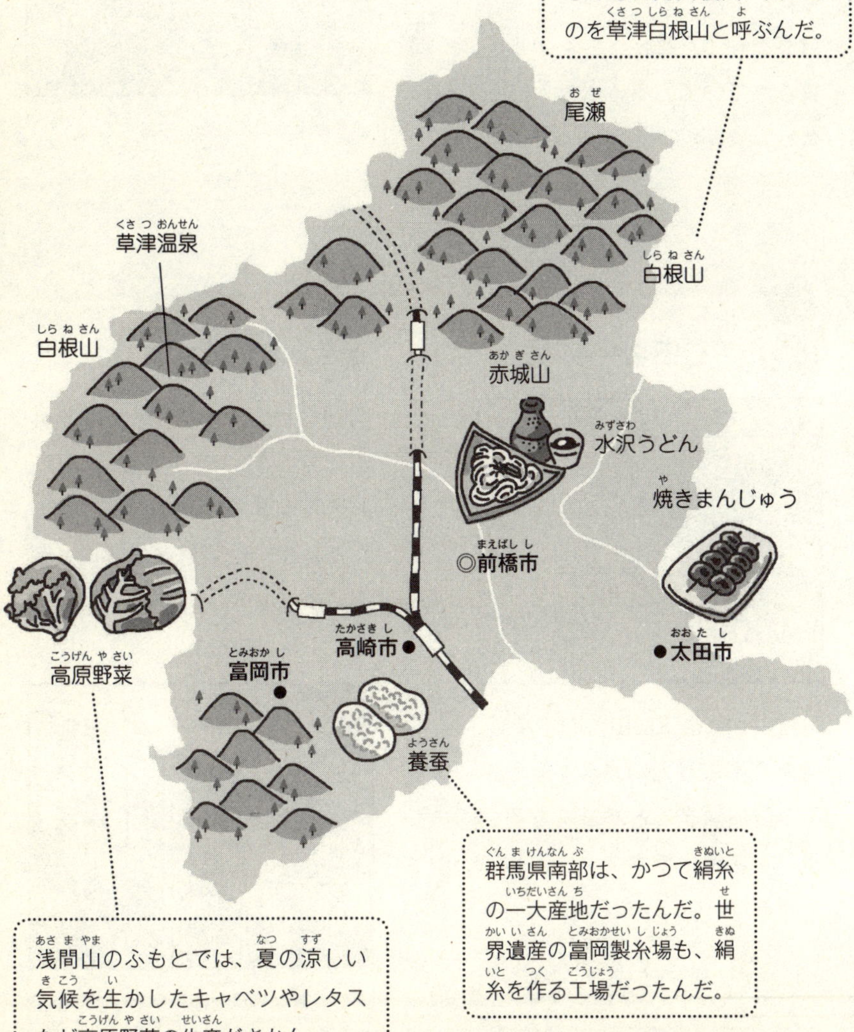

尾瀬
草津温泉
白根山
白根山
赤城山
水沢うどん
焼きまんじゅう
◎前橋市
高崎市
太田市
富岡市
高原野菜
養蚕

浅間山のふもとでは、夏の涼しい気候を生かしたキャベツやレタスなど高原野菜の生産がさかん。

群馬県南部は、かつて絹糸の一大産地だったんだ。世界遺産の富岡製糸場も、絹糸を作る工場だったんだ。

学んだ日

／

／

／

／

／

自然 尾瀬

群馬・福島・新潟の3県にまたがる尾瀬は、大きな湿原で有名なんだ。ミズバショウなどの花が咲くのを見ようと、たくさんの人がハイキングにやってくるよ。

自然を守るために、古くから手厚く保護されていて、歩き以外の立ち入りは厳しく禁じているんだ。

美しいでしょ!

クマがよく現れるから注意してね。

産業 下仁田ネギ

「とのさまネギ」と呼ばれているよ
アッパレ

下仁田ネギは下仁田町の特産品。他のネギより太いからすぐわかるよ。加熱するとあまくなるから、すき焼きや煮物、天ぷらにするとおいしいんだ。

江戸時代から下仁田ネギは有名だったんだって。

歴史 富岡製糸場

富岡製糸場は明治時代に国が建てた、絹糸を作る工場だよ。1987年まで、糸を作っていたんだ。建てた当時とほぼ同じ姿で残っていて、2014年に世界遺産になったんだ。

ドーン

レンガ造りの建物は、今でもとても美しいんだ。

もっと知りたい！群馬県

群馬県出身の偉人

- ◆田山花袋（小説家）
- ◆新島襄（教育者）
- ◆萩原朔太郎（詩人）

群馬県出身の有名人

- ◆井森美幸（タレント）
- ◆篠原涼子（女優）
- ◆中山秀征（タレント）
- ◆荻原健司・次晴（元スキー選手）
- ◆布袋寅泰（音楽家）

ご当地グルメ

◆焼きまんじゅう

群馬県中央～東部で食べられている焼きまんじゅう。まんじゅうを竹ぐしにさし、あまいみそだれをぬって火であぶるから、こうばしいよ。

◆水沢うどん

さぬきうどん、稲庭うどんとともに日本の３大うどんの１つと言われる、伝統のあるうどん。冷たいざるうどんにして食べるんだ。

産業 コンニャク

こんなにキレイになったの
BEFORE（まえ）
AFTER（あと）

コンニャクは、コンニャクイモから作られるんだ。全国生産分の９割以上が群馬県産。富岡市にはコンニャクの博物館「こんにゃくパーク」もあるよ。

産業 高崎のだるま

高崎市はだるまの生産が全国一だよ。できたときは目玉がなくて、願いごとをするときに左目に目玉を書き、かなったときに右目にも目玉を書くんだ。

１００点とったら右目を入れるよ
ムリそう
福

学んだ日
／
／
／
／
／

観光 草津温泉

チョイナ！チョイナ！

草津町は江戸時代から温泉で有名。木の板を使って、地元の民謡である草津節を歌いながら、お湯をかき混ぜて温度を下げる湯もみが名物だよ。

草津節は「チョイナ、チョイナ」というかけ声を出すんだ。

方言クイズ

なんて言っているのか、考えてみよう！

① あんじゃーねー

例）あんじゃーねーから、とにかくやってみろ。

② はそんする

例）明日、屋根をはそんしなくちゃ。

③ おっぺす

例）その台、そっちからおっぺしてよ。

➡ 正解はP79へ

その他 かかあ天下

「かかあ天下は上州（群馬県）名物」と言われるよ。「かかあ」とは、妻のことを指すんだ。

むかし、夫より妻の方が絹糸作りや、その原料になるカイコを育てるためによく働いて、経済力があったからこう言われたんだ。夫の立場が弱いという意味じゃないんだよ。

奥さんが働くから楽だわ！
ヒイヒイ

群馬県の夫がなまけているという意味でもないからね！

歴史　岩宿遺跡

とったどー!

みどり市の岩宿遺跡は 1946 年、相沢忠洋が見つけたんだ。この発見で、当時の想像よりはるか前から日本列島に人が住んでいたことがわかったよ。

観光　ぐんま昆虫の森

桐生市のぐんま昆虫の森は、昆虫を探し、手に取って生態を観察できる体験型の施設。広い土地に雑木林や棚田、畑、小川などの里山を再現しているよ。

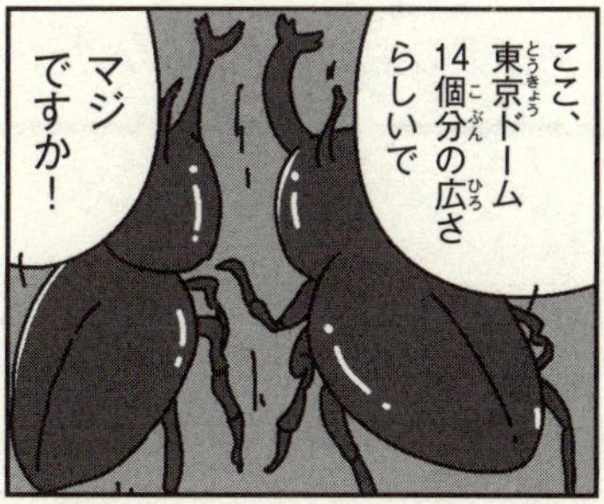
ここ、東京ドーム14個分の広さらしいで
マジですか!

みんなの給食 in 群馬県

前橋市や桐生市で食べられているソースカツ丼が、給食のメニューにも出るよ。おきりこみは幅広い小麦粉の麺を野菜と煮こんだ、県の郷土料理。

ソースカツ丼はふつうのカツ丼とちがい、カツの衣がサクサクなんだ。

おきりこみ。同じ料理だけど「煮ぼうとう」と呼ぶ地域もあるよ。

学んだ日
／
／
／
／
／

【P78 方言クイズの答え】①心配ない　②修理する　③押す・押しこむ

埼玉県

交通の便がよく、東京に通勤・通学する人が多いよ。ネギやコマツナの生産量も多いんだ。

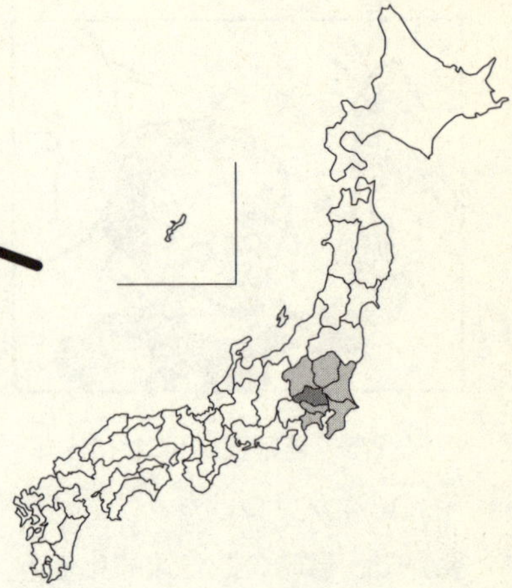

県庁所在地	さいたま市
面積	3798㎢（全国39位）
人口	726万6534人（全国5位）

県の花 サクラソウ　県の木 ケヤキ

県の鳥 シラコバト

あこがれの衣服

1
埼玉県はひな人形の生産が日本一よ
かわいい！
2
さいたま市や鴻巣市で生産がさかんなの
なまくび…
京都とかじゃないんだね
3
おひなさまの服、あこがれるわ
じゃあ着てみる？
4
お…重いわ
実際の十二ひとえは10キロ以上あるの
ずっしり…

埼玉県(さいたまけん)ってこんなところ

深谷(ふかや)ねぎは、その名(な)の通(とお)り深谷市周(ふかやししゅう)辺(へん)で作(つく)られるネギ。あまさが強(つよ)く、白(しろ)い部分(ぶぶん)が長(なが)いのがとくちょう。

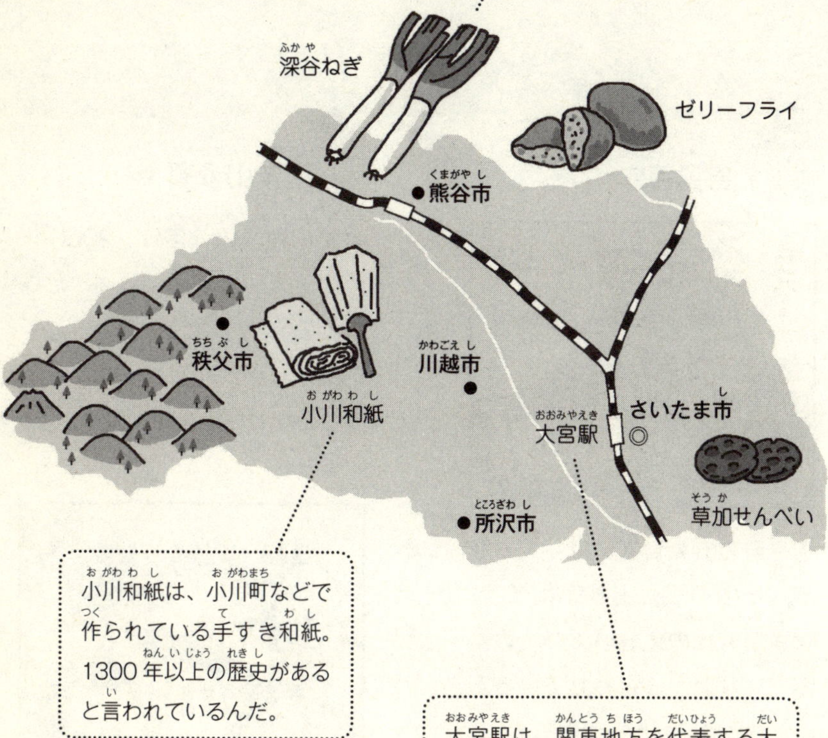

深谷ねぎ
ゼリーフライ
熊谷市
秩父市
川越市
小川和紙
さいたま市
大宮駅
所沢市
草加せんべい

小川和紙(おがわわし)は、小川町(おがわまち)などで作(つく)られている手(て)すき和紙(わし)。1300年以上(ねんいじょう)の歴史(れきし)があると言(い)われているんだ。

大宮駅(おおみやえき)は、関東地方(かんとうちほう)を代表(だいひょう)する大(だい)ターミナル駅(えき)。JR、私鉄(してつ)を合(あ)わせて14の路線(ろせん)が乗(の)り入(い)れているよ。

関東地方(かんとうちほう)
埼玉県(さいたまけん)

学んだ日
／
／
／
／
／

自然

長瀞渓谷

長瀞渓谷は、東京から約２時間で行ける身近な観光地として人気。岩と川の風景がきれいで、国の名勝・天然記念物にもなっているんだ。
いろいろなレジャーが楽しめるけれど、スリリングな川下りが一番人気だよ。レジャーの後は、名物の天然水のかき氷を食べよう！

自然がキレイ！
こわくてそれどころじゃない！

こわくて景色も見ていられない？

歴史

吉見百穴

ひゃっけつ…100個のおケツ？
百穴よ！

吉見町の吉見百穴には、大きな横穴が200個以上あるよ。これは古墳時代のえらい人びとのお墓ではないかと言われているんだ。ゆうれいが出るかもね。

百穴は「ひゃっけつ」とも「ひゃくあな」とも読むんだ。

自然

羊山公園

秩父市の羊山公園は、2000年にできた新しい名所。40万株以上のシバザクラが植えられているよ。春になると一面すべてがピンクと白の２色に染まって、とてもきれいなんだ。

きれいなサクラ！
じ、実は…

シバザクラというけれど、実はサクラの仲間ではないんだよ。

\ もっと知りたい！埼玉県 /

埼玉県出身の偉人

- 石井桃子（児童文学者）
- 荻野吟子（医師）
- 渋沢栄一（実業家）

埼玉県出身の有名人

- 太田光（漫才師）
- 川島永嗣（サッカー選手）
- 所ジョージ（タレント）
- 星野源（歌手）
- 若田光一（宇宙飛行士）

ご当地グルメ

◆武蔵野うどん

埼玉県西部や東京都の多摩地域で食べられているうどんで、太くてかたく、ごつごつした歯ざわりがとくちょう。

◆十万石まんじゅう

行田市で作られているまんじゅう。埼玉や東京のテレビ局でコマーシャルが放送されていて、知名度が高いんだ。

学んだ日
／
／
／
／
／

産業 こいのぼり

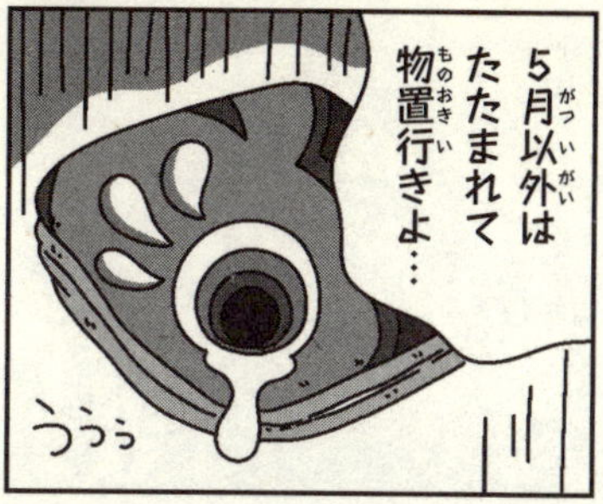
5月以外はたたまれて物置行きよ…
ううっ

加須市はこいのぼり生産で有名。全長 100m 以上のジャンボこいのぼりもあるよ。市は毎年、5月3日にジャンボこいのぼりをかかげるんだ。

産業 盆栽町

盆栽とは、鉢に植えた草や木を美しい姿に仕立てて楽しむさいばい方法。さいたま市には盆栽町という地名があって、盆栽作りがとてもさかんだよ。

どうだい！
凡才のできじゃな

観光 秩父夜祭

寒くなんかないぜ！
カイロを貼っているからね

秩父夜祭は、美しい山車がたくさん出るはなやかな祭り。花火大会も有名なんだ。毎年12月に行われるから、見に行くときは寒さ対策を忘れずに。

祭りの日には、秩父に行く電車の数も増えるんだ。

方言クイズ

なんて言っているのか、考えてみよう！

① しあんぼ

例）しあんぼだから、お金を貸してくれないね。

② てんづけ

例）練習せず、てんづけ歌い出した。

③ まさか

例）この電球はまさか明るい。

➡ 正解はP85へ

産業 川越（小江戸）

川越市は江戸時代に城下町として栄えたんだ。今でも当時の町なみが多く残り、小江戸と呼ばれているよ。たくさんの観光客でにぎわっているんだ。

当時からの名産がサツマイモ。関東地方を代表する産地だったんだ。今は生産量は減ったけれど、「富の川越いも」としてブランド野菜になっているよ。

ふがしがながーい！

もう1つの名物が1m近い長さのふがし。行く機会があったら食べてみよう。

歴史 世界初の自転車

ヒイヒイ

18世紀に現在の本庄市で発明された陸船車は、自転車と同じ方法で動く世界初の車と言われているよ。埼玉県は「自転車発祥の地」と呼ばれているんだ。

グルメ 草加せんべい

草加せんべいは江戸時代からの歴史があるおかし。うるち米を使っているから硬くて「パリッ」としたかみごたえで、あきの来ないおいしさなんだ。

かた焼きの硬派な男です
ジュー

みんなの給食 in 埼玉県

すったてうどんは県北部の郷土料理。ごまをすったみそだれにうどんをつけて食べるんだ。おからをフライにしたゼリーフライも給食ではおなじみ。

すったてうどん。ミョウガやショウガやネギといった薬味をたくさん入れるんだ。

ゼリーフライ。もともと、小判の形だから「ゼニフライ」と呼ばれていたんだって。

学んだ日
／
／
／
／
／

[P84方言クイズの答え] ①けち　②いきなり　③とても

千葉県

漁業や農業、工業がバランスよく発達しているよ。東京湾アクアラインで神奈川県に直結。

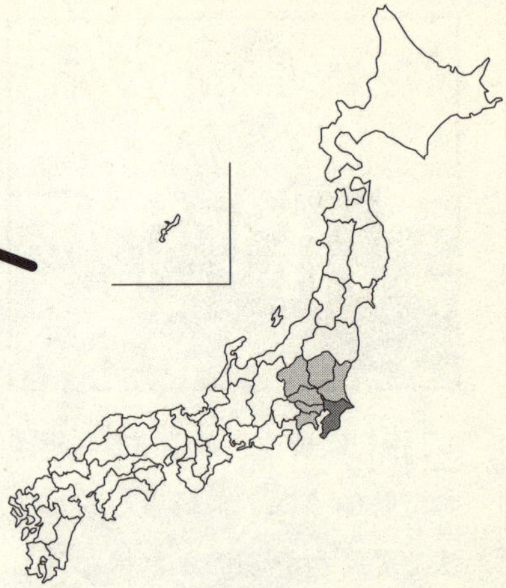

県庁所在地	千葉市
面積	5158㎢（全国28位）
人口	622万2666人（全国6位）

県の花 ナノハナ　県の木 マキ
県の鳥 ホオジロ

ラッカセイはまかないよ

すごい人!!
成田山は、初もうでに来る人の数が全国2位よ
1
節分の豆まきには有名人も来るわ
ぜひ行きたいな!
2
2月3日
福は〜うち!
成田山
3
うまい、うまい
あ
まいた豆は食べない!
4

千葉県ってこんなところ

野田市
ナシ
成田市
船橋市
銚子市
千葉市
九十九里浜
谷津干潟
加曽利貝塚
木更津市
なめろう
鴨川市
カーネーション

加曽利貝塚は、世界最大級の貝塚。貝塚とは、古代の人が捨てた貝がらが積み重なったものだよ。

房総半島の南房総市や鋸南町では、暖かい気候を生かしたカーネーションの生産がさかん。

学んだ日

／

／

／

／

／

自然 九十九里浜

九十九里浜は、房総半島の東にある海岸。長さは約 66km もあるんだ。かつてはイワシ漁で有名だったけれど、今は海水浴やサーフィンをしに来る人がとても多いんだ。

近くには大網白里市、白子町など「白」が付いた地名があるよ。この「白」は、九十九里浜のことを表しているんだ。

100-99
百から一をひくと白
だから
99=白
こういうことだよ

これは昔の人のだじゃれなんだって。

歴史 犬吠埼

1874年からがんばってるよ

銚子市の犬吠埼は、関東の一番東にある岬だよ。そこにある犬吠埼灯台は 1874 年に建てられて、今でも太平洋を行く船たちの目印となっているんだ。

犬吠埼は初日の出が早く見られる場所としても有名なんだ。

観光 鴨川シーワールド

鴨川市の水族館である鴨川シーワールドは、シャチやイルカ、アザラシのショーで有名。特にシャチが水面からジャンプする姿は大はくりょくなんだよ。みやげには塩ラーメンが人気。

バシャ

ショーのときは、水しぶきがすごいから気をつけよう。

\もっと知りたい！千葉県/

千葉県出身の偉人

- 伊能忠敬（学者）
- 国木田独歩（小説家）
- 日蓮（日蓮宗開祖）

千葉県出身の有名人

- 伊坂幸太郎（小説家）
- 華原朋美（歌手）
- 木村拓哉（俳優）
- 長嶋茂雄（元野球選手）
- マツコ・デラックス（タレント）

ご当地グルメ

◆なめろう

青魚を、みそや薬味とともにたたいた料理。皿をなめたくなるくらいおいしいから「なめろう」と名付けたと言われているよ。

◆ピーナッツみそ

いためたピーナッツにあまいみそを和えた料理で、千葉県ではおやつやごはんのおかずとして食べるよ。給食のメニューでもおなじみ。

産業　ラッカセイ

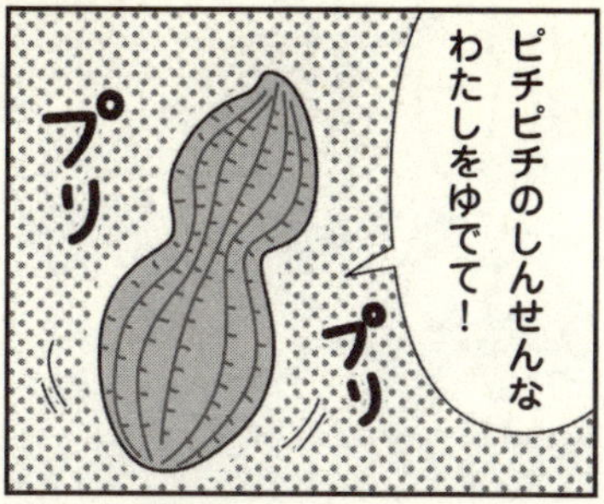
ピチピチのしんせんなわたしをゆでて！
プリ
プリ

ラッカセイとはピーナッツのこと。全国生産分の８割近くが千葉県で作られているよ。地元では、とれたてのものをから付きのまま、ゆでて食べるんだ。

産業　しょうゆ

千葉県は、江戸（今の東京）に近いこともあり、昔からしょうゆの生産がさかん。今でも生産量が全国１位。特に野田市や銚子市で多く造られているよ。

千葉生まれなのよ！

学んだ日
／
／
／
／
／

産業　銚子漁港

チョーシいいね！

親潮と黒潮が合流する場所にある銚子漁港は、全国での水あげ量がトップ。日本を代表する漁港なんだ。特にサバやマイワシがよくとれるんだよ。

最近は魚がへって、水あげ量も少なくなりつつあるんだ。

方言クイズ

なんて言っているのか、考えてみよう！

① でれすけ

例）そんなこともしないなんて、お前はでれすけだ。

② きもえる

例）まだ来ないなんてきもえるなあ。

③ おいねえ

例）そこに車とめたらおいねえよ。

➡ 正解は P91 へ

観光　ディズニーランド

浦安市の東京ディズニーランドは、1983年に開業。それ以来ずっと、日本で人気トップの遊園地であり続けているよ。東京ディズニーシーをふくめた1年間の入場者数は約3000万人もいるんだ。

遊園地だけでなく、買い物をする施設やホテルなども周りにたくさんあるよ。

楽しくてサイコー！

ディズニーランドでは入場者を「お客様」ではなく「ゲスト」と呼ぶんだって。

交通
銚子電鉄

ぬれせんべい
うまい！

銚子市内を通る銚子電鉄は、長さ6.4kmの短い鉄道。鉄道会社だけど、ぬれせんべいも作っていて、地元名産のしょうゆを使った味が評判なんだ。

交通
成田国際空港

成田市の成田国際空港は、海外から来る飛行機が1日あたり500回以上も行きかう、空の玄関口。いろいろな国の人びとがいつもたくさんいるよ。

ただいま
おかえりなさい
成田国際空港
Narita Airport Terminal 1

みんなの給食 in 千葉県

ココアに似た味の麦芽ゼリーは、千葉県の給食の人気デザート。イワシのさんが焼きは、郷土料理のなめろうを焼いた料理なんだ。

麦芽
ゼリー

麦芽ゼリー。1978年ごろから給食に出ているから、パパ・ママも食べたかも？

イワシのさんが焼きは、焼けたみそがこうばしくておいしいよ。

学んだ日
／
／
／
／
／

[P90 方言クイズの答え] ①なまけもの・だらしがない人 ②腹が立つ ③だめ・いけない

東京都

日本の中心地で、人口が一番多いよ。大都会のイメージだけど、自然が豊かな島じまもあるんだ。

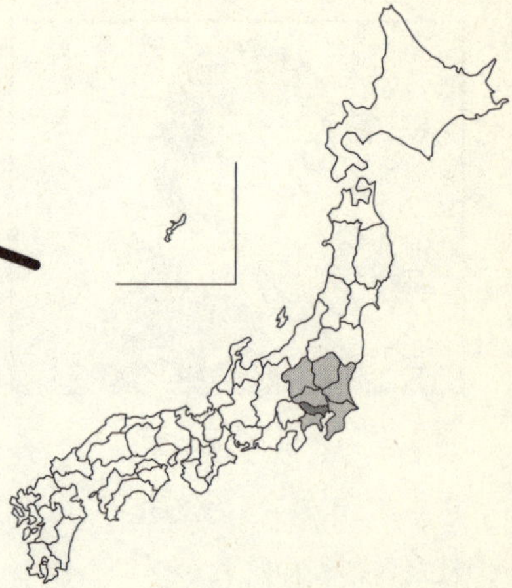

都庁所在地	新宿区
面積	2191㎢（全国45位）
人口	1351万5271人（全国1位）

県の花　ソメイヨシノ　　県の木　イチョウ

県の鳥　ユリカモメ

たためて便利！

大きいちょうちん！
浅草寺の雷門ね
雷門
重さは約700キロもあるのよ
軽自動車なみね
重いのね
三社祭というお祭りのときはたたむの
ぺしゃん！
へぇ！見てみたい
ぼくのおなかもたたんでよー
雷おこしの食べすぎ！
バーン

東京都ってこんなところ

はとバスは、主に東京都内をめぐる定期観光バス。観光コースは昼夜合わせて、約100種類あるんだ。

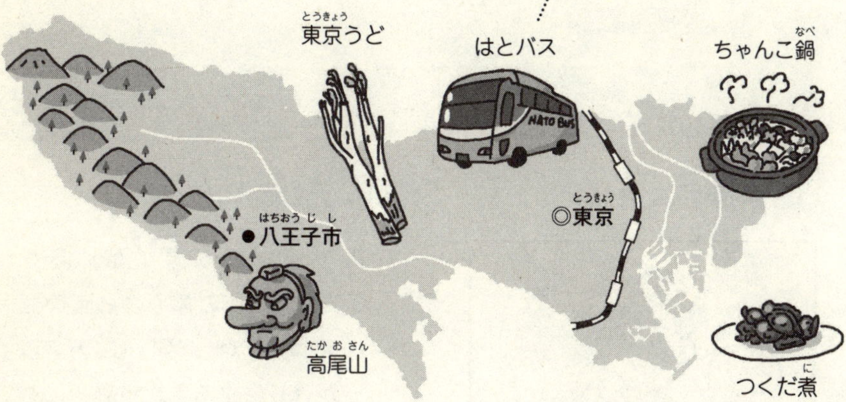
東京うど
はとバス
ちゃんこ鍋
HATO BUS
◎東京
●八王子市
高尾山
つくだ煮

つくだ煮は、中央区の佃島周辺で作られていたからその名がついたよ。保存のためにこい味付けなんだ。

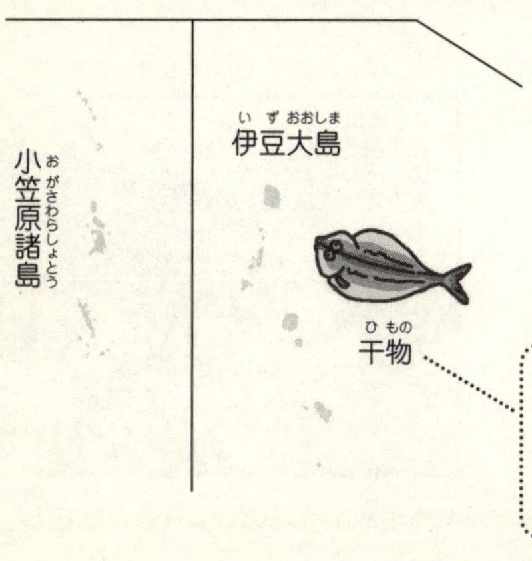
伊豆大島
小笠原諸島
干物

伊豆大島などの伊豆諸島では魚の干物作りがさかん。その中で一番有名なのがくさやだよ。

学んだ日

／

／

／

／

／

観光 恩賜上野動物園

恩賜上野動物園は日本で最初の動物園。多くの人びとがジャイアントパンダを見に来るよ。他にもオカピ、コビトカバ、アイアイなどのめずらしい動物がたくさんいるんだ。

園内の東側と西側を結ぶモノレールは、1964年から動いていて、日本で初めてのモノレールなんだ。

パンダめ…
かわいい!
人気がねたましい…

オカピも本当は人気のある動物だよ。

自然 伊豆大島

頭の手ぬぐいに
ツバキがかかれてるの!

伊豆大島の名物は三原山・ツバキ・あんこさんの3つ。あんこさんとは島での女性の呼び名で、島に行くと、こん色の着物を着たあんこさんが見られるよ。

「姉っこ」「あの子」がなまって、「あんこ」になったと言われるよ。

自然 高尾山

八王子市の高尾山は、高さ599m。東京の都心から近い登山スポットで、年間260万人以上が登りに来るよ。世界的にも有名で、海外の人びとも多く訪れるんだ。

都会みたいにすごい人!

富士山やエベレストよりも、登る人の数が多いんだって。

もっと知りたい！東京都

東京都出身の偉人

- 勝海舟（武士）
- 葛飾北斎（画家）
- 夏目漱石（小説家）
- 樋口一葉（小説家）

東京都出身の有名人

- 天海祐希（女優）
- 北島康介（元水泳選手）
- ビートたけし（タレント）
- 松任谷由実（歌手）
- 宮崎駿（映画監督）

ご当地グルメ

◆くさや

伊豆諸島の特産品で、青魚を味付けした液にひたし、天日干しにしたもの。おいしいけれど、つい「くさい」と思っちゃうぐらい、においが強いんだ。

◆ドジョウ鍋

江戸時代から食べられてきた、ドジョウを煮た鍋料理。ドジョウを丸ごと煮る丸鍋と、開いたドジョウを煮る柳川鍋があるよ。

自然　小笠原諸島

本土から24時間もかかったよ
いらっしゃい

小笠原諸島の位置は、本土から約 1000km 南。貴重な自然は世界遺産にもなっているんだ。空港がなく交通は船だけ。東京から最短で約 24 時間もかかるよ。

産業　練馬大根

練馬大根はむかしからの東京の特産品。東京での生産は減っていたけれど、最近また増えつつあるんだ。からさが強いからみんなにはちょっと早いかな？

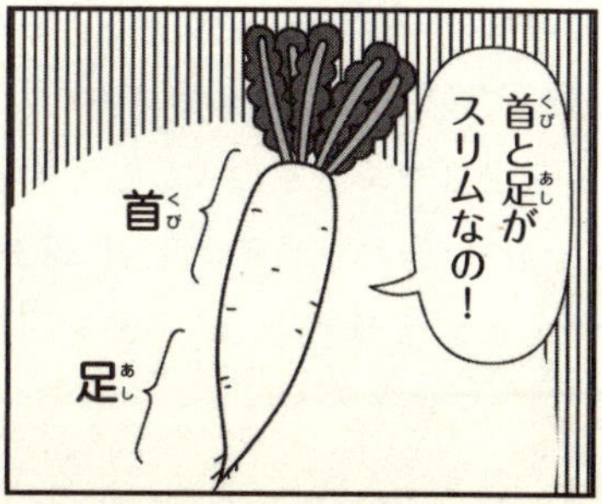
首と足がスリムなの！
首
足

学んだ日
／
／
／
／
／

産業　東京うど

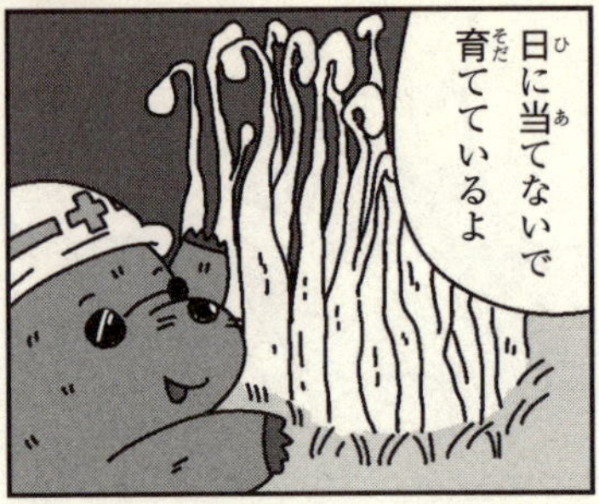
日に当てないで育てているよ

多摩地方で作られているウドが、「東京うど」。日に当てず、地面にほった穴の中で育てるんだ。やわらかくてアクも少ないから人気があるよ。

ウドは大きくなると食べられない。まさにウドの大木になるよ。

方言クイズ

なんて言っているのか、考えてみよう！

① ざっかけない

例）品のない、ざっかけない連中だな。

② ぞろっぺー

例）部屋を片付けないで、ぞろっぺえな。

③ おかったるい

例）このおこづかいじゃおかったるい。

➡ 正解は P97 へ

観光　東京スカイツリー

2012年に開業した東京スカイツリーは、高さが武蔵国（東京都周辺の昔の呼び名）にちなんだ634メートル。タワーとしては世界一の高さなんだよ。展望台はたくさんの人びとでにぎわっているけれど、本来の役目は電波とう。テレビやラジオなどの電波を関東地方に送っているんだ。

世界一のタワーだぜ！
ドーーン

これより高い建物はアラブ首長国連邦という国にあるんだ。高さは828m！

グルメ　もんじゃ焼き

フフフ
見た目とちゃう！

ゆるくといた小麦粉と具を混ぜて焼くもんじゃ焼きは、もともと東京のだがし屋で親しまれた料理だよ。関西のお好み焼きとちがうおいしさが人気なんだ。

観光　国技館

墨田区にある国技館は、大相撲を行うところ。海外から見にくる人びともたくさん。ちなみに国技館のある地名は「横網」。横綱の字にそっくりだね！

冷暖房が完備だから快適！

関東地方

東京都

みんなの給食 in 東京都

アサリやアオヤギなどの貝が入った深川めしは、東京の下町を代表する料理。また東京は相撲の本場でもあるから、ちゃんこ料理も給食で出るんだ。

深川めし。貝とネギを、しょうゆ味やみそ味のだしでごはんとたきこむんだ。

ちゃんこ汁。本来は、力士たちの食事をすべてちゃんこと呼ぶんだ。

学んだ日

／

／

／

／

／

[P96方言クイズの答え] ①がさつ・ていねいでない　②だらしがない　③物足りない

神奈川県

東京の次に人口が多いよ。港町横浜や古都鎌倉など、魅力的な観光地がたくさんあるんだ。

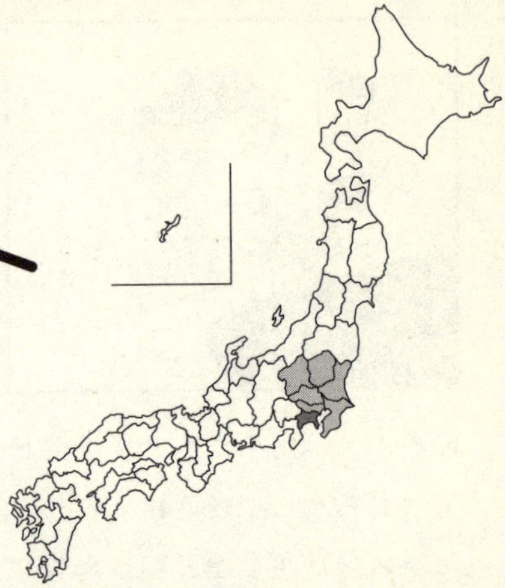

県庁所在地	横浜市
面積	2416㎢（全国43位）
人口	912万6214人（全国２位）

県の花　ヤマユリ　県の木　イチョウ

県の鳥　カモメ

船でロマンス？

すっごく大きな船！
横浜市の大さん橋よ
海外から来た客船がここにとまるの
たくさんの人が乗っているのね
船で日本に来る海外の人はどんどん増えているわ
人気なんだ！
船での旅行、あこがれるわ…
まだ小2だろ！

神奈川県ってこんなところ

鎌倉市の鶴岡八幡宮は、源氏をまつった源頼朝ゆかりの神社。初もうでは多くの人びとでにぎわうよ。

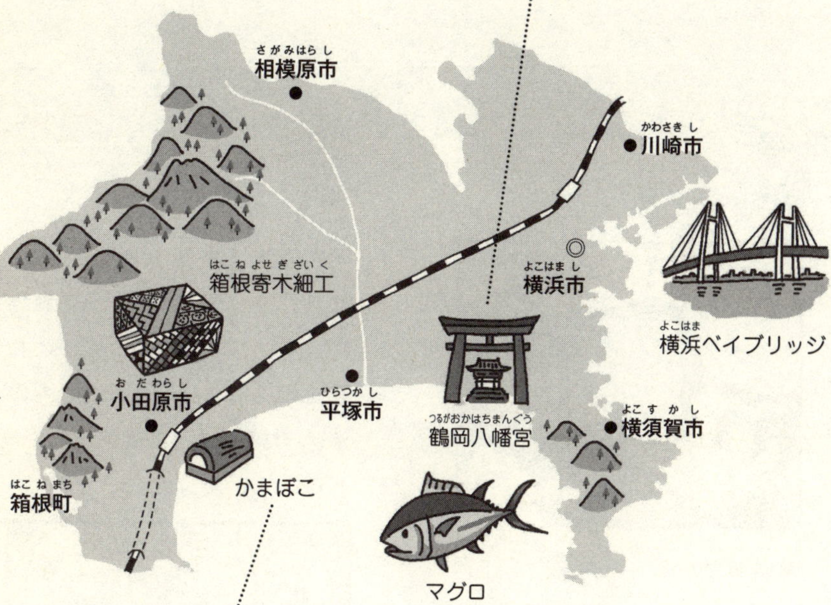
相模原市
川崎市
箱根寄木細工
横浜市
横浜ベイブリッジ
小田原市
平塚市
鶴岡八幡宮
横須賀市
箱根町
かまぼこ
マグロ

小田原市は、江戸時代からかまぼこ作りがさかん。現在は、関東地方を中心に広く知られているよ。

三浦市の三崎漁港は、マグロの水あげ量が多いことで有名。付近にはマグロ料理の店がたくさんあるよ。

学んだ日

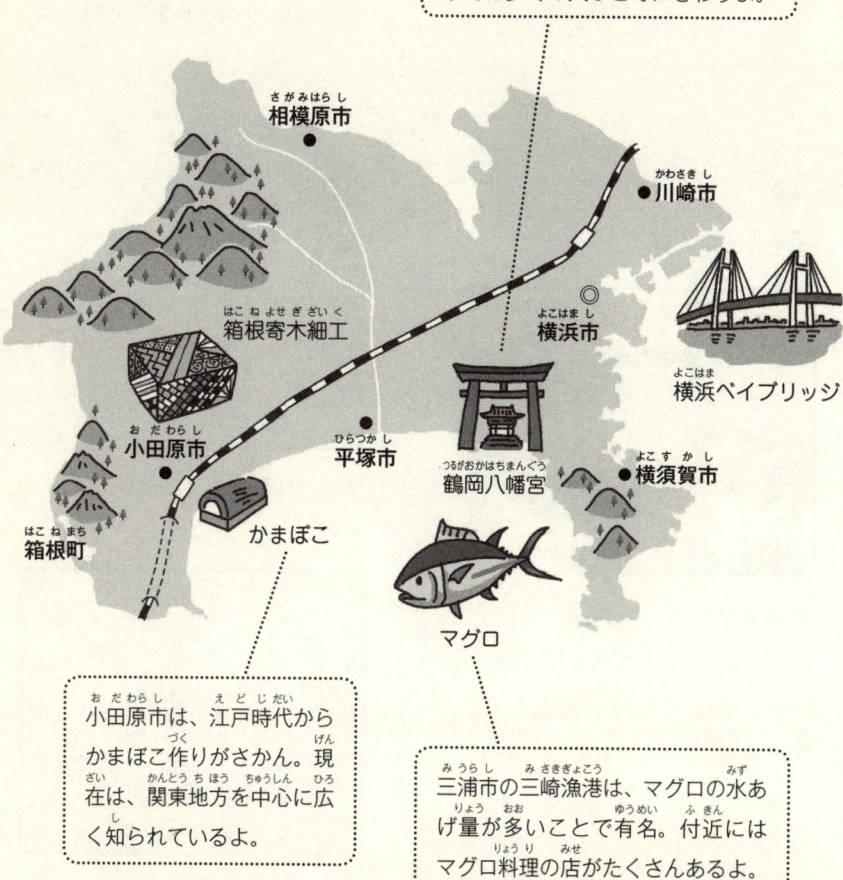

／
／
／
／
／

観光 箱根

箱根は日本を代表する観光地。火山活動がさかんな箱根山の周りに、たくさんの温泉がわき出しているんだ。

古くから温泉地として栄えていて、明治時代からは高級リゾート地となり、多くの観光客が訪れているよ。

大涌谷温泉の黒たまごは、食べると寿命がのびるという伝説もあるんだ。

130才
く…黒たまごを食べてまだ生きるぞ!

からが黒いだけで、中は白い卵だよ。

自然 江ノ島

絵になるなあ

湘南海岸から海に突き出た江ノ島には江島神社があって、江戸時代にお参り客で栄えたんだ。江ノ島電鉄（江ノ電）の車両も人気があるよ。

たくさんの小説や漫画、アニメ、歌の題材にもなっているよ。

自然 三浦半島

県の南東にある三浦半島には、アメリカ海軍の横須賀海軍施設や、マグロやキンメダイがとれる三崎漁港があるんだ。三崎のマグロは有名だよ。ヨットやボートもさかんなんだ。

ヨットにもってこいだなあ
幸せだなあ

東京から近い海のリゾート地として、にぎわっているんだ。

もっと知りたい！神奈川県

神奈川県出身の偉人

- 尾崎行雄（政治家）
- 岡本太郎（美術家）
- 二宮尊徳（農学者）

神奈川県出身の有名人

- 織田裕二（俳優）
- 桂歌丸（落語家）
- 加山雄三（歌手）
- 小泉今日子（女優）
- 出川哲朗（タレント）

ご当地グルメ

◆シウマイ

崎陽軒という店が作るシュウマイが横浜市のおかずの定番で、駅弁としても人気。崎陽軒はシュウマイを「シウマイ」と呼ぶよ。

◆ありあけのハーバー

横浜市のありあけが作るおかし。マロンのクリームを、船の形のカステラ生地で包んでいるんだ。横浜みやげの定番だよ。

学んだ日
／
／
／
／
／

歴史　鎌倉

わぁ！

源頼朝が幕府を開いた鎌倉は、多くの神社やお寺があるよ。大仏もあって「鎌倉大仏」と呼ばれているんだ。大仏の内部に入ることもできるよ。

歴史　金太郎伝説

昔話で有名な金太郎は、箱根の近くの足柄山の生まれ。南足柄市には金太郎の生まれた家のあとも残っているんだ。クマと温泉に入ったりしたかも。

箱根の温泉サイコー！

グルメ

鳩サブレー

おしり食べたのね
エッチ！

鎌倉のみやげで有名なのが鳩サブレー。鳩の形のビスケットで明治時代からあるんだ。鶴岡八幡宮に鳩がたくさんいるからこの形になったんだって。

バターがたっぷり入っていて、とてもいいかおりなんだ。

方言クイズ

なんて言っているのか、考えてみよう！

① うざったい

例）毛虫が服について、うざったいなあ。

② いきなりだ

例）宿題をいきなりにしてはいけないよ。

③ いも

例）リンゴをいも1つ持っていけよ。

➡正解はP103へ

産業

京浜工業地帯

たくさんの工場などが集まっているところを工業地帯と言うよ。神奈川県は京浜工業地帯の中心で、機械、化学、金属など重化学工業の工場が多いんだ。最近では、工場の様子を船に乗って見学するツアーも人気があるよ。ライトアップされた工場の風景がきれいなんだって。

東京は出版社が多いから、印刷業の工場がたくさんあるのもとくちょうだよ。

歴史 小田原城

城のしき地にはミニSLもあるよ

小田原城は北条氏の城として有名。現在、江戸時代の姿に修復する工事が進んでいるよ。城の一部はこども遊園地になっていて、ミニSLも走っているんだ。

観光 横浜中華街

横浜市にある中華街は日本最大。３代、４代にわたって住んでいる中国の人びとも多くいるんだ。中華料理を食べに来る人びとでいつもにぎわっているよ。

本場の味だね！
ぼくは日本生まれだけどね

みんなの給食 in 神奈川県

けんちん汁は、鎌倉市の建長寺で作っていたからその名が付いたという説があるよ。昔から海軍の街である横須賀市に伝わる海軍カレーも。

けんちん汁は、ダイコンやゴボウなどの具をいためてから煮こむのがとくちょう。

海軍カレー。みんなの家庭で食べている日本風のカレーの原型になったんだ。

学んだ日
／
／
／
／
／

[P102方言クイズの答え] ①気味が悪い ②投げやりな ③もう

コラム　日本一のマヨネーズ・ケチャップ好きは？

野菜サラダにかけるマヨネーズや、オムレツにかけるケチャップ。マヨネーズ好きはマヨラーと呼ばれたりして、大好きな人は多いよね。実は、日本一のマヨラーな都市はダントツで鳥取市。3位に松江市も入っているから、山陰地方はマヨネーズ好きが多いと言えるのかも。ケチャップについては、日本一使っているのは和歌山市。梅干し生産が日本一の県でもあり、酸味があるものが好きなのかもしれないね。

マヨネーズを多く使う都市

1	鳥取市	3.39kg
2	青森市	2.97kg
3	松江市	2.89kg
4	山形市	2.82kg
5	札幌市	2.78kg

ケチャップを多く使う都市

1	和歌山市	2.02kg
2	京都市	1.81kg
3	名古屋市	1.78kg
4	大津市	1.76kg
5	徳島市	1.74kg

※県庁所在地の2014～2016年の1世帯（2人以上）あたりの平均値（総務省統計局「家計調査」）

3章（しょう）

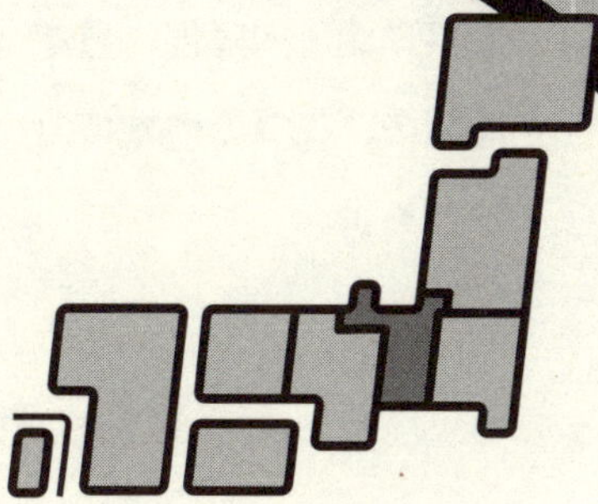

中部地方（ちゅうぶちほう）

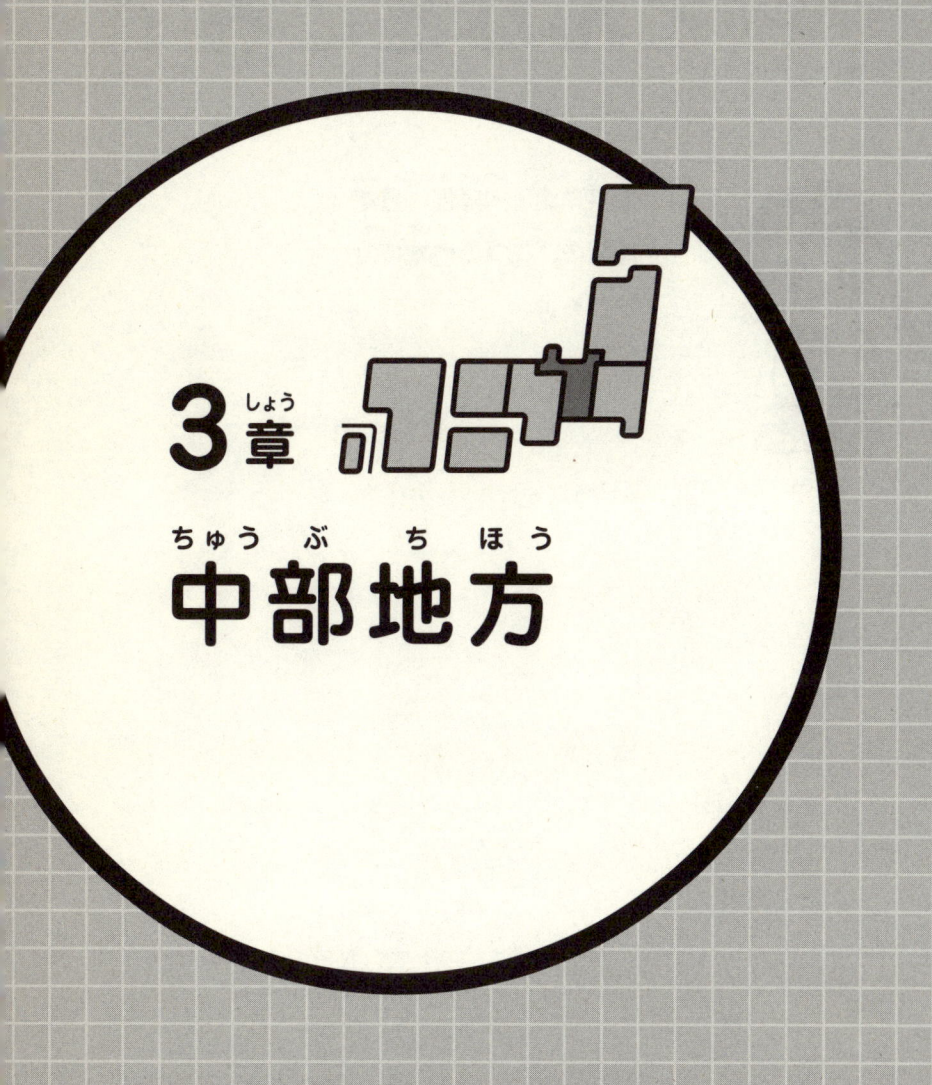

中部地方 ここはどんなところ？

太平洋側・内陸部・日本海側の、３つの地域に分かれるよ。

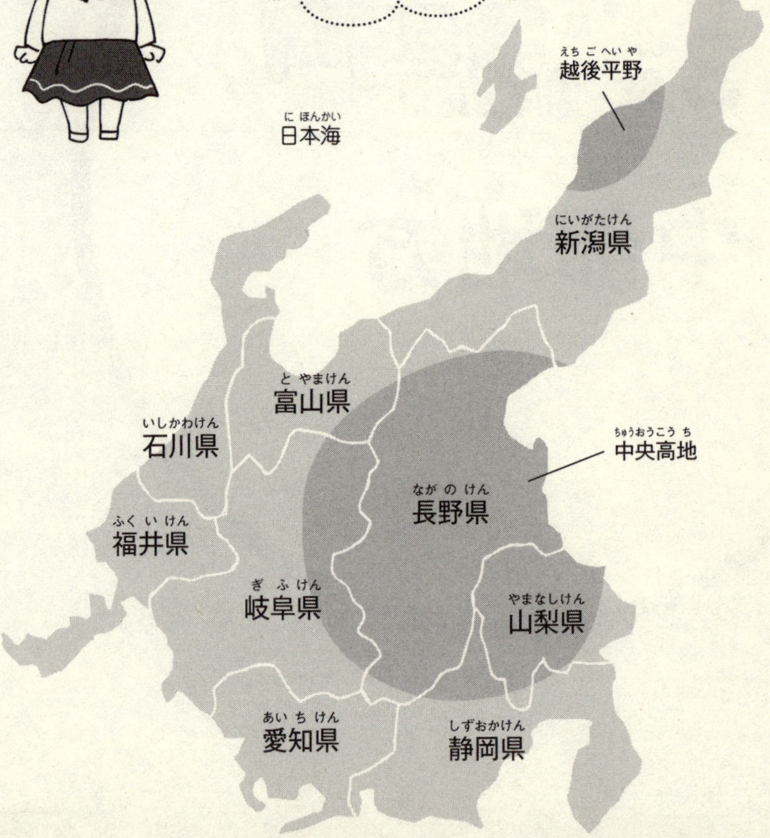

越後平野
日本海
新潟県
富山県
石川県
中央高地
長野県
福井県
岐阜県
山梨県
愛知県
静岡県

ポイント

1 日本海側は雪が多い

日本海側は、日本でも有数の雪の多さがとくちょう。新潟県には越後平野が広がり、米の生産が日本一。各県とも、農業のできない冬に副業として行っていた伝統工芸が発達しているよ。

➡ 米作りが日本一（P110）、九谷焼（P123）、輪島塗（P124）

ポイント

2 内陸部は高い山がたくさん

内陸部の中央高地は高い山に囲まれているんだ。冬は雪も多いけど、夏の涼しい気候や昼と夜の気温差が大きいことを生かし、モモやブドウなどの果物や夏野菜の一大産地になっているよ。

➡ モモとスモモ（P134）、日本アルプス（P140）

ポイント

3 太平洋側は大工業地帯

太平洋側は工業が日本一さかんで、自動車の生産は特に有名。他には、愛知県では鉄やセラミック製品、静岡県では紙・パルプや楽器、オートバイの生産も広く知られているんだ。

➡ 紙・パルプ産業（P154）、トヨタ自動車（P159）

学んだ日

／

／

／

／

／

新潟県

冬には多くの雪が積もる地域。米の生産量は日本一で、せんべいなどの米菓の生産もさかん。

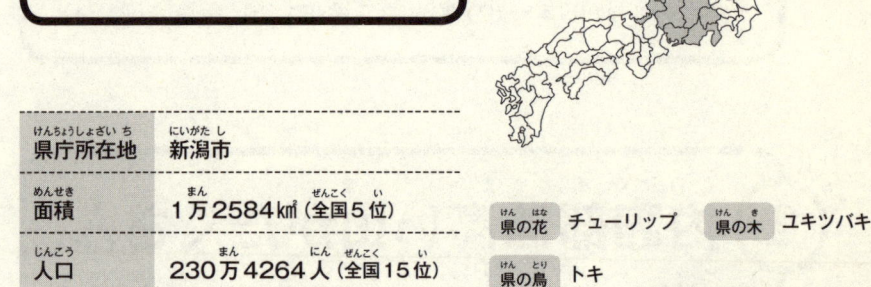

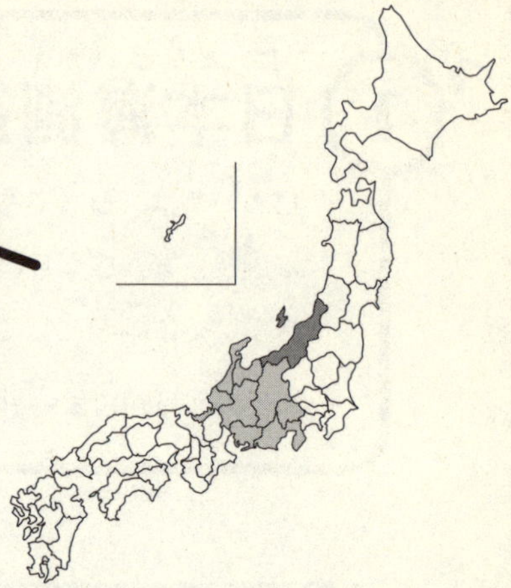

県庁所在地	新潟市
面積	1万2584㎢（全国5位）
人口	230万4264人（全国15位）

県の花　チューリップ
県の木　ユキツバキ
県の鳥　トキ

ハクチョウも来るよ

わあ！たくさんのハクチョウ
ここは瓢湖という湖よ
1
ハクチョウが毎年5千羽以上やってくるの
ここで冬をこすのね
2
あっ
ほ〜らほらお手！
3
ひいいっ
グアアアア
けいかい心が強い鳥なのよ！
4

新潟県ってこんなところ

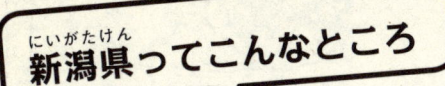

ヨモギのだんごを笹でくるんだ笹だんごは、新潟県を代表するおかし。今は新潟みやげとして有名だよ。

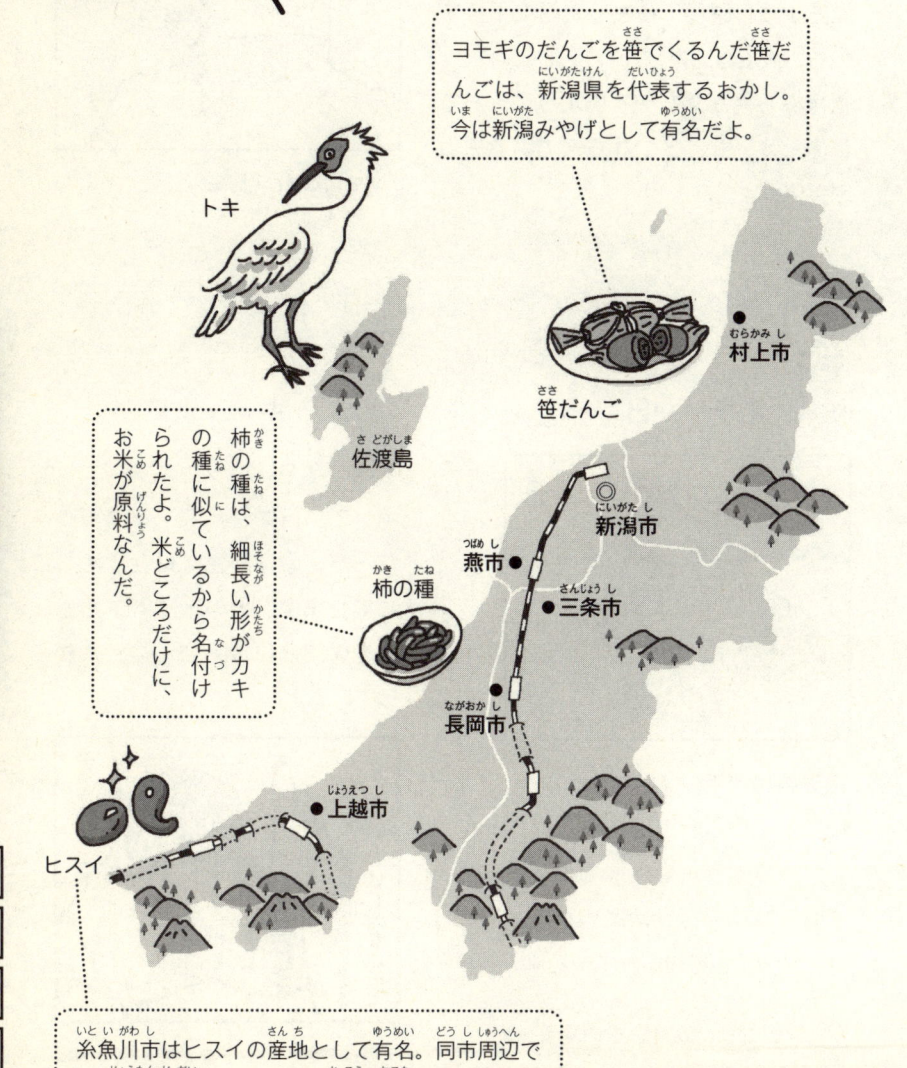

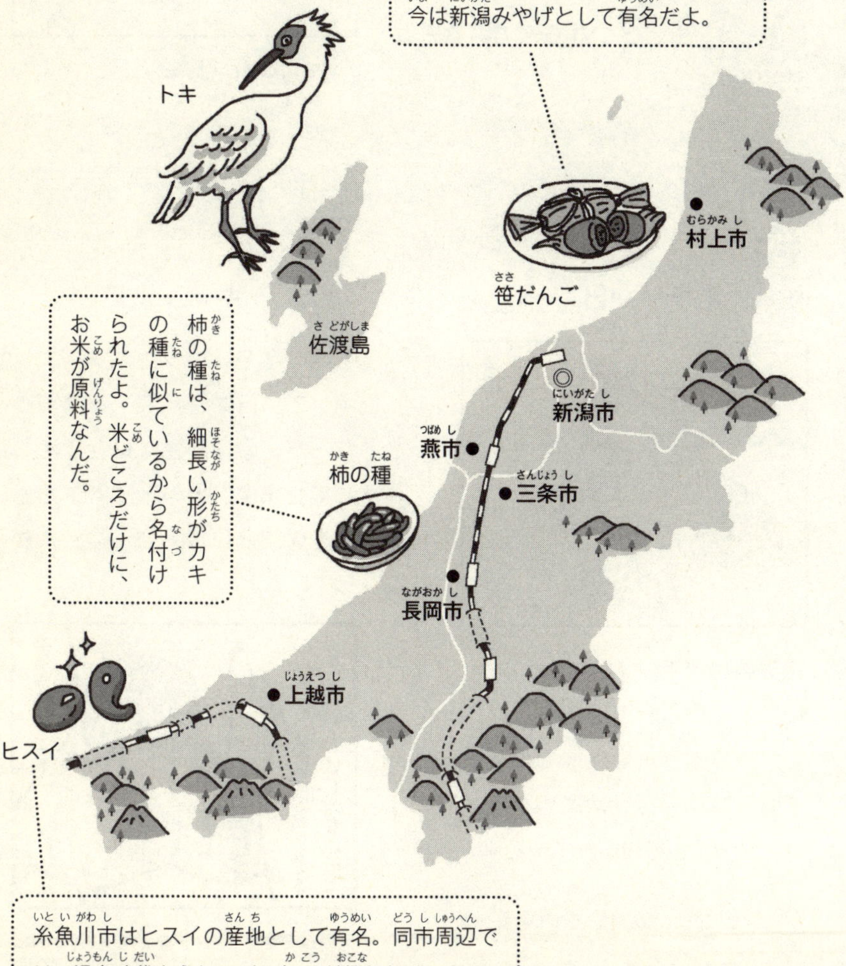

トキ
笹だんご
村上市
佐渡島
新潟市
燕市
三条市
柿の種
長岡市
上越市
ヒスイ

柿の種は、細長い形がカキの種に似ているから名付けられたよ。米どころだけに、お米が原料なんだ。

糸魚川市はヒスイの産地として有名。同市周辺では、縄文時代からヒスイの加工が行われていたよ。

学んだ日
／
／
／
／
／

自然　雪が多い

新潟県は冬の積雪量が多く、北海道や東北地方に負けないくらいなんだ。
新潟の雪は、水分が多くて重いのがとくちょう。屋根に積もった雪を下ろすのも、大変なんだ。
信号機も雪が落ちやすいように、たてに赤・黄・青と３つならんでいるものが主流だよ。

こーんなに積もったの！

１年間に10m以上降ることもあるよ！

産業　米作りが日本一

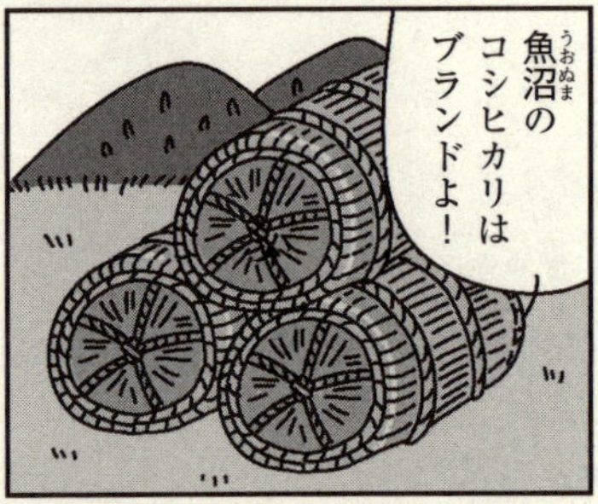
魚沼のコシヒカリはブランドよ！

新潟県は米の生産量が日本一。特に多く作られている品種がコシヒカリで、魚沼地域で作られているコシヒカリは高級ブランドのお米として知られているよ。

コシヒカリは海外でも高級品。アメリカでも生産しているよ。

動物　トキ

トキの学名はニッポニア・ニッポンで、日本を代表する鳥だったんだ。今は野生ではぜつめつしてしまい、人の手で育てたものを佐渡島に放して、自然に戻しているよ。

顔は赤いけど
あなたに恋してるわけじゃないのよ

トキは韓国やロシアなどでもぜつめつし、今は中国にしかいないんだ。

＼もっと知りたい！新潟県／

新潟県出身の偉人

◆上杉謙信（大名）

◆鈴木牧之（随筆家）

◆田中角栄（政治家）

新潟県出身の有名人

◆小林幸子（歌手）

◆ジャイアント馬場（レスラー）

◆高橋留美子（マンガ家）

◆渡辺謙（俳優）

ご当地グルメ

◆イタリアン

焼きそばに使う麺を具といため、トマトソースをかけたもの。軽くお腹が空いたときのおやつ・軽食として親しまれているよ。

◆へぎそば

つなぎにふのりという海そうを入れたそばで、魚沼地方の名物。ふつうのそばよりこしが強いんだ。薬味にからしを入れるのがポイント。

産業　鮭のまち村上

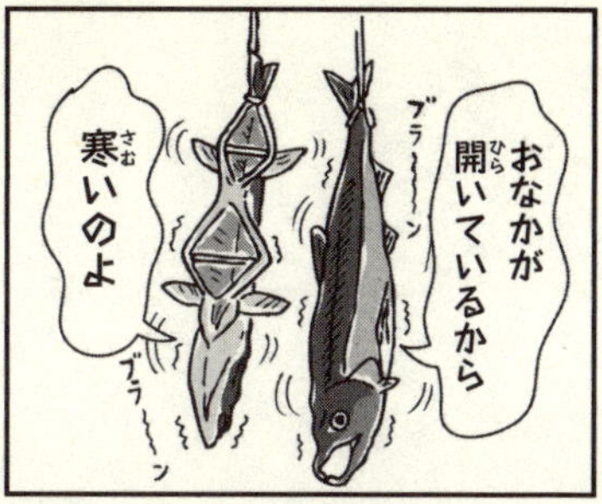
おなかが開いているから
ブラ〜〜ン
寒いのよ
ブラ〜〜ン

村上市は、三面川でとれるサケが有名。街には1年を通じて、家ののき先にサケがつるされているんだ。サケ料理が食べられる店もたくさんあるよ。

産業　燕・三条の金属加工

県の中央部にある燕市や三条市は、金属加工で知られる街。特に、燕市は金属洋食器の生産量が日本一。高級な料理店の食器に用いられることも多いんだ。

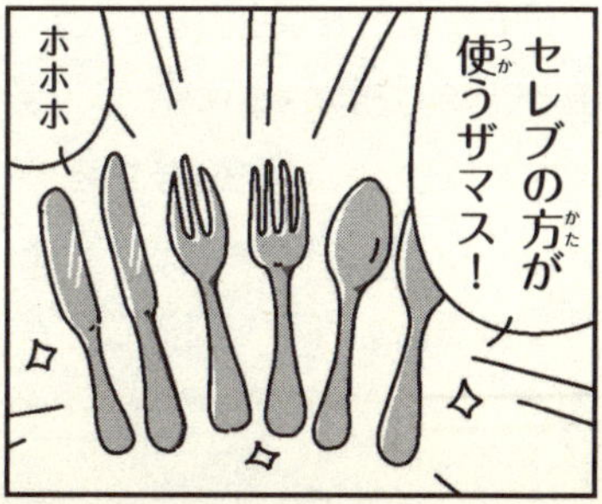
セレブの方が使うザマス！
ホホホ

中部地方

新潟県

学んだ日

／

／

／

／

／

観光 越後湯沢のスキー

なっ！
今年は雪質がいいのう
シャー

新潟県の山間部は雪が多いため、スキー場が多いんだ。特に湯沢町の苗場スキー場は、夏に行われる野外音楽イベントの会場としても有名だよ。

湯沢町のガーラ湯沢駅は、駅の目の前がスキー場なんだ。

方言クイズ

なんて言っているのか、考えてみよう！

① そろっと

例）そろっと行く準備をしようか。

② しかも

例）雪がしかも降ったね。

③ かける

例）答えがわからなかったけれど先生にかけられた。

➡ 正解はP113へ

歴史 佐渡金山

佐渡島にある佐渡金山は、17 世紀に金をほり始めたんだ。江戸時代には世界で最も金がとれる金山だったよ。
長い間ほり続けていたけど、金が少なくなったため、1989 年にほるのを休止。今は観光施設になっていて、ほっていた当時の様子を見ることができるんだ。

ほりすぎて山をまっぷたつに割っちまった！

ほりすぎで山が割れたあとは「道遊の割戸」と呼ばれ、観光スポットだよ。

産業 原油と天然ガス

わしも石油王になれるかも?

新潟県は、まるで中東の国ぐにみたいに、原油や天然ガスがとれるんだ。原油のとれる油田は13ヵ所、天然ガスのとれるガス田は14ヵ所あるよ。

産業 小千谷ちぢみ

小千谷市の伝統工芸が、小千谷ちぢみ。麻でできた織物で、お湯でもみ、雪の上にさらすのがとくちょう。夏の着物の生地として今でも人気なんだ。

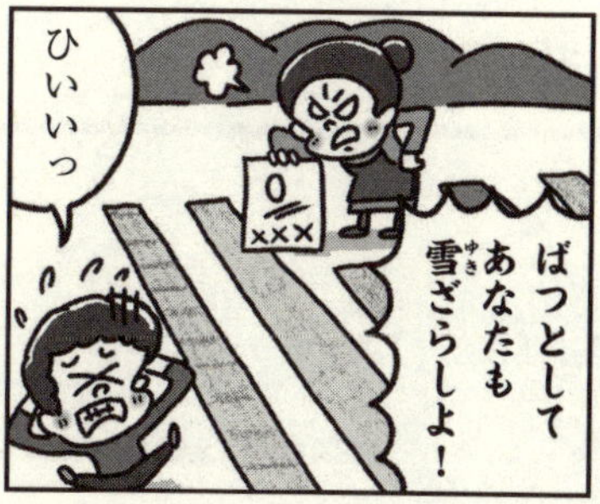
ひいいいっ
0 ×××
ばつとしてあなたも雪ざらしよ!

中部地方

新潟県

学んだ日

／
／
／
／
／

みんなの給食 in 新潟県

大豆をつぶして干した打ち豆は、新潟県で長く食べられてきた保存食。給食のメニューにもなっているよ。村上市の名産であるサケ料理も出るんだ。

打ち豆のみそ汁。打ち豆は、煮つけやなますにして出ることもあるよ。

サケの焼きづけ。サケを焼き、しょうゆベースのたれにつけこむんだ。

[P112方言クイズの答え] ①そろそろ ②かない ③指名する

富山県

富山湾でとれる魚介類や砺波平野のチューリップが名物。蜃気楼が見られるかも!?

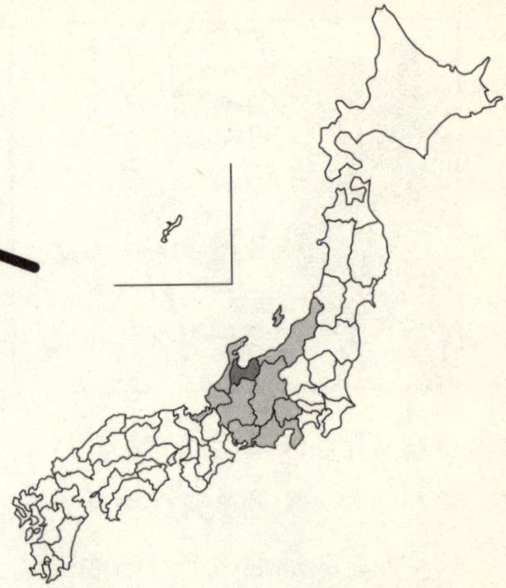

県庁所在地	富山市
面積	4248㎢（全国33位）
人口	106万6328人（全国37位）

県の花　チューリップ　　県の木　タテヤマスギ

県の鳥　ライチョウ

バスみたいだけど…

あ、バスだ!
何かちがうような…
1
立山のトンネルを走るトロリーバスよ
電車みたいに電線がある!
2
あの線から電気をもらって動くの
これなら排気ガスも出ないわね
3
なるほど、エコなバスなんだね!
排気ガス!
4

富山県ってこんなところ

入善町では、ラグビーボール型のジャンボスイカが特産。重量は重いものだと 25kg にもなるんだって。

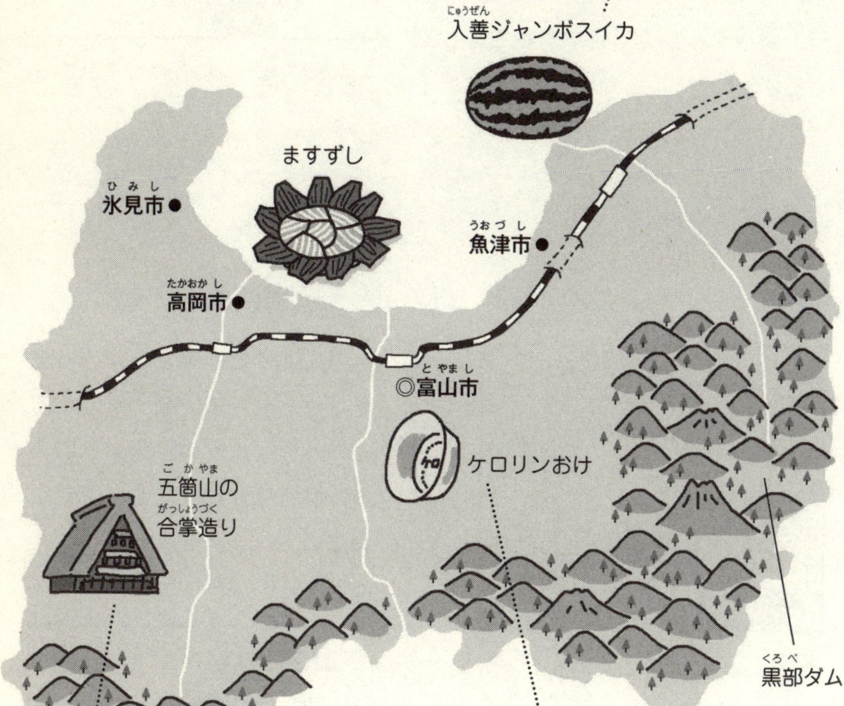
入善ジャンボスイカ
ますずし
氷見市
魚津市
高岡市
◎富山市
ケロリンおけ
五箇山の
合掌造り
黒部ダム

南砺市の五箇山地区では、合掌造りの家が見られるよ。岐阜県の白川郷とともに世界遺産になったんだ。

風呂屋にある、ケロリンと書かれた黄色いおけを知っている？ ケロリンおけと言い、富山市の会社が作っているよ。

学んだ日

／

／

／

／

／

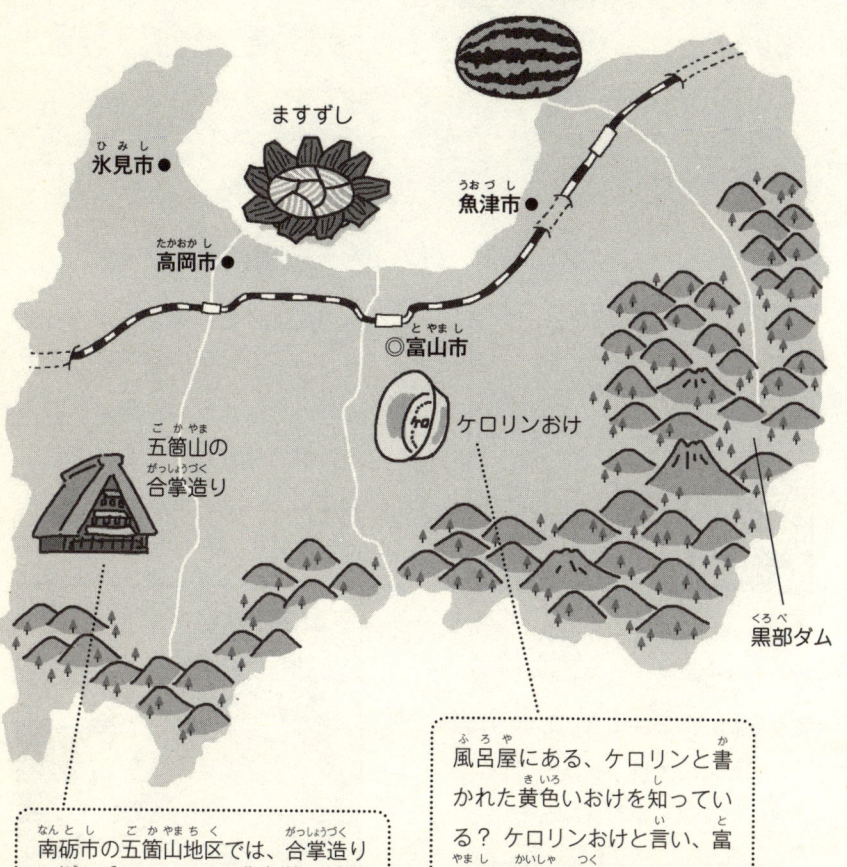

産業 黒部ダム

水力発電用に造られた黒部ダムは、高さが186mで日本一だよ。
かなり山奥にあるから、造る工事はとても大変で、その様子は「黒部の太陽」という映画になり、大ヒットしたんだ。
ダムから勢いよく水が飛びだすさまは、迫力満点！　近くで見学することもできるよ。

ゴー

ダムには２億トンもの水があるんだ。

産業 チューリップ

黄色
白
赤

砺波平野ではチューリップのさいばいがさかんで、日本有数の生産量なんだ。冬の間に雪におおわれるこの地域の土は、チューリップが育つのに適した環境なんだ。

オランダではチューリップを料理に使うこともあるんだって。

自然 蜃気楼

光の加減で物が浮き上がって見えたり、逆さまに見えたりする変わった現象だよ。魚津市の海岸は蜃気楼が起こることで知られていて、４月から５月の午後によく見られるんだって。

船がダブって見えるよ！

あまりに不思議な現象だから、江戸時代には妖怪のしわざと思われていたよ。

もっと知りたい！富山県

富山県出身の偉人

- 浅野総一郎（実業家）
- 安田善次郎（実業家）

富山県出身の有名人

- 柴田理恵（女優）
- 立川志の輔（落語家）
- 田中耕一（化学者）
- 藤子・F・不二雄（マンガ家）
- 藤子不二雄Ａ（マンガ家）
- 細田守（映画監督）

ご当地グルメ

◆富山ブラック

富山市のラーメンはしょうゆの味がこく、スープの色が黒いためにこう呼ばれているよ。全国でも人気が出たんだ。

◆昆布じめ

魚のさし身をコンブではさみ、1～2日寝かせたもの。水分がへり、コンブのうま味がプラスされてとてもおいしくなるよ。

産業　シロエビ

美白のすはだ美人なの！
チッ

春にとれる富山名物。小型の透き通ったきれいなエビで、富山湾の宝石とも言われるんだ。甘くておいしいよ！　シロエビせんべいなどのおみやげも人気。

産業　ホタルイカ

全身が青白く光るイカだよ。ふだんは海の深いところに住んでいるんだけど、春になると産卵のために富山湾の海面近くに集まってくるよ。

ピカッ
自分でもまぶしいんだな、これが

中部地方

富山県

学んだ日
／
／
／
／
／

観光 おわら風の盆

顔が見えないからドキドキする…
ポッ

風の盆は、作物が無事に収穫できることを願って行われる祭り。富山市八尾町に古くから伝わっているよ。胡弓のひびきに合わせておどる姿がすてき！

おどる人はかけ声を上げないので、不思議なふんい気だよ。

方言クイズ

なんて言っているのか、考えてみよう！

① またいする

例）もったいないから、半分はまたいしておいて。

② つかえん

例）「使っていいですか」「つかえんよ」

③ ちんちんかく

例）ばつとして、そこにちんちんかきなさい。

➡ 正解はP119へ

産業 薬売り

富山県では、江戸時代から薬売りが多く、家庭を訪問して薬を販売する配置薬（置き薬）のビジネスが今でもさかんだよ。薬の入った箱をそれぞれの家庭に置いていき、次に来たときに、使っていた分の薬の代金だけをもらうという売り方なんだ。

おまけを付けてくれることもある⁉

一年後の今日、また来ます
今日は2月29日よ

薬売りは１年に１～２回ぐらい、それぞれの家庭を訪れたんだ。

交通 ライトレール

うね
うね
イモムシみたいでしょ

富山市内は多くの路面電車が走っているよ。なかでもライトレールは珍しい車両だよ。子どもやお年寄りが乗り降りしやすい形で、環境にもやさしいんだ。

歴史 こきりこ踊り

こきりこ節という民謡に合わせ、竹で作った「ささら」という楽器を打ち鳴らしておどるよ。こきりこ節は、五箇山に伝わる日本で一番古い民謡なんだよ。

ジャッ
ジャッ
イネの穂がこすれる音に
似せているんだ

中部地方
富山県
学んだ日
／
／
／
／
／

みんなの給食 in 富山県

魚津市で多くとれるベニズワイガニ。給食のメニューとして、1人に1匹丸ごと出ることがあるんだ。また、ブリを使ったメニューもいろいろ。

ベニズワイガニが給食に出るのは年1回程度だけど、みんな大喜びなんだって。

ブリのおろし煮。焼いたブリにだしとダイコンおろしを入れ、煮こんだ料理。

[P118方言クイズの答え] ①しまう ②かまわない ③正座する

石川県

昔は「加賀百万石」といわれた城下町・金沢。伝統工芸品の生産や漁業もさかんな地域だよ。

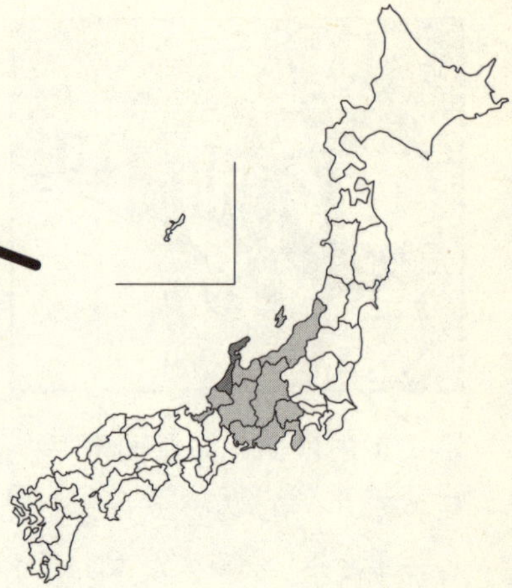

県庁所在地	金沢市
面積	4186㎢（全国35位）
人口	115万4008人（全国34位）

県の花　クロユリ

県の木　アテ

県の鳥　イヌワシ

かわいい棚田？

能登半島は縦に約100キロ。大きい半島よ
100キロ
ブーメランみたい！
景色もきれいね
田んぼが階段みたいになっているのよ
棚田と言って、たくさんの人が見に来るわ
とてもかわいいわ
ぼ…ぼくの棚田もかわいい？
ムギュー
ち…ちょっと！

石川県ってこんなところ

輪島市の朝市は、平安時代から約1000年間も続いてきたんだ。200以上のお店が立ちならぶよ。

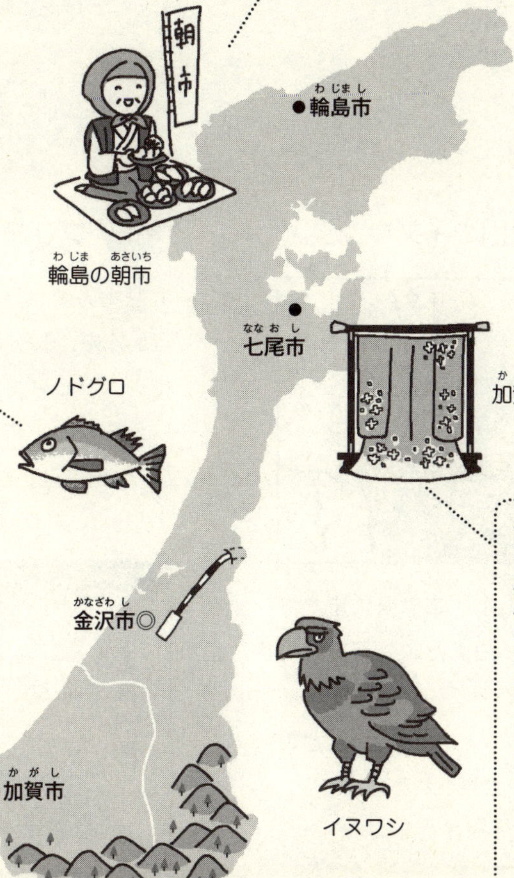
朝市
輪島市
輪島の朝市
七尾市
加賀友禅
ノドグロ
金沢市◎
加賀市
イヌワシ

ノドグロは正式にはアカムツといい、石川県を代表する高級魚。観光客にも人気が高いんだ。

加賀友禅は江戸時代から金沢に伝わる染色の技法。加賀五彩というはなやかな色使いがとくちょう。

学んだ日
／
／
／
／
／

観光　兼六園

城下町・金沢の有名な庭園が兼六園。ウメ、サクラ、モミジが有名で雪景色もきれいだから、１年中楽しめる庭園なんだ。

冬場には、雪の重さで木の枝が折れないように、なわで保護する「雪つり」という作業が行われるよ。雪深い地域ならではだね。

うわあ～キレイ！

もともとは大名のお庭。何てぜいたく！

動物　白山のイヌワシ

鳥ギョーカイのイケメンランキング1位だよ（自称）

石川県白山市と岐阜県にまたがる高い山が白山だよ。石川県の鳥であるイヌワシが住んでいるんだ。ほかにもクロユリなどの珍しい植物が見られるよ。

近年は数がへっていて、天然記念物になっているよ。

自然　ブリ起こし

北陸地方では、冬の雷は珍しくないんだ。12月から１月にかけての、ブリが多くとれる時期に鳴る雷は、その音の大きさから「ブリ起こし」と呼ばれるよ。おいしい寒ブリが食べたい！

こわいわ
ゴロ
ゴロ

北陸の人びとは冬の雷が増えると「ブリがおいしい季節だ」と思うんだって。

もっと知りたい！石川県

石川県出身の偉人

- ◆泉鏡花（小説家）
- ◆西田幾多郎（哲学者）
- ◆室生犀星（詩人）

石川県出身の有名人

- ◆ダンディ坂野（タレント）
- ◆永井豪（マンガ家）
- ◆中田ヤスタカ（音楽家）
- ◆松井秀喜（元野球選手）
- ◆道場六三郎（料理人）

ご当地グルメ

◆ゴリ

金沢市を流れる犀川でとれる小さい魚で、からあげやつくだ煮にして食べるよ。最近はとれる量が少なくなり、高級魚なんだ。

◆とり野菜

まつやという会社の「とり野菜みそ」という調味料を使って作る鍋料理。石川県の冬の定番で、多くの家庭で食べられているよ。

産業　金ぱく

用を足すにもドキドキ…
ピャピャ

工芸品の生産が多い金沢では、昔から金ぱくづくりもさかん。国内の生産量のなんと99%を占めているんだよ。トイレなど、意外なものまで金ピカ!?

産業　九谷焼

県の代表的な伝統工芸品だよ。はなやかな色で絵付けするのがとくちょう。九谷焼に使われる色は緑・黄・紫・紺青・赤の5色で、九谷五彩と呼ばれているよ。

はなやかなゴージャスさがみりょくなの！
キラ
キラ

中部地方
石川県
学んだ日
／
／
／
／
／

産業　輪島塗

ムキ
木に布を
はっているから
がんじょうさ！

九谷焼と並ぶ伝統工芸品。輪島市で作られているよ。木の器にうるしを何度も塗り重ね、模様を付けるよ。美しいだけでなく、とっても丈夫なんだ。

最近では、輪島塗のバイオリンも作られたんだって。

方言クイズ

なんて言っているのか、考えてみよう！

① いさどい

例）年下なのに態度がいさどいね。

② きときと

例）とれたばかりの、きときとの魚だよ。

③ ちきない

例）かぜを引いたからちきないよ。

➡ 正解は P125 へ

産業　小松市の建設機械

みんなはダンプカーやショベルカーなどの働く車は好きかな？ 小松市は、こうした建設機械を造るコマツ（小松製作所）が最初にできた場所なんだ。かつてあった小松工場のあと地は、こまつの杜という資料館になっていて、いろいろな種類の建設機械を見学することができるよ。

ドーーン
すごい大きさ
でしょ！

ダンプカーは、大きなものだと高さが7m以上もあるんだ。

グルメ　金沢おでん

バイ貝
くるまふが入るのよ
カニ!

金沢のおでんはおでん種がポイント！　カニのからの中にかにみそや身をつめた「蟹面」やバイ貝など、魚介類がたくさん入った豪華なおでんだよ。

交通　北陸新幹線

2015年に北陸新幹線が部分開業して、東京から金沢までが新幹線でつながったよ。グランクラスは飛行機のファーストクラスのような快適な座席なんだ！

快適すぎて
目的地に降りたくない!

中部地方
石川県

学んだ日
／
／
／
／
／

みんなの給食 in 石川県

治部煮は、とろみのあるつゆがとくちょうの金沢市の郷土料理。いしる汁は、いしるというイカやイワシから作る調味料を用いた汁料理なんだ。

治部煮。もともとはカモの肉を使うけれど、今はとり肉を使うのがふつう。

いしる汁。魚の風味が強く、みんなの中には苦手な人がいるかも。大人の味だよ。

[P124方言クイズの答え]　①えらそうな・生意気な　②元気な・生きのいい　③つらい

福井県

伝統的な越前和紙や、おいしい越前ガニが有名。鯖江市ではメガネフレームの生産がさかん。

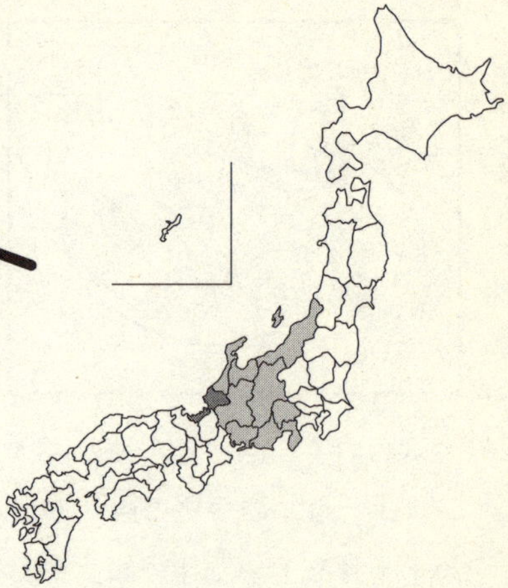

県庁所在地	福井市
面積	4190㎢（全国34位）
人口	78万6740人（全国43位）

県の花　スイセン　県の木　マツ

県の鳥　ツグミ

塩でしおらしく…

福井県のサバは有名よ
おいしそう！
昔は京都まで歩いてサバを運んだの
その道をさば街道と呼んだのよ
ジューシーでおいしい！
あむ
あむ
しお
昔はくさらないよう塩をかけて運んだの
お兄ちゃんも性格がくさらないよう、塩をかけようっと
またケンカ…
お前こそ！

福井県ってこんなところ

若狭湾は、アマダイの産地でもあるよ。ぐじと呼ばれ、サバとともに京都で好んで食べられたんだ。

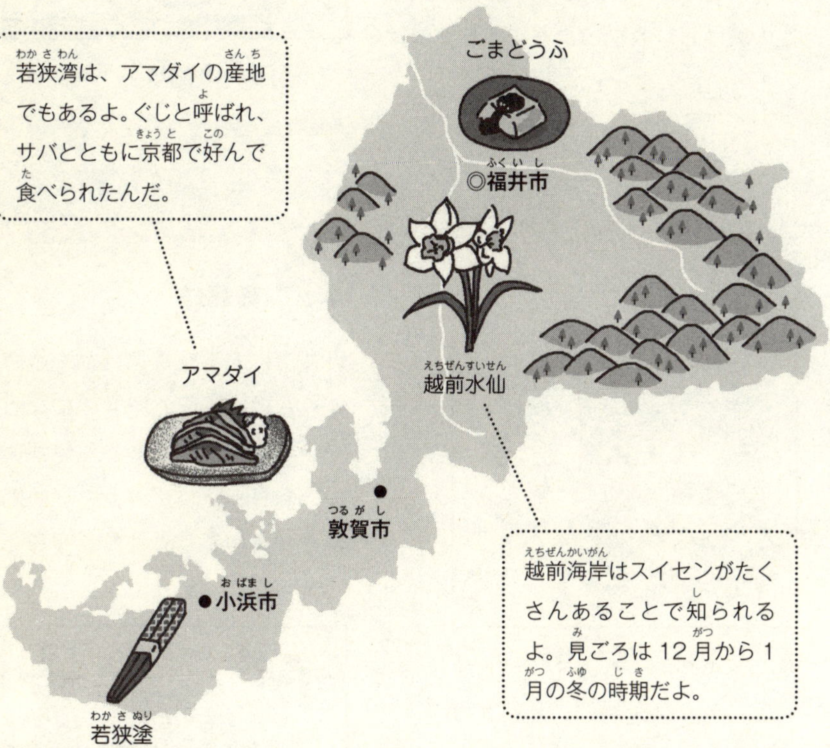
ごまどうふ
◎福井市
越前水仙
アマダイ
敦賀市
小浜市
若狭塗

越前海岸はスイセンがたくさんあることで知られるよ。見ごろは12月から1月の冬の時期だよ。

小浜市で作られている若狭塗。特にぬりばしが有名で、全国シェアの8割以上が生産されているよ。

学んだ日

／

／

／

／

／

歴史 永平寺

永平寺は、鎌倉時代に道元というお坊さんがひらいた寺なんだ。今でも、たくさんのお坊さんが修行しているよ。修行をする僧堂という建物と風呂とトイレでは、私語が禁じられているんだ。寺では坐禅を体験することもできるよ。足の裏がしびれないように、気をつけて！

ヘイヘイ寺？
永平寺だよ！

寺がある町は永平寺町という名前だよ。

グルメ 越前ガニ

オスのズワイガニのみが「越前ガニ」なんだ

福井県の冬の一番の名物は越前ガニ。福井で水あげされたズワイガニのオスだけが越前ガニと呼ばれるんだ。ちなみにメスはセイコガニと言うよ。

越前ガニはとても高価。セイコガニはお手ごろ価格なんだ。

自然 東尋坊

坂井市にある東尋坊は約１㎞も続くがけで、天然記念物になっているよ。がけと海の風景が美しいから、テレビドラマや映画のさつえいでよく使われることでも有名なんだ。

ザッパーン
ヒエー

テレビドラマでは、犯人役の人がたいほされる場所としてよく使われるよ。

\ もっと知りたい！福井県 /

福井県出身の偉人

- ◆いわさきちひろ（絵本作家）
- ◆白川静（中国文学者）
- ◆近松門左衛門（浄瑠璃作者）

福井県出身の有名人

- ◆五木ひろし（歌手）
- ◆高橋愛（女優）
- ◆中垣内祐一（元バレーボール選手）
- ◆舞城王太郎（小説家）
- ◆道端ジェシカ（モデル）

ご当地グルメ

◆ソースカツ丼

卵でとじないで、ウスターソースにつけたトンカツをごはんの上にのせたもの。福井県では「カツ丼」というとソースカツ丼が出てくるよ。

◆へしこ

サバをぬかみそでつけた料理で、冬の保存食として昔から食べられてきたんだ。お茶づけにしてもおいしいよ。

産業　越前和紙

ワシの和紙はこれか？
ワシ
呼んだ？

福井県は和紙の生産量が全国一。絵や版画などに用いる高級なものが多いよ。越前市で生産がさかんで、紙すき体験のできる「越前和紙の里」もあるんだ。

産業　羽二重

羽二重は福井県を代表する絹織物。鳥の羽根のようにふわふわでやわらかいんだ。羽二重のようなやわらかさの羽二重餅というおかしもあるよ。

着ているのは羽二重
食べるのは羽二重餅！

学んだ日
／
／
／
／
／

グルメ 水ようかん

コタツに水ようかん、たまらん

福井県の人びとは、水ようかんが大好き。水ようかんというと、他の都道府県では夏に食べることが多いけど、福井では冬に食べるのがふつうなんだ。

福井の水ようかんは厚みがなく平べったいのがとくちょう。

方言クイズ

なんて言っているのか、考えてみよう！

① かざ

例）足のかざがくさいなあ。

② うそうそ

例）その服、うそうそになってるよ。

③ おぞい

例）こんなおぞいリモコン、よく使っているね。

➡ 正解は P131 へ

産業 鯖江のメガネ

鯖江市はメガネフレームの生産がさかんなメガネの町。全国生産分の 95%以上が作られていて、市民の６人に１人がメガネ関連の仕事をしていると言われているんだ。

市内にはメガネの歴史がわかる博物館もあるし、商店街ではメガネに似せたかたパンもあるんだ。

ぼ…ぼくのメガネは？
メガネ型のかたパンならあるわよ

かたパンも鯖江市の名物なんだ。とても固くて、かみ切れないかも？

その他 幸福度1位

幸せだからいいよね？
0

福井県は自然が豊かで、人口も多すぎないから住みやすいと言われているよ。2016年の「都道府県幸福度ランキング」でも第1位になったんだ。

グルメ 越前そば

越前そばは、福井県北部でよく食べるんだ。辛味大根という、わさびのようにからい大根をおろして、そばの上にのせるんだ。からいけどおいしいよ。

さっぱり

中部地方

福井県

学んだ日

／

／

／

／

／

みんなの給食 in 福井県

福井県で生産された米の粉を使ったお米のムースは人気のデザートだよ。サバを使った料理もいろいろな種類のものが出るんだ。

こしひかり使用
お米のムース

お米のムース。やわらかいムースの上にカスタードがのっているんだ。

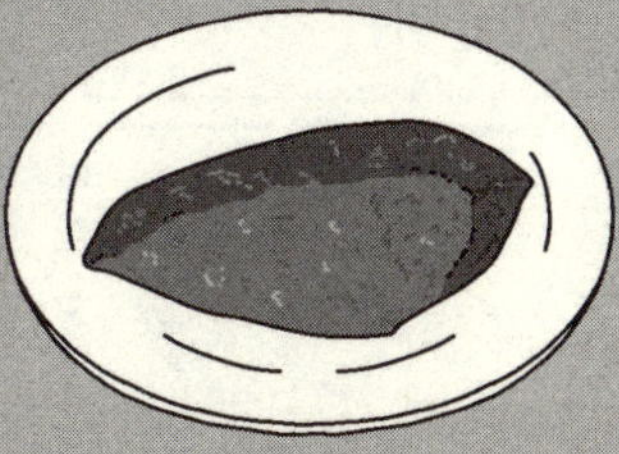

サバの竜田あげ。竜田あげはからあげとちがい、片栗粉を使ってあげるんだ。

[P130方言クイズの答え] ①におい ②うすよごれている ③古い・質の悪い

山梨県

富士山や南アルプスの山脈に囲まれた県だよ。おいしい果物がたくさんとれるんだ。

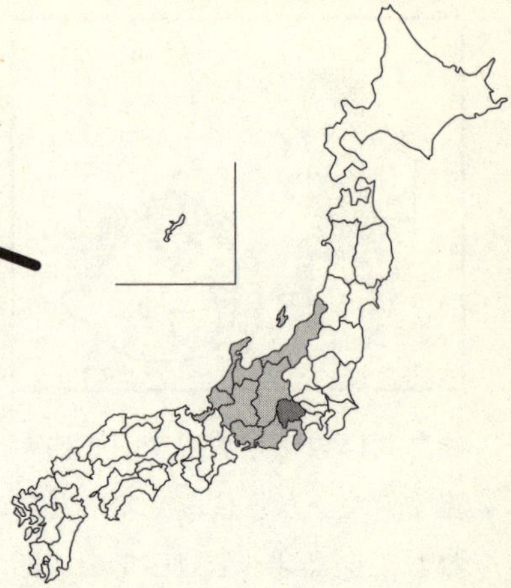

県庁所在地	甲府市
面積	4465㎢（全国32位）
人口	83万4930人（全国41位）

県の花　フジザクラ
県の木　カエデ
県の鳥　ウグイス

キラキラ大好き！

山梨県は、宝石の生産が日本一なの
へえ、何でだろう？
もともと水晶の産地だったのよ
そうか！水晶も宝石だもんね
うーん、やっぱりステキ
あれれおばあちゃんは？
わたしも宝石好きの女子よ！
ギラ
ギラ
うわっ！まぶしい！
ギラ〜

山梨県ってこんなところ

ヤマネは日本だけに住んでいるネズミの仲間。北杜市ではヤマネの博物館もあり、手厚く保護されているよ。

北杜市
モモ
ヤマネ
◎甲府市
大月市
富士吉田市
スモモ
富士五湖
吉田うどん
富士山

富士山のふもとにある５つの湖が富士五湖。このうち河口湖と山中湖には多くの観光客が訪れるんだ。

学んだ日

／

／

／

／

／

自然 富士山

富士山は日本で一番高い山。山梨・静岡の２県にまたがっているよ。どちらの県も、「自分の県から見た富士山が一番美しい！」というほこりを持っているんだ。

山梨県からは、富士五湖の１つ、本栖湖の水面に映った「逆さ富士」が見られるよ。

鏡みたいよ

千円札にもえがかれているんだ！

自然 昇仙峡

甲府市の昇仙峡は、川に沿って約５kmにかけて、谷が続いているんだ。とても美しい景色で、特に秋の紅葉の季節はすばらしいよ。これまで多くの画家の絵の題材になっているんだ。

まるで中国の風景画みたい…

カモシカなど、たくさんの動物も住んでいるよ。動物も風景にうっとり？

産業 モモとスモモ

どちらがモモかな？
②
①
アホ！

山梨県は、モモとスモモの生産量が日本一。山梨の人はやわらかいモモより、カリっとした歯ごたえの固いモモを皮付きで食べるのが好きなんだよ。

有名な早口言葉が「スモモもモモもモモのうち」。言えるかな？

もっと知りたい！山梨県

山梨県出身の偉人

- ◆小林一三（実業家）
- ◆武田信玄（大名）
- ◆山本周五郎（小説家）

山梨県出身の有名人

- ◆三遊亭小遊三（落語家）
- ◆武内直子（マンガ家）
- ◆林真理子（小説家）
- ◆平野美宇（卓球選手）
- ◆マキタスポーツ（タレント）

ご当地グルメ

◆アワビの煮貝

アワビをしょうゆ味のだしで煮たもの。とても高価なんだ。お祝いの席や、大事な人へのおくり物として用いられるよ。

◆鳥もつ煮

ニワトリの内臓をしょうゆと砂糖であまからく煮た料理。山梨県では、ほうとうやそばに合わせて出てくることが多いんだ。

歴史　信玄堤

わしが造ったのじゃ

戦国時代に甲斐国（今の山梨県）を治めていた武田信玄は、釜無川の水害を防ぐために堤防を造ったんだ。信玄堤と呼ばれ、今でも甲斐市に残っているよ。

グルメ　ほうとう

山梨県を代表する郷土料理がほうとう。太く切った麺を、たくさんの野菜やキノコと一緒に煮こみ、みそで味付けするんだ。給食でもよく出てくるよ。

カボチャのあまみが大切なの！
ブラボー

中部地方
山梨県
学んだ日
／
／
／
／
／

交通 リニア中央新幹線

時速500キロよ

現在の新幹線の約２倍の速さで走るリニア中央新幹線は、2027年に一部が開通予定。走行の試験を山梨県で行っていて、体験乗車もできるんだ。

リニア新幹線は、磁石の力で浮いて動く電車なんだ。

方言クイズ

なんて言っているのか、考えてみよう！

① こうじ

例）１こうじは国語だね。

② からかう

例）明日の宿題をからかってるところよ。

③ やせったい

例）あちこち動き回って、やせったいね。

➡ 正解はP137へ

産業 甲州ワイン

日本のワイン生産量のトップは山梨県。江戸時代からの特産物であった、山梨原産の甲州ブドウという品種を使って作っているんだ。

昔はあまり高い評価を受けていなかったんだけど、最近では作る技術が大きく進化。海外でもその味が高く評価されているんだ。

このほろ苦さが
世界にもみとめられたのです

世界中のワイン通たちもみとめる味になり、日本のソムリエもびっくり。

グルメ 信玄餅

生きているうちに食べたかったな
あ〜ん

信玄餅は、おみやげとして観光客に大人気。きな粉をかけたもちに黒みつをかけて食べるんだ。武田信玄が食べていた、というわけではないみたい。

交通 JR小海線

小淵沢駅（北杜市）と小諸駅（長野県小諸市）を結ぶJR小海線は、別名「八ヶ岳高原線」。標高1000m以上の高所を多く走っているんだ。

鉄道だけど電車じゃないの
わかる？
ヒュ

みんなの給食 in 山梨県

富士吉田市の郷土料理の吉田うどんは、みそやしょうゆ味のつゆに固めの麺がとくちょう。特産である養殖のニジマスを使った料理も給食で出るよ。

吉田うどん。給食では具にキャベツや豚肉を使うことが多いよ。

ニジマスの甘露煮。甘露煮は長く保存できるから、重宝された料理法なんだ。

中部地方
山梨県

学んだ日
／
／
／
／
／

[P136方言クイズの答え] ①学校の〜時間目 ②時間をかけてがんばる ③落ち着きがない

長野県

「日本の屋根」と言われるくらい、高い山がたくさんある県だよ。夏野菜のさいばいがさかん。

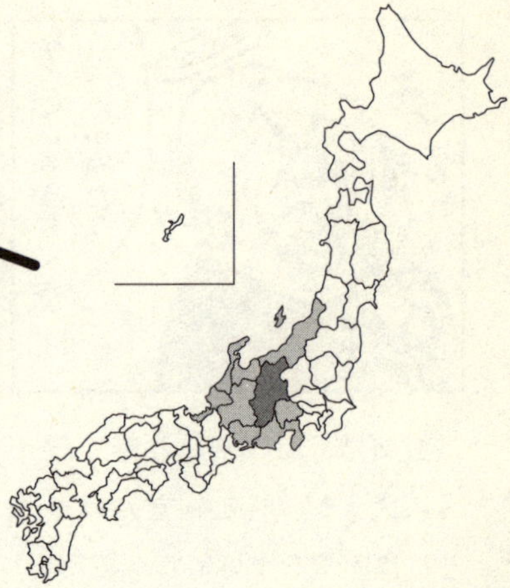

県庁所在地	長野市
面積	1万3562㎢（全国４位）
人口	209万8804人（全国16位）

県の花　リンドウ　県の木　シラカバ

県の鳥　ライチョウ

素敵な恋がしたい！

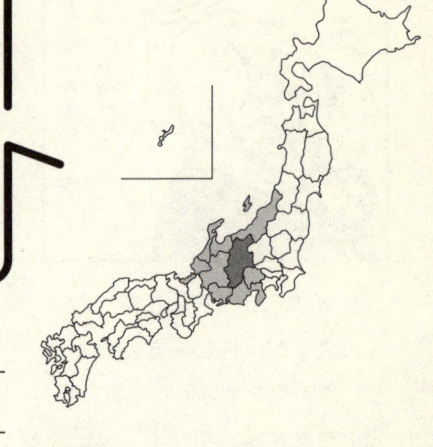

諏訪湖は冬になると
1本の道みたいに
氷がもり上がるの
これを
御神渡りと呼ぶの
男の神様が、女の神様に
会いに行く道なのよ
ロマンティック～
最近は冬が暖かいから、
発生しない年もあるの
残念…
わたしもいつか、
好きな人と…
御神渡りの発生より
難しいかもな！
1
2
3
4

長野県ってこんなところ

長野市で食べられている戸隠そばは、ソバの実の皮も粉にするんだ。ソバの風味が強いのがとくちょう。

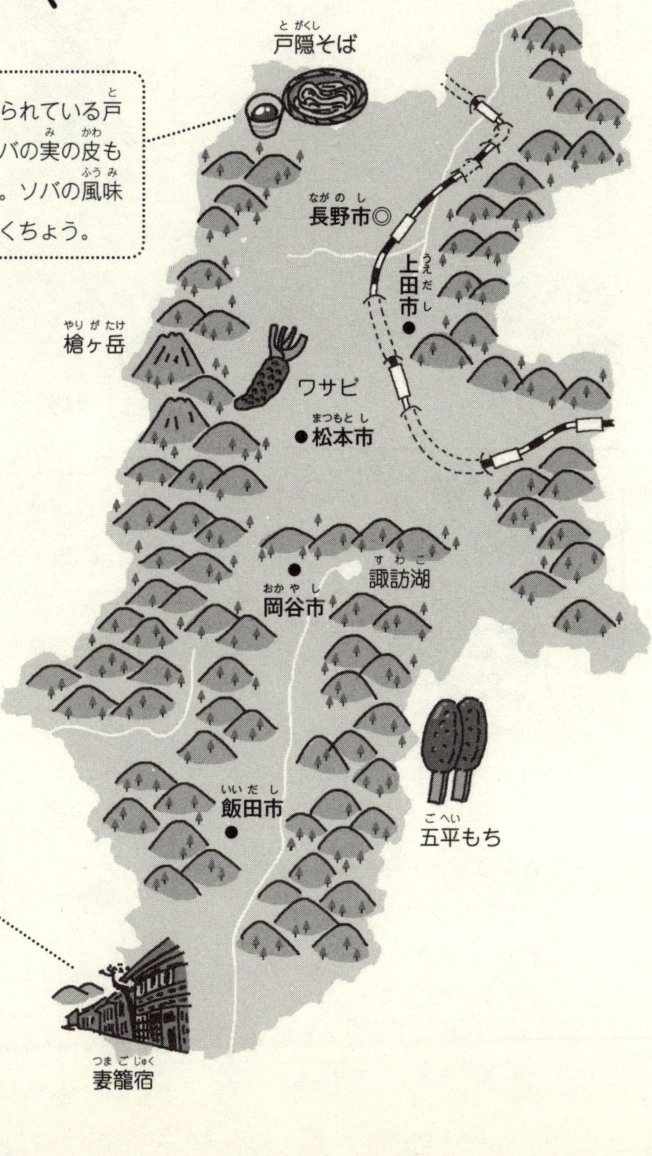
戸隠そば
長野市◎
上田市
槍ヶ岳
ワサビ
松本市
諏訪湖
岡谷市
飯田市
五平もち
妻籠宿

南木曽町の妻籠宿は、江戸時代の宿場町の町なみがとてもきれいに保存されていることで有名だよ。

学んだ日
／
／
／
／
／

自然　日本アルプス

日本アルプスは長野県にある飛騨山脈・木曽山脈・赤石山脈の３つをまとめて呼んだ名前のこと。一番高いのは北岳という山で、高さ3193m。富士山に次ぐ日本で２番目の高さなんだ。ちなみに、童謡「アルプス一万尺」のアルプスはヨーロッパではなく、日本アルプスのことだよ。

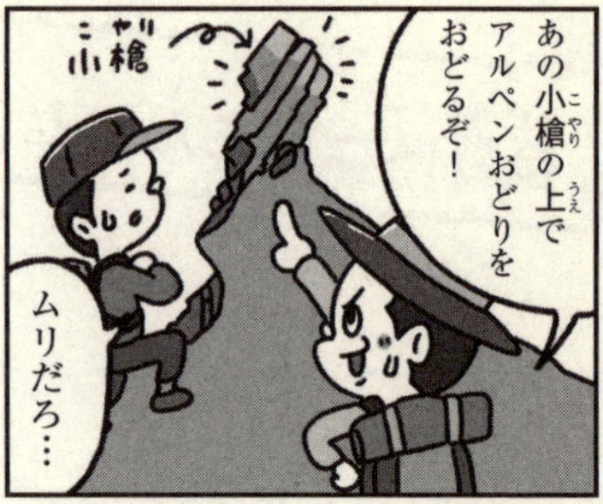
小槍
あの小槍の上でアルペンおどりをおどるぞ！
ムリだろ…

槍ヶ岳の頂上の岩を小槍と呼ぶんだ。

産業　ワサビ

シュッ
サメの皮でおろしてくれるのね
わかってるお店ね

安曇野市はワサビ生産がさかん。特に日本一広いわさび田を持つ「大王わさび農場」が有名なんだ。名物はわさびソフトクリームとワサビコロッケだよ。

ワサビを最もおいしくおろせるのは、魚のサメの皮なんだって。

観光　軽井沢

軽井沢は、明治時代に外国の人びとの避暑地として発展。今では多くの観光客でにぎわっているんだ。テニスやサイクリング、ハイキングなどのスポーツもさかんだよ。

ここは「秘書地」
キリッ
ちがうちがう

軽井沢は東京と比べて、夏の平均気温が5℃以上低いんだ。

\もっと知りたい！長野県/

長野県出身の偉人

- ◆小林一茶（俳人）
- ◆佐久間象山（武士）
- ◆真田幸村（武士）

長野県出身の有名人

- ◆池上彰（ジャーナリスト）
- ◆猪瀬直樹（作家・元東京都知事）
- ◆上村愛子（元スキー選手）
- ◆小平奈緒（スケート選手）
- ◆新海誠（映画監督）

ご当地グルメ

◆イナゴのつくだ煮

海がない長野県では、イナゴは大切なタンパク源だったんだ。しょうゆや砂糖であまからく煮て、長く保存できるようにするよ。

◆野沢菜づけ

ノザワナという野菜の葉と茎を塩づけにした料理で、もともとは野沢温泉村の特産品。今では全国各地で食べられているよ。

歴史　善光寺

何かに指が入ったぞ
ズボッ
いたたっ

「牛に引かれて善光寺参り」のことわざで知られる長野市の善光寺は、本堂の地下をめぐる「お戒壇めぐり」が有名。地下は真っ暗でスリリングだよ！

歴史　松本城

松本市にある松本城は、天守閣などが国宝になっているんだ。城全体が黒くぬられていて、地元の人からは「からす城」とも呼ばれているんだ。

ドン

中部地方

長野県

学んだ日　／　／　／　／　／

観光　御柱祭

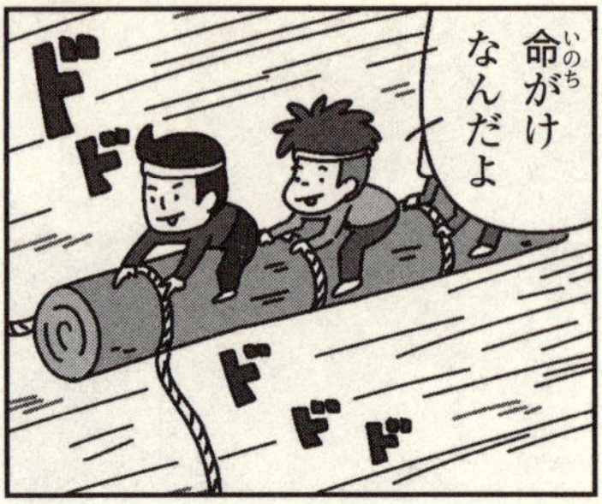
命がけなんだよ
ドド
ドドド

御柱祭は、諏訪地方に４ヵ所ある諏訪大社の祭り。６年に１度行われるよ。山から切り出した重さ約7.5トンの大木を、人力で境内まで持っていくんだ。

地元のケーブルテレビの御柱祭の視聴率は80%以上なんだ。

方言クイズ

なんて言っているのか、考えてみよう！

① とびっくら

例）あの木までとびっくらしようよ。

② ずくなし

例）宿題しないなんて、本当にずくなしね。

③ うつかる

例）かべにうつからないで、ぴしっと立ちなさい。

➡ 正解はP143へ

産業　米みそ

長野県はみその生産量が日本一。１世帯あたりのみそ消費量もトップなんだ。戦国時代に信濃国（今の長野県）を治めていた武田信玄が、保存食としてみそ造りをすすめたのがきっかけなんだ。特に、大豆と米が原料となる米みそ造りがさかんで、「信州みそ」と呼ばれているよ。

・みそっかす
・みそをつける
・くそみそ
みそは悪い意味に使われるの…
ううう
みそ

みそはとても体に良いことから「みその医者いらず」とも呼ばれるよ。

産業 野辺山の天文台

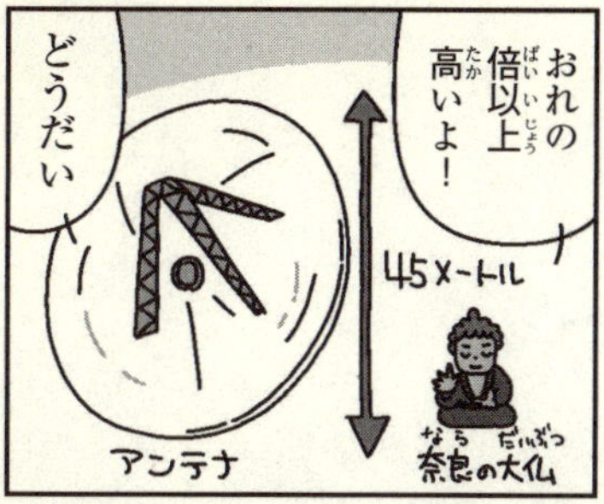

どうだい
おれの倍以上高いよ！
45メートル
アンテナ
奈良の大仏

南牧村にある野辺山宇宙電波観測所は、直径45mの大型パラボラアンテナがあるよ。遠い宇宙の星からの電波を集めるため、この大きさなんだ。

産業 精密機械

諏訪市、岡谷市など諏訪湖近くの市町村では、精密機械の生産がさかん。空気がきれいで、ほこりを洗い流す水が豊かだったことが大きな理由なんだ。

本物よりキレイ！
失礼な
EPSON

みんなの給食 in 長野県

キムタクごはんは、キムチとたくあんをごはんに混ぜた料理で、塩尻市付近の給食で長い間、大人気のメニュー。山賊焼きは松本市の郷土料理。

キムタクごはん。テレビ番組で紹介され、さらに人気が高まったよ。

山賊焼き。とり肉を油であげているんだけど、なぜか山賊焼きと呼ばれるんだ。

学んだ日
／
／
／
／
／

[P142方言クイズの答え] ①かけっこ ②やる気がない ③寄りかかる・突っぷす

岐阜県

南北に長く、北部は飛騨地方、南部は美濃地方と呼ぶよ。北部の高山市は観光客も多いんだ。

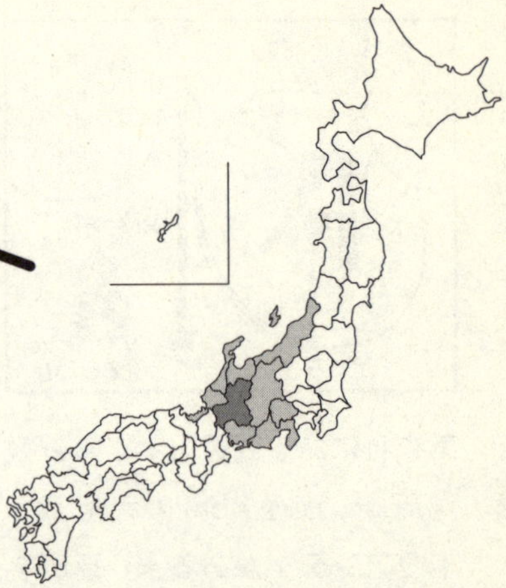

県庁所在地	岐阜市
面積	1万621㎢（全国7位）
人口	203万1903人（全国17位）

県の花　レンゲソウ
県の木　イチイ
県の鳥　ライチョウ

ダンシングオールナイト

たくさんの人がおどってる
ワッ
郡上おどりは、だれでもおどりに参加できるの
1
見に来た人たちもおどりに加わるわ
私たちもおどれるのね！
2
お盆のころは、朝までおどり続けるのよ
ぼくも朝までおどるぞ！
3
おっとっと ねむい…あっ
すこー
またねいわくかけて！
4

岐阜県ってこんなところ

さるぼぼは、高山市などの飛騨地方で広く作られている人形。ぼぼとは飛騨地方の方言で赤ちゃんのこと。

ホオという木の葉の上に、みそや山菜、薬味をのせて焼く朴葉みそは、高山市周辺の郷土料理なんだ。

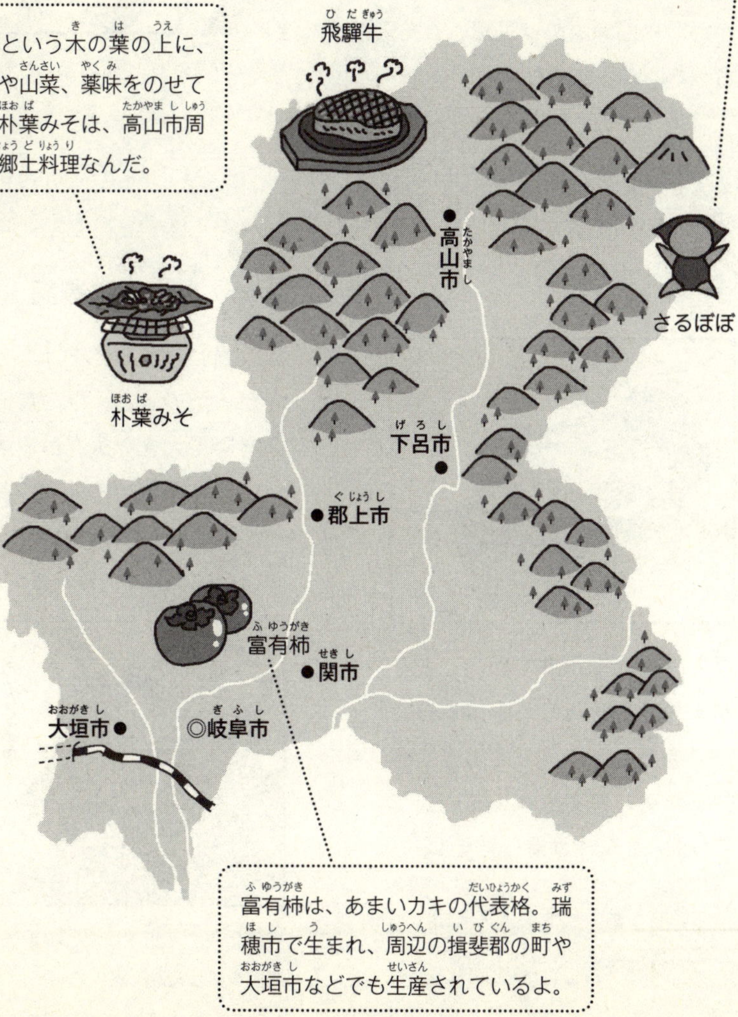
飛騨牛
高山市
さるぼぼ
朴葉みそ
下呂市
郡上市
富有柿
関市
大垣市
◎岐阜市

富有柿は、あまいカキの代表格。瑞穂市で生まれ、周辺の揖斐郡の町や大垣市などでも生産されているよ。

学んだ日

／

／

／

／

／

歴史

合掌造り

岐阜県の白川郷と富山県の五箇山には、古い家がたくさん残っていて、世界遺産になっているんだ。

これらの家は屋根のかたむきが急で、手のひらを合わせたように見えるから、合掌造りと呼ばれるんだ。

かたむきが急なのは、積もった雪が落ちやすいからなんだ。

屋根でスキーもできるぜ
シャーッ

屋根の角度は60度になることも！

歴史

輪中

輪中でまもりは・・・じゅうぶんだよ

県の南部には土地の低いところがあり、昔からこう水に悩まされてきたんだ。地域を水害から守るため、集落全体をてい防で取り囲んだ輪中が造られたよ。

てい防が輪のように集落を囲んでいるから輪中と呼ぶんだ。

観光

長良川の鵜飼

ウを飼いならしてアユなどの魚をとる漁のこと。ウの首にひもを巻いて大きな魚を飲み込めないようにしているんだ。毎年5～10月ごろに行われて、1300年の歴史がある伝統行事だよ。

こ…これ以上しめると息が…
ぐぐぐ……

織田信長や徳川家康などの戦国大名も鵜飼を楽しんだんだって。

もっと知りたい！岐阜県

岐阜県出身の偉人

- ◆明智光秀（武士）
- ◆坪内逍遥（小説家）
- ◆島崎藤村（小説家）

岐阜県出身の有名人

- ◆綾野剛（俳優）
- ◆清水ミチコ（タレント）
- ◆高橋尚子（元陸上選手）
- ◆野口五郎（歌手）
- ◆ Mr. マリック（マジシャン）

ご当地グルメ

◆明宝ハムと明方ハム

どちらも郡上市でつくられているハム。日本で育ったブタの肉だけを使っていて、そのおいしさは岐阜県外でも有名なんだ。

◆つけ物ステーキ

つけ物を油でよくいため、溶き卵でとじたもの。飛騨地方の郷土料理で、古くなったつけ物をおいしく食べるために生まれたんだ。

観光 高山祭

飛騨牛のステーキ串うまい！
これも見てよ

豪華な祭屋台が古い町並みを練り歩く、美しい祭りだよ。春の「山王祭」と秋の「八幡祭」があって、どちらもたくさんの観光客でにぎわうんだ。

産業 美濃和紙

美濃市では、古くからコウゾという植物を材料にした伝統的な和紙づくりが行われてきたよ。和紙の技術は世界でも評価され、無形文化遺産になったんだ。

障子に目あり！
また穴開けたわね

中部地方

岐阜県

学んだ日

／

／

／

／

／

観光 下呂温泉

ようつうにきくわー

平安時代に発見された歴史のある温泉だよ。群馬県の草津温泉、兵庫県の有馬温泉と並んで「日本三名泉」と言われ、とろっとしたお湯がお肌にいいんだって。

たくさんのホテルや旅館があって、とてもにぎやかだよ。

方言クイズ

なんて言っているのか、考えてみよう！

① こわい

例）初めて会った人と話すのは、こわい。

② いきる

例）昨日と比べて、朝からいきる日だね。

③ つもい

例）このくつがつもいから脱いでしまいたいよ。

➡ 正解は P149 へ

歴史 岐阜城

金華山にそびえるお城。今あるお城は、1956年に再建されたもので、ビルやマンションと同じ鉄筋コンクリートで造られているんだ。

もともと斎藤道三という大名のお城があったけれど、織田信長が支配することになり、岐阜城を造ったよ。岐阜という地名にしたのも信長なんだって。

今の城は火にも強いぜ！

岐阜駅前には、金色にかがやく織田信長の像が立っているよ。

グルメ　五平もち

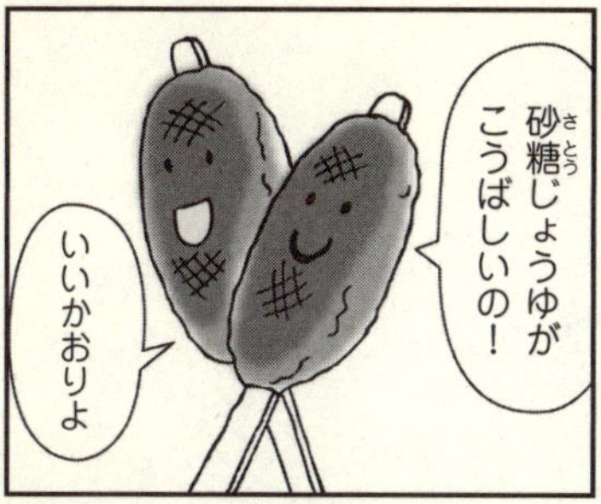
砂糖じょうゆがこうばしいの！
いいかおりよ

ご飯を丸めてくしにさして焼き、タレをつけてあぶったもちだよ。東美濃地方で古くから食べられてきた、ふるさとの味。あまからいタレがクセになる！

産業　関の刃物

関市では鎌倉時代から刃物作りがさかんで、多くのメーカーが包丁やナイフ、はさみなどを生産しているよ。包丁の出荷額は、国内全体の半分以上！

金を出せ
振込
預金
おっ関の刃物だ

中部地方
岐阜県
学んだ日
／
／
／
／
／

みんなの給食 in 岐阜県

友禅ごはんは肉そぼろやいり卵入りの混ぜごはんで、美濃加茂市付近の給食の定番。けいちゃんはとり肉を使った岐阜県北部の郷土料理だよ。

友禅ごはん。具のいろどりが友禅みたいにきれいだというのが名前の由来。

けいちゃん。たれにつけこんだとり肉を、野菜といっしょに焼くんだ。

[P148方言クイズの答え] ①はずかしい　②むし暑い　③せまい・きゅうくつだ

静岡県

穏やかな気候でお茶やミカンで日本有数の産地。漁業もさかんで、大きな焼津漁港もあるよ。

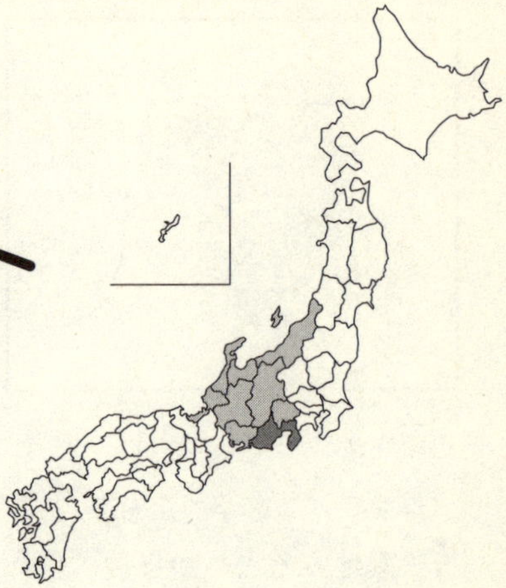

県庁所在地	静岡市
面積	7777㎢（全国13位）
人口	370万305人（全国10位）

県の花　ツツジ　県の木　モクセイ

県の鳥　サンコウチョウ

絵よりキレイ？

富士山がきれい！
世界遺産の三保の松原よ
海岸に松の木が約3万本植えてあるの
まるで絵みたい
まさに、浮世絵でもえがかれているのよ
昔から有名だったのね
ユカリも有名なおてんばだけどね
ボ
コ!!

静岡県ってこんなところ

サクラエビは小型のエビで、静岡県の駿河湾でのみ漁が許されているよ。県内では生のサクラエビを食べるんだ。

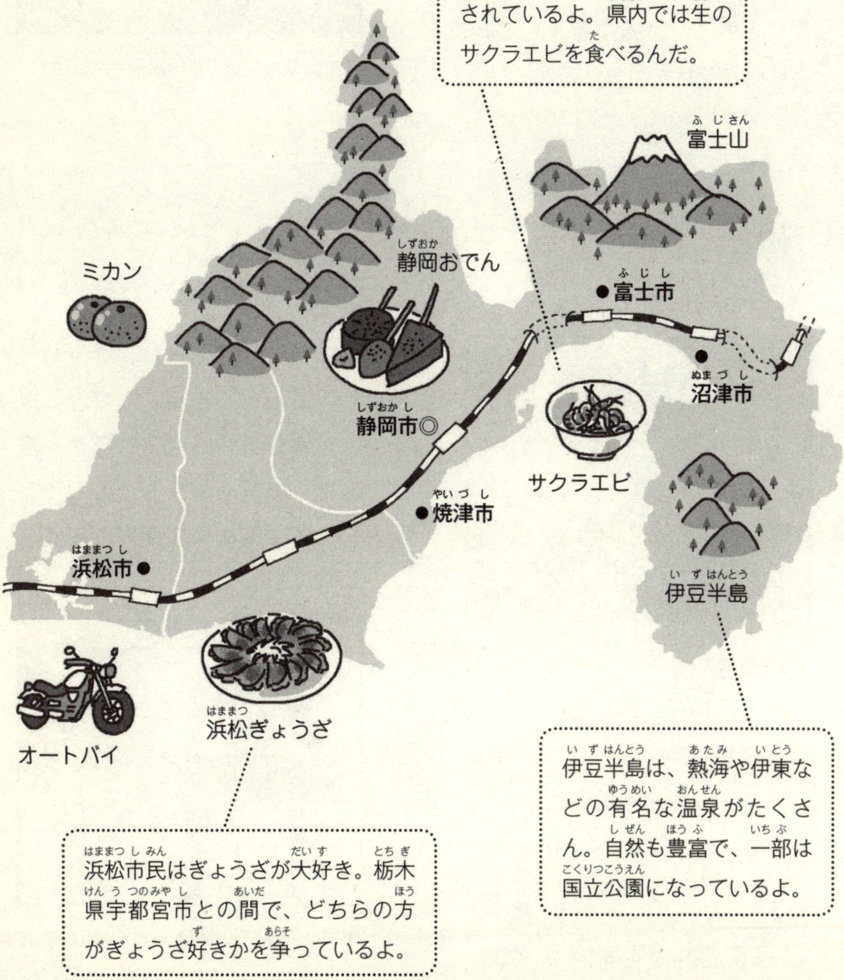

富士山
ミカン
静岡おでん
富士市
沼津市
静岡市◎
サクラエビ
焼津市
浜松市
伊豆半島
浜松ぎょうざ
オートバイ

伊豆半島は、熱海や伊東などの有名な温泉がたくさん。自然も豊富で、一部は国立公園になっているよ。

浜松市民はぎょうざが大好き。栃木県宇都宮市との間で、どちらの方がぎょうざ好きかを争っているよ。

中部地方

静岡県

学んだ日

／

／

／

／

／

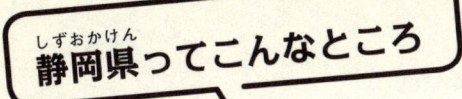

産業 静岡茶

全国のお茶の生産のうち、約4割が静岡県のもの。主な産地の静岡市、牧之原市などは温かく、日の出ている時間が長いからお茶のさいばいに向いているんだ。

最近は、お茶の葉をつむ茶娘の服が女性に人気で、茶娘に仮装してお茶をつむ体験ができたりもするよ。

茶
チャッチャッと
手早くつむのよ

富士山と、茶畑の緑の風景がきれい！

産業 ウナギ

期待を
・・うなぎらない
うまさ
でしょ？

浜名湖はウナギの養殖で知られていて、浜松市内にも多くのウナギ屋があるよ。ウナギを使ったおかしのうなぎパイも有名で、おみやげとして人気なんだ。

浜名湖は、日本で初めてウナギの養殖を始めた場所なんだ。

歴史 登呂遺跡

静岡市の登呂遺跡は、弥生時代の集落あと。当時の人びとの家や倉庫が再現されているよ。倉庫は、湿気やネズミが入りこむのを防ぐために床が高くなっているんだ。

し、しまった
登れない！
ガリ
ガリ
ズズズ

柱には、ネズミが登れないようにするための「ねずみ返し」も付いているよ。

もっと知りたい！静岡県

静岡県出身の偉人

- 井上靖（小説家）
- 今川義元（大名）
- 本田宗一郎（実業家）

静岡県出身の有名人

- 春風亭昇太（落語家）
- 長澤まさみ（女優）
- 長谷川健太（元サッカー選手）
- 三浦知良（サッカー選手）
- 水谷隼（卓球選手）

ご当地グルメ

◆げんこつハンバーグ

浜松市に本社がある「さわやか」というレストランの看板メニュー。こぶしくらいの大きさのハンバーグで、多くの県民に親しまれているよ。

◆安倍川もち

静岡市の名産のおかし。もちにきな粉をかけたものと、あんをまぶしたものをひと皿で出すんだ。静岡みやげの定番だよ。

産業　焼津漁港

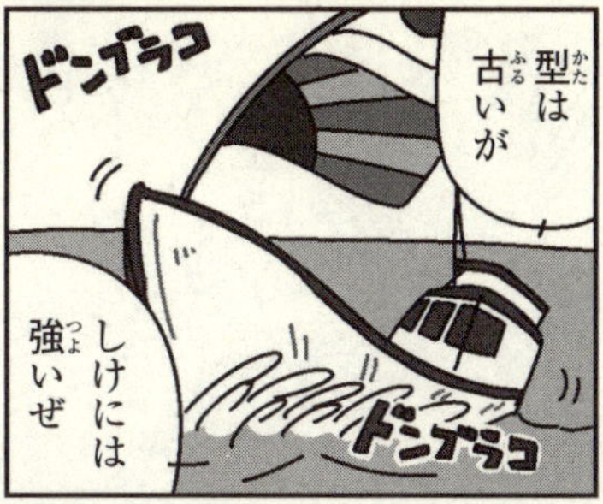
ドンブラコ
型は古いが
しけには強いぜ
ドンブラコ

焼津港は、魚の水あげ量が全国有数。特にマグロやカツオがよくとれるんだ。遠洋漁船が多く、オーストラリアやアフリカまで行って漁をしているよ。

産業　ピアノ

浜松市は、楽器の生産で知られているよ。天竜川沿いは林業がさかんで、もともと木材の加工職人が多く、楽器作りに彼らの技術が生かされたんだ。

職人のレベルがいいのよ

中部地方

静岡県

学んだ日

／

／

／

／

／

歴史　少年サッカー

ドン
明日へフリーキック！

静岡市清水区は、日本初の少年サッカーチームが生まれたところ。そのチームに入っていた人を中心に作られたクラブチームが、現在の清水エスパルスだよ。

静岡県は今でも少年サッカーが強い県として知られているよ。

方言クイズ

なんて言っているのか、考えてみよう！

① しょんない

例）いつものことだからしょんないよ。

② みるい

例）まだまだ君もみるいな。

③ ちんぷりかく

例）父とけんかして、ちんぷりかいているの。

➡ 正解はP155へ

産業　紙・パルプ産業

静岡県は紙・パルプの生産が日本一。特に、富士市や富士宮市でさかんだよ。紙作りでは多くの水を使うんだけれど、この周辺はとても水が豊富。これがきっかけで、紙を作る工場がたくさん静岡県に集まってきたんだ。ちなみに、パルプとは木や植物からせんいを取り出したもので、紙の原料になるんだ。

紙をムダにしているなあ…

紙は木や植物から作られるもの。テストの答案用紙も同じだよ！

グルメ 静岡おでん

くろうしたなぁ
黒いおでんでも食べよう

静岡県のおでんは、こいくちしょうゆを使っているからだし汁が真っ黒。でも味は意外とあっさり。入っているはんぺんも白くない、黒はんぺんなんだ。

交通 大井川鐵道

静岡県の山間部を走る大井川鐵道。中でも井川線は「アプト式鉄道」と言って、列車の下に付いている歯車をかみ合わせて、急な坂を登るんだ。

歯車がかみ合って
坂を登るのさ
ギュ
ギュ

みんなの給食 in 静岡県

浜松市はウナギの産地。給食でもウナギが登場するよ。また静岡市や焼津市でとれる、駿河湾特産のサクラエビを使ったメニューも給食に出るんだ。

うざく。ウナギのかば焼きを細く切り、キュウリと和えた酢の物なんだ。

サクラエビのかきあげうどん。うどんの上にかきあげがのっているよ。

[P154方言クイズの答え] ①仕方がない ②若い・未熟な ③むすっとする・すねる

学んだ日
／
／
／
／
／

愛知県

中京工業地帯の中心地で工業製品の出荷が多いよ。じつは農業や陶磁器の生産もさかん。

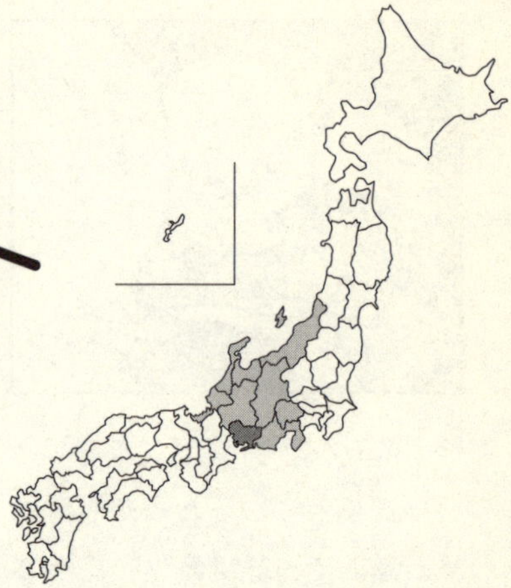

県庁所在地	名古屋市
面積	5172㎢（全国27位）
人口	748万3128人（全国4位）

県の花　カキツバタ
県の木　ハナノキ
県の鳥　コノハズク

始めから終わりまで？

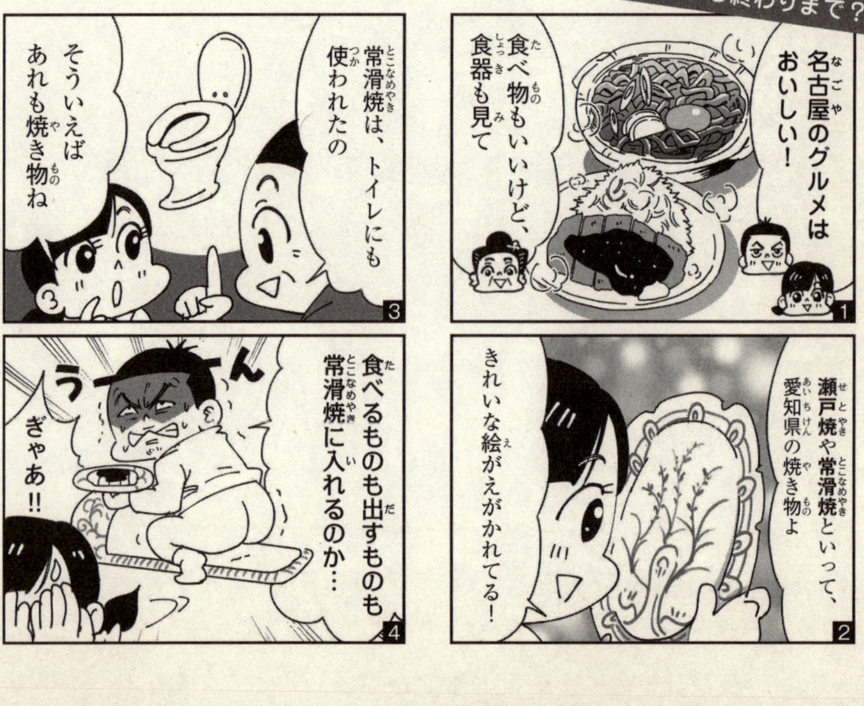
名古屋のグルメはおいしい！
食べ物もいいけど、食器も見て
瀬戸焼や常滑焼といって、愛知県の焼き物よ
きれいな絵がえがかれてる！
常滑焼は、トイレにも使われたの
そういえばあれも焼き物ね
食べるものも出すものも常滑焼に入れるのか…
うーーん
ぎゃあ!!

愛知県ってこんなところ

愛知県特産のニワトリの品種が名古屋コーチン。肉も卵も質が高く、高級食材として知られているんだ。

豊田市の足助地区にある香嵐渓は、モミジがきれいなことで有名。紅葉の季節には多くの人が訪れるよ。

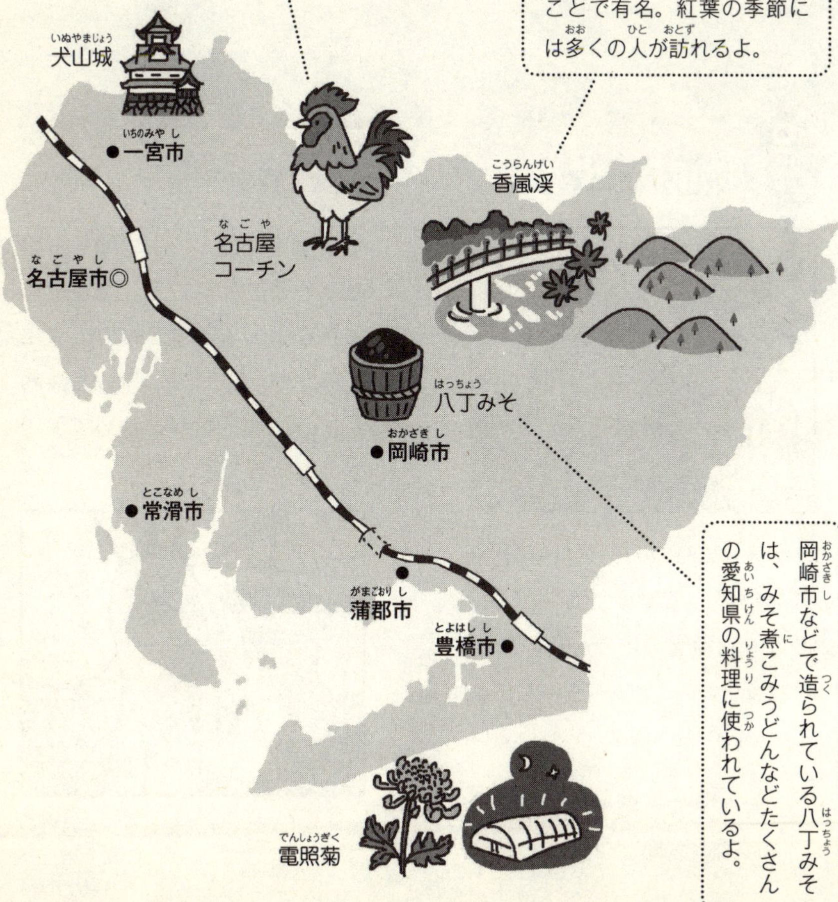

犬山城
一宮市
名古屋市◎
名古屋コーチン
香嵐渓
八丁みそ
岡崎市
常滑市
蒲郡市
豊橋市
電照菊

岡崎市などで造られている八丁みそは、みそ煮こみうどんなどたくさんの愛知県の料理に使われているよ。

学んだ日
／
／
／
／
／

歴史 名古屋城

徳川家康が築いたお城。今あるお城は、1959年に再建されたもの。天守の両はしにある金のしゃちほこが有名だよ。もともとは別の大名が造った那古野城というお城があり、それがなくなった後、家康が同じ土地にお城を造り直したんだ。ちなみに那古野城は、織田信長が生まれた城だと言われているよ。

お前だれだ？
エビフライ

名古屋はエビフライでも有名！

観光 東山動植物園

おれのライバルが…
ワイ
ワイ

イケメンゴリラのシャバーニや、コアラがいる動物園があるよ。日本の動物園の中で一番、動物の種類が多いんだ。遊園地もあって、一日中遊べるよ。

最近はフクロテナガザルのケイジも人気があるんだ。

自然 藤前干潟

名古屋市南部の干潟（潮が引いたとき現れる浜）で、潮が引くと東京ドーム50個分の広さになるんだって！ ラムサール条約という国際的な取り決めで保護されているんだ。

オーストラリアから来たよ
ハロー

海外からも多くのわたり鳥たちがやってくるんだよ。

もっと知りたい！愛知県

愛知県出身の偉人

- ◆織田信長（大名）
- ◆徳川家康（大名）
- ◆豊臣秀吉（大名）

愛知県出身の有名人

- ◆浅田真央（フィギュアスケーター）
- ◆イチロー（野球選手）
- ◆鳥山明（マンガ家）
- ◆林修（予備校講師）
- ◆松平健（俳優）

ご当地グルメ

◆ういろう

米粉をむして作るういろうは名古屋市の名物の１つ。新幹線で売られるようになってから、全国的に知られるようになったよ。

◆モーニングサービス

きっさ店やレストランが、飲み物に朝食のメニューをそえ、安く提供するモーニングサービス。一宮市のきっさ店が初めて行ったと言われているよ。

産業　電照菊

もっと！
もっとスポットライトを浴びせて！

花の生産もさかんで、キクの出荷量は全国第１位。キクに照明を当てることで開花時期を調整して、お正月から春のお彼岸の時期に出荷しているよ。

産業　トヨタ自動車

豊田市には日本を代表する自動車メーカー・トヨタ自動車の本社があるよ。愛知県は、輸送用機械器具（自動車など）の出荷額が全国一なんだ。

ブロロロロ…
むふ、かわいい車でしょ！
800

中部地方
愛知県

学んだ日
／
／
／
／
／

産業 半田の酢

おれのおかげですしが広まったのさ
米酢

半田市は、酢で有名な会社、ミツカンができた場所なんだ。半田市では昔から日本酒造りがさかんで、酒造りで残った酒かすを使って、酢を造り始めたんだ。

酢は物をくさりにくくさせるから、すしに使われたんだ。

方言クイズ

なんて言っているのか、考えてみよう！

① えらい

例）えらそうだからここに座って休んでよ。

② やっとかめ

例）やっとかめにお墓参りしてきた。

③ おこれる

例）宿題をやらないなんて、どえりゃあ、おこれてきた。

➡ 正解は P161 へ

グルメ 名古屋めし

みそ煮込みうどんやみそカツ、みそおでんなど、名古屋の地元グルメにはみそを使った料理がたくさん。
名古屋で使われるみそは、赤茶色の八丁みそ。だから、みそを使った料理はみんな赤茶色で、初めて見た人はびっくりするけれど、食べてみると意外にあっさりしていて、おいしいんだ。

色がこいな…
名古屋は人情もこいよ！

みそを使ったもの以外では手羽先のからあげやきしめんが有名だよ。

交通 ゆとりーとライン

フハハハ！おれ専用の道だぜ

名古屋市北部などを走る、珍しいバス。専用の道のかべ沿いに走るから、ハンドル操作がいらないし、渋滞知らず。郊外では、ふつうのバスとしても走るよ。

産業 ウズラの卵

愛知県のニワトリといえば、名古屋コーチンが有名だけど、豊橋市などでは温暖な気候を生かしてウズラの飼育がさかん。卵は小さいけれど、栄養たっぷりだよ。

ウズラは口にいくつあるかな？
バカ！

学んだ日
／
／
／
／
／

みんなの給食 in 愛知県

みそ味のソースを麺にからめるおぼろみそ麺は名古屋市の給食でおなじみのメニュー。かしわのひきずりは、とり肉を使ったすき焼きのこと。

おぼろみそ麺。見た目はスパゲッティ・ミートソースにそっくりだよ。

かしわのひきずり。尾張地方ではすき焼きのことをひきずりと呼ぶんだ。

[P160方言クイズの答え] ①つかれた・しんどい ②久しぶり ③腹が立つ

コラム　日本一のカレー好きは？

みんな大好き、カレー。給食でも大人気のメニューだよね。

カレーについても、県庁所在地ごとに、おうちで作る量にちがいがあるんだ。一番、カレールウを使っているのは鳥取市。逆に使っていないのが秋田市や千葉市だよ。

ただし、このランキングはあくまでカレールウだけのランキング。「カレー粉だけでカレーを作るわ」というおうちや「スパイスを自分の家で調合するよ」というこだわり派のおうちはふくまれないんだ。秋田市や千葉市は、カレールウを使わずにカレーを作るおうちが多いのかも。

カレールウを多く使う都市

1	鳥取市　1.98kg
2	岡山市　1.86kg
3	福島市　1.77kg
4	青森市　1.76kg
5	新潟市　1.74kg

カレールウを使わない都市

1	秋田市　1.26kg
2	千葉市・那覇市　1.28kg
4	東京・奈良市　1.31kg

※県庁所在地の 2014 ～ 2016 年の 1 世帯（2人以上）あたりの平均値（総務省統計局「家計調査」）
※数値は、小数点第 3 位を四捨五入したもの。

4章

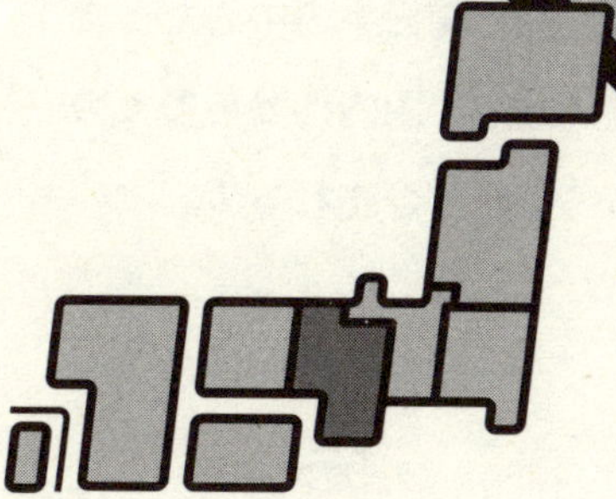

近畿地方

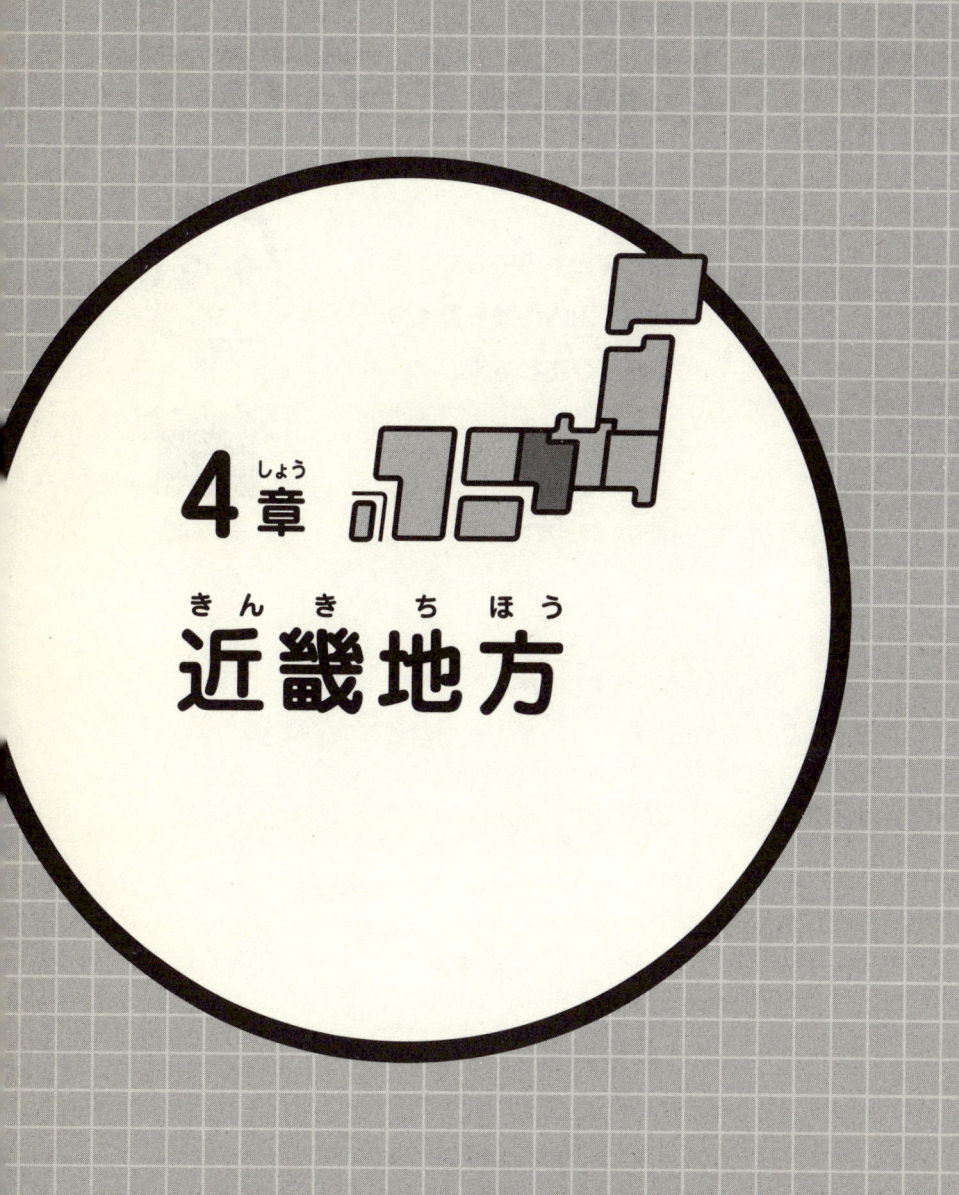

近畿地方

ここは どんなところ？

長い間日本の中心だった地方。国内外から多くの観光客が訪れるよ。

丹波高地
京都府
兵庫県
滋賀県
大阪府
瀬戸内海
三重県
奈良県
和歌山県
紀伊山地
太平洋

ポイント

1 かつての日本の中心

かつて日本の首都だった京都と奈良があり、寺や神社、古墳などの歴史的な建造物や伝統文化が多く残っているよ。大阪はかつての商業の中心で、今も東京に次いで商業がさかんなんだ。

➡ 金閣寺（P180）、平城宮あと（P198）

ポイント

2 小規模な工場もたくさん

大阪府から兵庫県の大阪湾沿いの地域は、かつては日本一の工業地帯。今でも大小さまざまな規模の工場がたくさんあるよ。それ以外に大阪府の内陸部には多くの小さい工場があるんだ。

➡ 中小企業（P189）、長田のくつ（P194）

ポイント

3 農業はそれほどでも…

近畿地方は北部と南部が山がち。特に南部の紀伊山地は夏の雨の量がとても多く、質の良い木材の産地として知られるよ。農業も行われているけれど、他の地方ほどの生産量ではないんだ。

➡ 淡路島のタマネギ（P193）、有田みかん（P204）

学んだ日

／

／

／

／

／

三重県

南北に長い地形で、北部は工業地帯、南部は海産物がたくさんとれる地域なんだ。

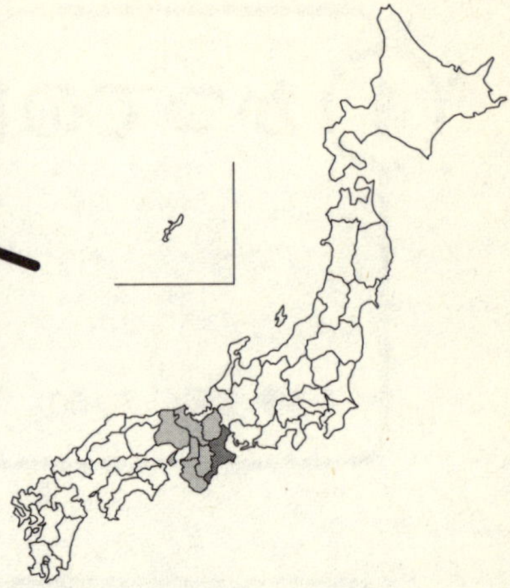

県庁所在地	津市
面積	5774㎢（全国25位）
人口	181万5865人（全国22位）

県の花　ハナショウブ　　県の木　ジングウスギ

県の鳥　シロチドリ

夢のサーキット

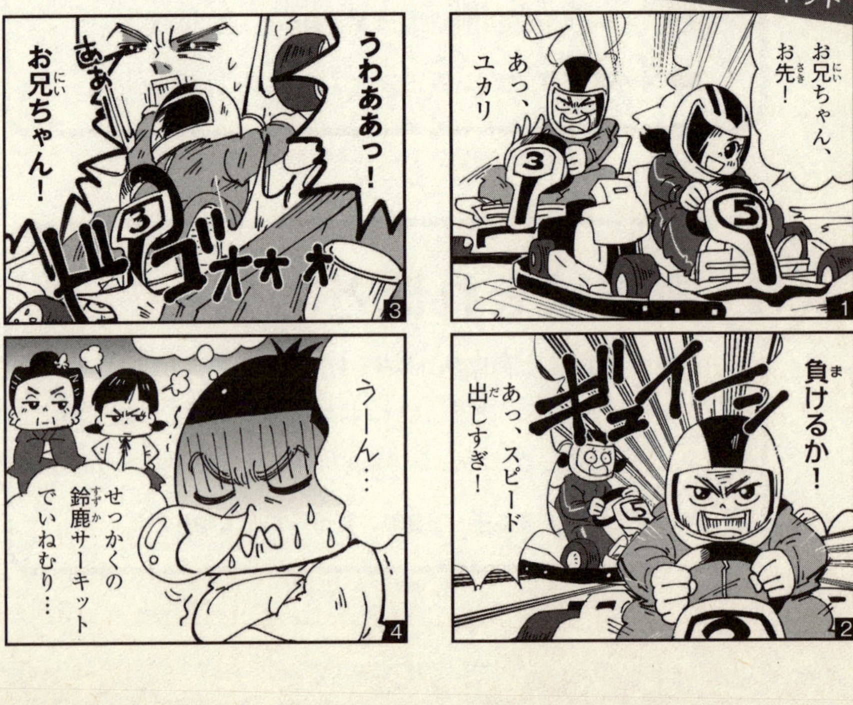
お兄ちゃん、お先！
あっ、ユカリ
負けるか！
ギュイーン
あっ、スピード出しすぎ！
うわあああっ！
お兄ちゃん！
うーん…
せっかくの鈴鹿サーキットでいねむり…

三重県ってこんなところ

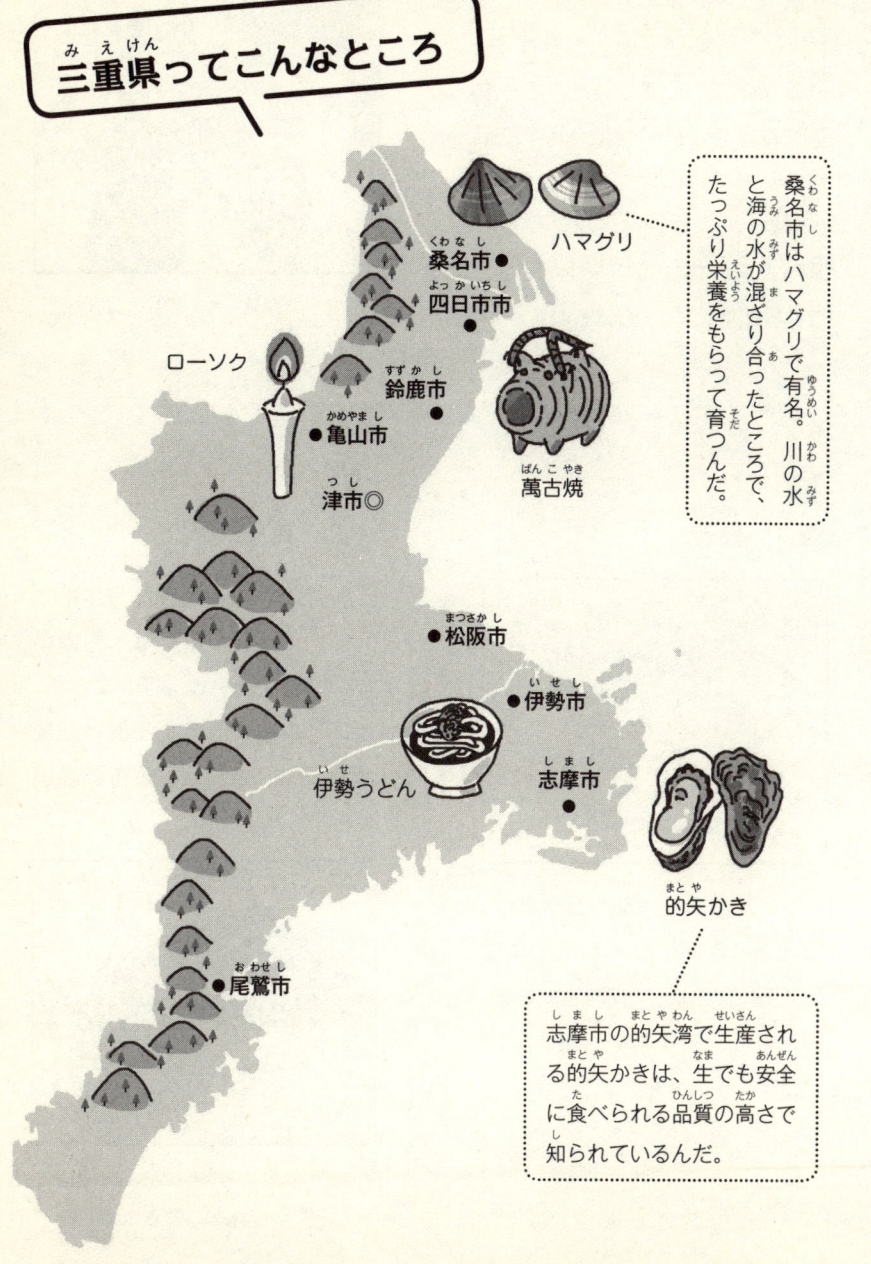

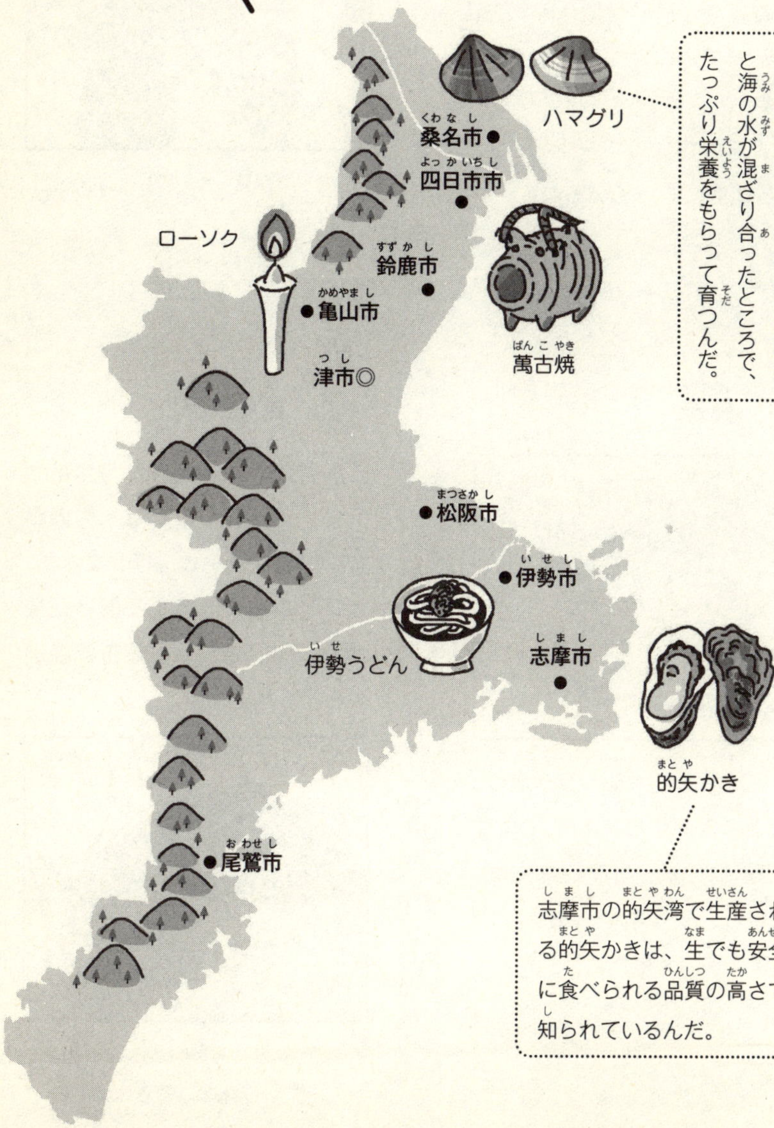
ハマグリ
桑名市
四日市市
ローソク
鈴鹿市
亀山市
津市◎
萬古焼
松阪市
伊勢市
伊勢うどん
志摩市
的矢かき
尾鷲市

桑名市はハマグリで有名。川の水と海の水が混ざり合ったところで、たっぷり栄養をもらって育つんだ。

志摩市の的矢湾で生産される的矢かきは、生でも安全に食べられる品質の高さで知られているんだ。

学んだ日

／

／

／

／

／

歴史

熊野古道

三重県から始まる熊野古道は、和歌山県にある「熊野三山」へ参拝するための道。山がちで、険しいところも多いよ。室町時代や江戸時代には熊野三山へ行くことがブームになり、数多くの人びとが歩いたんだ。

熊野古道の複数のルートが、2004年に世界遺産になっているよ。

クマの古道だね
ちがうよ

古道でクマが見られたこともあるんだ。

産業

真珠

ピカッ
し・・・しんじゅられない大きさ!
バーーン

鳥羽湾にあるミキモト真珠島は、御木本幸吉が世界で初めて真珠の養殖に成功した場所なんだ。

三重県は、愛媛県や長崎県に次ぐ養殖真珠の産地だよ。

ミキモトの名は、世界を代表する真珠ブランドとしても有名。

自然

尾鷲の雨

三重県南部の尾鷲市は降水量が多く、1日あたりの降水量の日本記録をマークしたほどなんだ。

太平洋からやってくる湿った風が山にぶつかり、尾鷲市に強い雨を降らせるよ。

こんなに降るのか

雨の地面に落ちる勢いが強く、「雨が下から降る」と言われるぐらいなんだ。

もっと知りたい！三重県

三重県出身の偉人

- ◆江戸川乱歩（小説家）
- ◆小津安二郎（映画監督）
- ◆松尾芭蕉（俳人）

三重県出身の有名人

- ◆加藤紀子（タレント）
- ◆高畑勲（映画監督）
- ◆鳥羽一郎（歌手）
- ◆西野カナ（歌手）
- ◆吉田沙保里（レスリング選手）

ご当地グルメ

◆赤福もち

もちをこしあんでくるみ、川の流れをかたどったおかし。伊勢神宮のお参りのみやげとして有名で、駅やデパートでも売られているよ。

◆ハマグリのしぐれ煮

桑名市の名産であるハマグリを、ショウガ入りのつゆで煮たつくだ煮の１種。今は牛肉のしぐれ煮などもあるよ。

産業　松阪牛と伊勢エビ

バチ
バチ

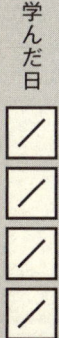

三重県は高級食材の産地でもあるんだ。有名なのは、松阪牛と伊勢エビ。三重県を代表するグルメの座を争って、火花を散らしているとか、いないとか。

観光　鳥羽水族館

飼育種類数が日本一の水族館。ラッコやジュゴンなど、さまざまな海の生きものに会えるよ。変わった生物を集めた「へんな生きもの研究所」もあるんだ。

ザワ
ザワ
ザワ
人が多くてびっくらっこいた！

学んだ日
／
／
／
／
／

歴史 松尾芭蕉

実は
忍者かも？

江戸時代に全国を旅し、『おくのほそ道』を書いた俳句の名人。忍者のふるさと・伊賀市の出身だからか、「実は忍者だったかも」という説もあるんだ。

「全国を旅していたのも、スパイ活動では？」なんて話も。

方言クイズ

なんて言っているのか、考えてみよう！

①つる

例）机をいっしょにつってくれ。

②しょずむ

例）お茶の葉はこうやってしょずむの。

③まーり

例）明日の学校のまーりはしたの。

➡正解はP171へ

歴史 伊勢神宮

正式名称は「神宮」。お伊勢さんの愛称で知られるよ。2000年の歴史があり、神社の中の神社といった存在。内宮・外宮など、125もの社があるんだ。

内宮の前は、「おかげ横丁」という、昔の鳥居前町の町なみを再現した商店街になっていて、多くの観光客でにぎわっているよ。

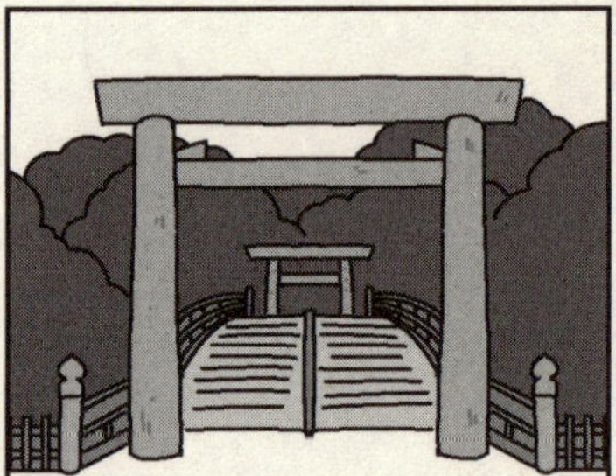

江戸時代には、伊勢神宮へのお参りが大ブームになったんだって。

交通 鮮魚列車

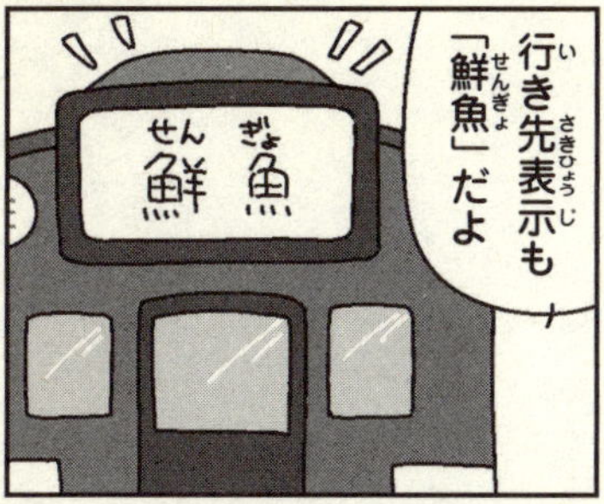
鮮魚
行き先表示も「鮮魚」だよ

行き先に「鮮魚」と書かれた列車は、三重県の漁港でとれた海の幸を大阪へ売りに行く行商人のための特別列車なんだ。まちがえて乗りこまないように！

産業 カメヤマローソク

キャンドルや神仏用のローソクで国内トップの生産量をほこるのがカメヤマというメーカー。昭和の初めに亀山市で生まれ、今も市内に工場があるよ。

結婚ひろうえんで使ったのはうちが最初！

みんなの給食 in 三重県

津ぎょうざは、直径15cmの皮を使った大きなあげぎょうざ。伊勢うどんは伊勢市の郷土料理で、太くてとてもやわらかい麺がとくちょうだよ。

津ぎょうざは、今では津市を代表する地元グルメの１つなんだ。

伊勢うどん。しょうゆとだしのきいた黒いつゆが麺と合うんだ。

学んだ日
／
／
／
／
／

[P170方言クイズの答え] ①持ち上げて運ぶ ②つまむ ③支度・準備

滋賀県

日本一大きな湖・琵琶湖がある県だよ。「近畿の水がめ」と呼ばれ、県外にも水を供給するよ。

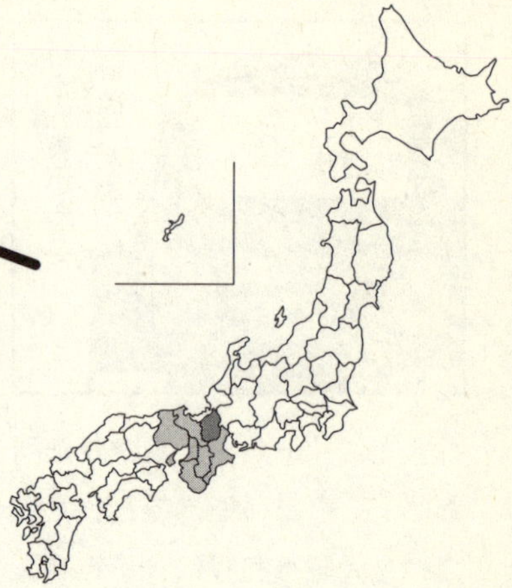

県庁所在地	大津市
面積	4017㎢（全国38位）
人口	141万2916人（全国26位）

県の花　シャクナゲ　　県の木　モミジ

県の鳥　カイツブリ

実は泳げます！

いやあ、いいリゾートだ
日焼け止めぬらないと
って、ここは琵琶湖！
こら！ 言わなきゃばれないのに
でも琵琶湖は泳げる砂浜が多いのよ
へえ、そうなのね
後でふなずしも食べられるし
おいしいけど…リゾート気分はないね

滋賀県ってこんなところ

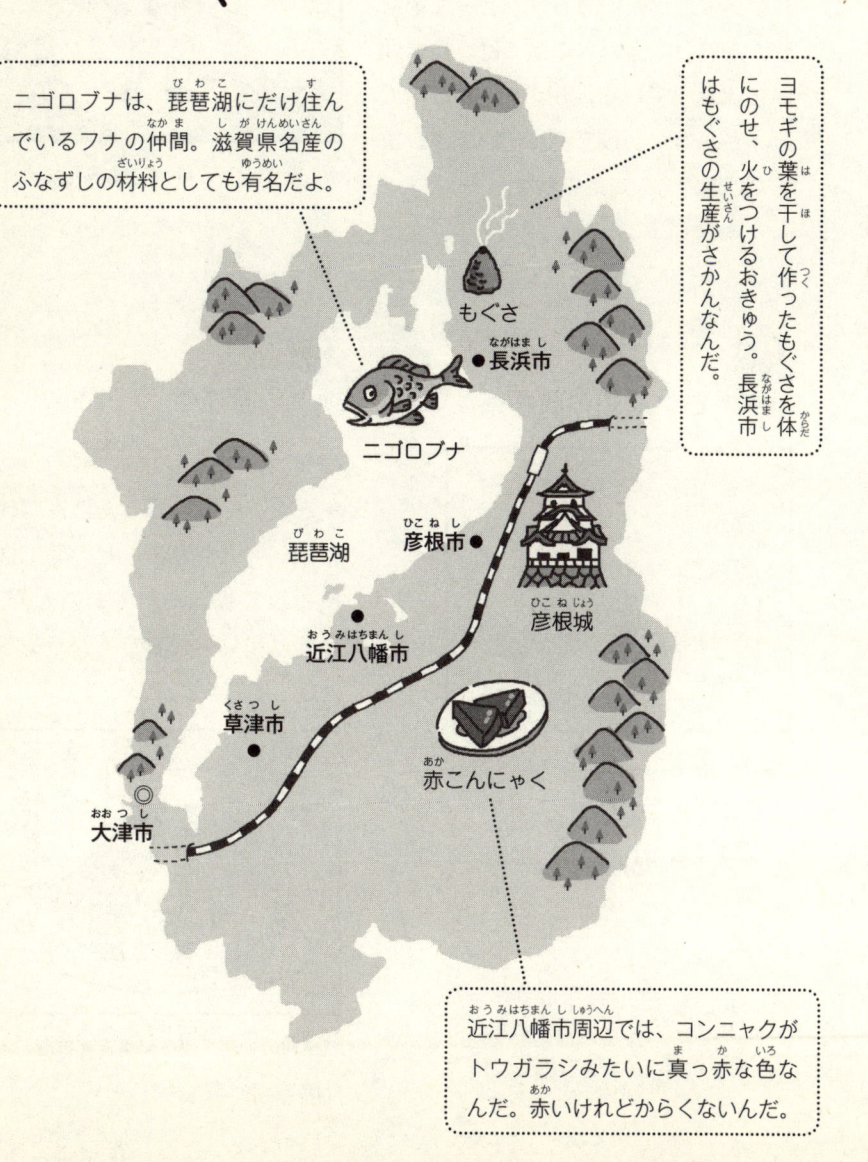

ニゴロブナは、琵琶湖にだけ住んでいるフナの仲間。滋賀県名産のふなずしの材料としても有名だよ。

ヨモギの葉を干して作ったもぐさを体にのせ、火をつけるおきゅう。長浜市はもぐさの生産がさかんなんだ。

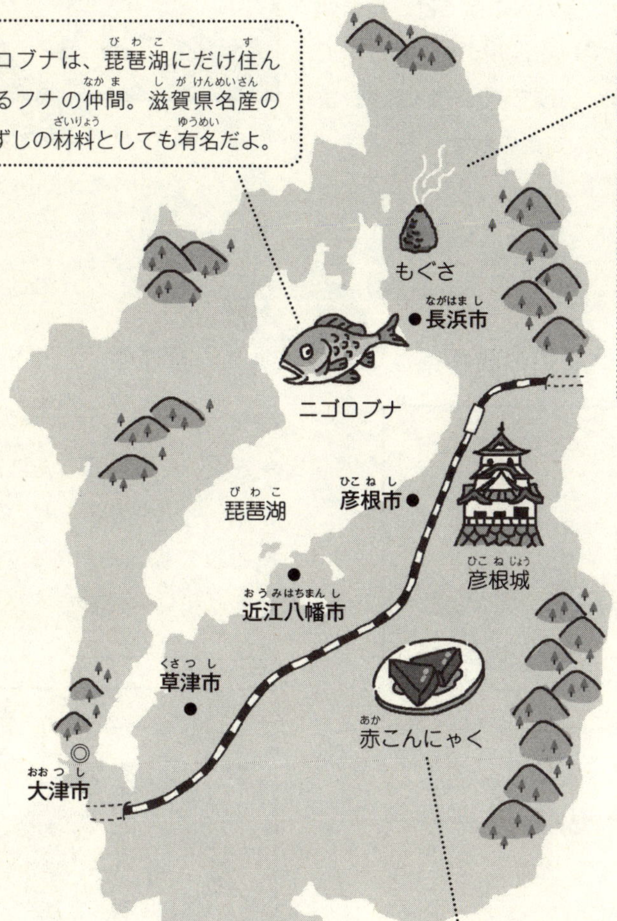
もぐさ
長浜市
ニゴロブナ
琵琶湖
彦根市
彦根城
近江八幡市
草津市
赤こんにゃく
大津市

近江八幡市周辺では、コンニャクがトウガラシみたいに真っ赤な色なんだ。赤いけれどからくないんだ。

学んだ日
／
／
／
／
／

自然 琵琶湖

日本で一番大きな湖が琵琶湖。面積は約670㎢で、滋賀県の面積の６分の１を占めているんだ。

琵琶湖は滋賀県にあるけれど、京都府や大阪府の水道の水の多くは、琵琶湖から流れ出ている淀川の水。約1400万人が水道水として使っているよ。まさに近畿地方を支える湖なんだ。

おれが水を止めたら
近畿は大さわぎや!

水の量は約275億m^3もあるんだ。

産業 古い歴史の政所茶

ぜつめつ寸前です…

東近江市で作られている政所茶は、おいしい緑茶として古くから有名。でも最近は生産量が大きく減り、ごくわずかな量しか作られていないんだ。

江戸時代には、京都の宇治茶とならぶ有名なお茶だったんだよ。

産業 近江牛

滋賀県は古くから牛肉の産地。肉を食べていなかった江戸時代にも、将軍や大名などの間では薬として食べられていたんだ。今では和牛を代表するブランドとなっているよ。

江戸時代から有名さ

県東部の近江八幡市や東近江市などで生産がさかんなんだ。

もっと知りたい！滋賀県

滋賀県出身の偉人

- ◆井伊直弼（大名）
- ◆石田三成（大名）
- ◆小野妹子（役人）

滋賀県出身の有名人

- ◆尾木直樹（教育評論家）
- ◆桐生祥秀（陸上選手）
- ◆西川貴教（歌手）
- ◆山崎まさよし（歌手）

ご当地グルメ

◆鴨すき

長浜市などの滋賀県北部で冬に食べられているのが、カモを使ったすき焼き。琵琶湖に住んでいるマガモを使うんだ。

◆日野菜づけ

日野町が原産の、ヒノナというカブの仲間をつけたもの。葉に近い部分が赤むらさき色でとてもきれいなので「桜づけ」と呼ばれて、県で長く親しまれているよ。

学んだ日
／
／
／
／
／

グルメ　ふなずし

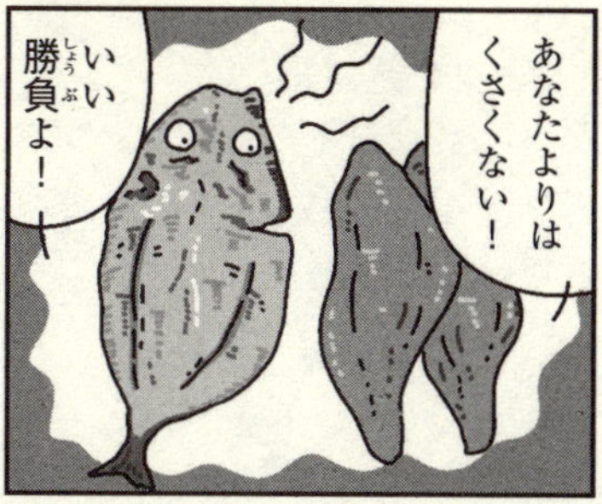
あなたよりはくさくない！
いい勝負よ！

琵琶湖のフナのお腹にごはんをつめ、はっこうさせたのが滋賀県名産のふなずし。くさやと同じくらい、とてもにおいが強いけれど、おいしいことで有名なんだ。

歴史　彦根城

彦根市にある彦根城は、保存状態が良くて知られているよ。国宝になっている天守閣や庭園が江戸時代のまま残っているんだ。石垣も年代別に残っているよ。

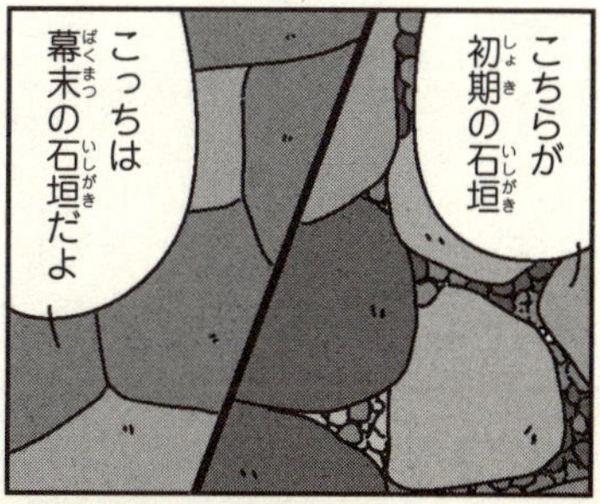
こちらが初期の石垣
こっちは幕末の石垣だよ

産業 信楽焼

信楽で滋賀ラッキーー！
なんちゃって

甲賀市が名産の信楽焼は、食器や花びんなど日用品として親しまれてきた焼き物。有名なのはタヌキの置物。縁起物としてお店によく置いてあるよ。

タヌキは「他をぬく」にかかっていて、縁起がいいとされるよ。

方言クイズ

なんて言っているのか、考えてみよう！

① げべっちゃ

例）走っても、いつもげべっちゃだからいやだな。

② まとう

例）あの家の窓ガラス割った人、まとわないと。

③ がおう

例）夜ふかししているとがおうが来るよ。

➡ 正解は P177 へ

歴史 比叡山延暦寺

平安時代に最澄というお坊さんが建てた延暦寺。滋賀県と京都府にまたがる、比叡山という1つの山全体がこのお寺の境内なんだ。お寺の建物は、山の中に150ほどあるんだって。

延暦寺は修行が厳しいことで有名。比叡山の中にあるお寺の住職になるには、3年間にわたる修行が必要なんだ。

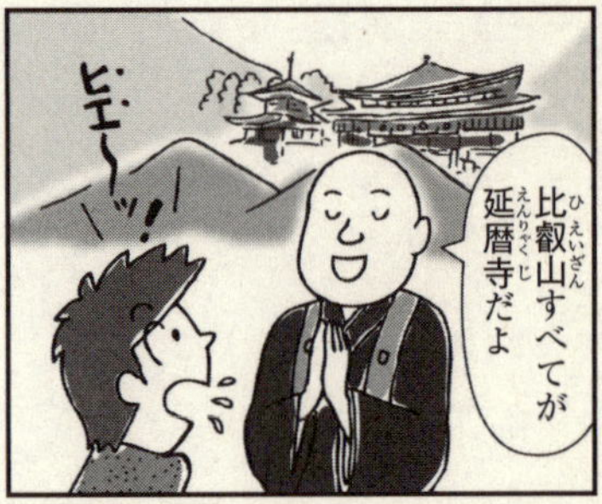
ヒエ〜ッ！
比叡山すべてが延暦寺だよ

延暦寺の境内の面積は、約1700万㎡にもなるんだって。

歴史　近江商人

売り手
買い手
世間
三方
三方よしがモットーさ

近江国（今の滋賀県）は商業が活発で商売じょうず。江戸や大坂に出てかつやくした商人が多かったんだ。近江生まれの有名な会社も多いんだよ。

歴史　長浜の黒かべの建物

長浜市には、江戸時代から明治時代にかけて造られた、黒いかべの建物が多く残っているよ。観光スポットとして、多くの見物客でにぎわっているんだ。

黒いかべがステキ！

みんなの給食 in 滋賀県

近江八幡市付近で食べられている赤こんにゃくは、給食でも提供されるよ。じゅんじゅんは、滋賀県北部でのすき焼きの呼び名なんだ。

赤こんにゃくの炒り煮。赤こんにゃくの栄養価は他のこんにゃくとほぼいっしょ。

かしわのじゅんじゅん。滋賀県北部では琵琶湖の魚のじゅんじゅんが名物なんだ。

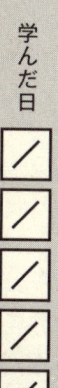

学んだ日
／
／
／
／
／

[P176方言クイズの答え] ①最後尾・びりっけつ　②つぐなう・弁しょうする　③おばけ

京都府

長い歴史を持つ有名なお寺や神社がたくさんあり、一年中観光客でにぎわっているよ。

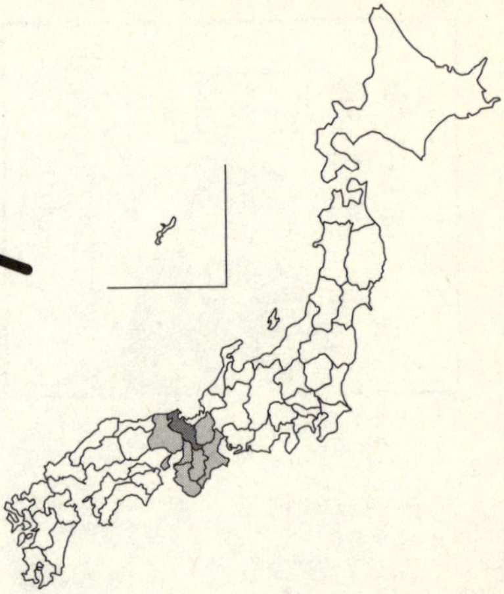

県庁所在地	京都市
面積	4612㎢（全国31位）
人口	261万353人（全国13位）

県の花　シダレザクラ　県の木　キタヤマスギ

県の鳥　オオミズナギドリ

ナウなヤングの街？

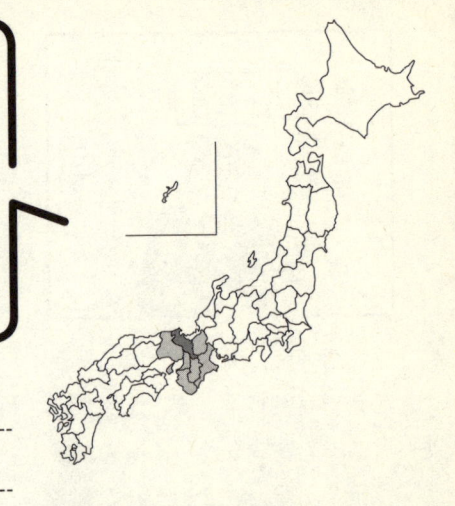

京都は人が多いわね
若い人も多いなあ
それは旅行する人ではないかも
え？
京都は大学が多いの。知られていないけれど学生の街でもあるのよ
古くて新しい街なのね
ぼくも京都で学ぶ！
その前に今日の宿題！

京都府ってこんなところ

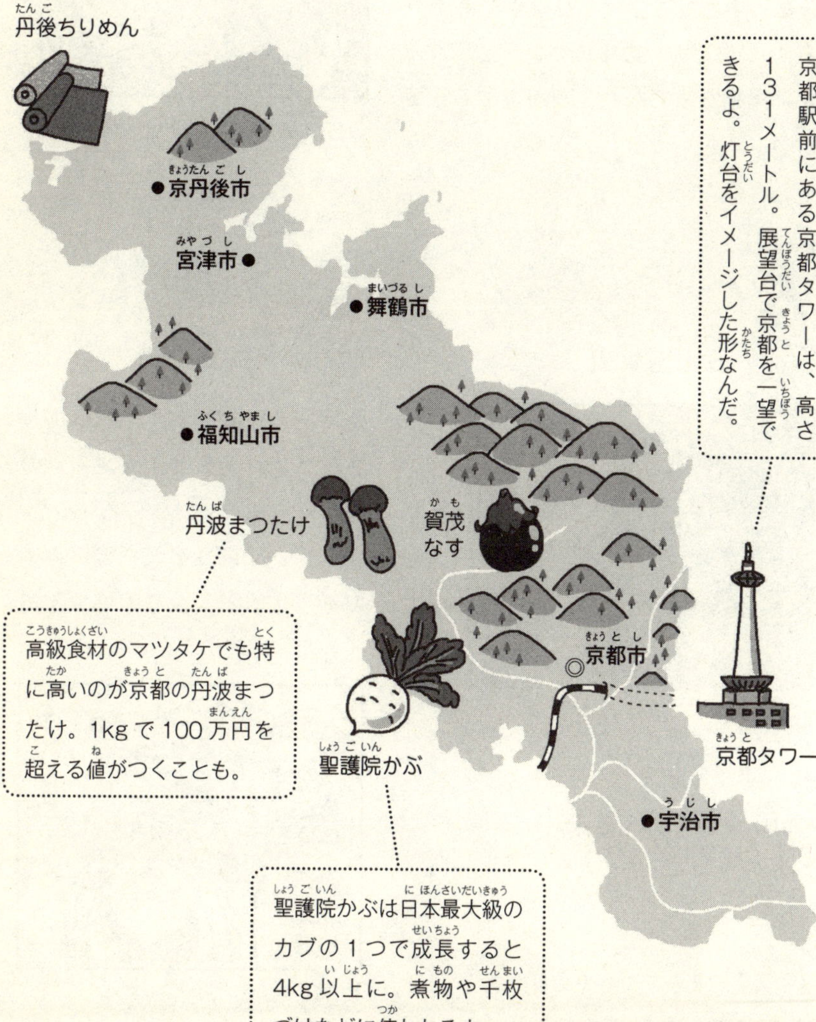
丹後ちりめん
京丹後市
宮津市
舞鶴市
福知山市
丹波まつたけ
賀茂なす
京都市
京都タワー
聖護院かぶ
宇治市

京都駅前にある京都タワーは、高さ131メートル。展望台で京都を一望できるよ。灯台をイメージした形なんだ。

高級食材のマツタケでも特に高いのが京都の丹波まつたけ。1kgで100万円を超える値がつくことも。

聖護院かぶは日本最大級のカブの1つで成長すると4kg以上に。煮物や千枚づけなどに使われるよ。

学んだ日
／
／
／
／
／

歴史
金閣寺

室町時代に足利義満が建てた金閣寺。京都を代表する観光地として、国内外から来た観光客や、修学旅行に来た学生たちでいつもいっぱい。
建物の中も外も金ぱくがはってあるから、いつもピカピカきれいなんだ。でも、実は建物だけでなく、庭園もとても美しいよ。

キンかくし？
きんかくじ！

約20万枚の金ぱくが使われているよ！

観光
五山送り火

犬
あれ、何かちがう？

五山送り火は、京都市の夏の伝統行事。毎年８月16日に５つの山に火をともすんだ。一番有名なのが大文字山にともす「大」の文字だよ。

亡くなった人の霊をあの世に送るための行事として始まったよ。

自然
天橋立

宮津市の天橋立は約3.6kmの長さの砂浜。竜の姿に見える形のふしぎさが古くから有名なんだ。足のまたの間から逆さまに天橋立をのぞくと、竜がのぼっていくみたいに見えるよ。

すごい景色！
天橋立は向こう！

宮城県の松島、広島県の宮島とならんで「日本三景」と呼ばれるんだ。

もっと知りたい！京都府

京都府出身の偉人

- 伊藤若冲（画家）
- 岩倉具視（政治家）
- 藤原道長（貴族）

京都府出身の有名人

- 宇佐美貴史（サッカー選手）
- 佐々木蔵之介（俳優）
- 伊達公子（元テニス選手）
- 野村克也（元野球選手）
- みうらじゅん（イラストレーター）

ご当地グルメ

◆ニシンそば

ニシンの干物である身欠きニシンをあまからく煮たもの（甘露煮）を、かけそばの上にのせたもの。京都の年越しそばの定番だよ。

◆八ツ橋

米粉にシナモンを加えた生地を焼いたせんべいの１種。最近は、焼かない生の生地にあんを包んだ生八ツ橋もかなり人気があるんだ。

歴史　伏見稲荷大社

海外から来る人も多いよ

全国にある稲荷神社のトップが伏見稲荷大社。境内には約１万本と言われる赤い鳥居が並んでいて、海外からも多くの人びとが見に来るよ。

産業　京野菜

京都で生み出された野菜が京野菜。賀茂なすや聖護院かぶなどが有名なんだ。京都の家庭料理であるおばんざいの材料として、今も食卓にのぼっているよ。

京野菜のおばんざいよ
バンザーイ！

学んだ日
／
／
／
／
／

産業 宇治茶

宇治茶はいいね！
・・あちゃ！

宇治市などの京都府南部は、お茶の一大生産地。宇治茶と呼ばれ、抹茶や玉露などの高級品として、貴族や商人に古くから親しまれてきたんだ。

現在は、宇治市より和束町、南山城村などで生産がさかん。

方言クイズ

なんて言っているのか、考えてみよう！

① いけず

例）そないなことするなんていけずな人やわ。

② はんなり

例）祇園ははんなりした街だ。

③ もっさい

例）3日間も同じ服着て、もっさい人やね。

➡正解はP183へ

歴史 舞妓・芸妓

京都市を歩いていると、はなやかな着物にまげをゆった、伝統的な姿の女性を多く見かけるよ。彼女たちは、芸を見せて客をもてなす舞妓・芸妓と呼ばれる女性たちなんだ。
最近は観光客が彼女たちの仮装をして歩くのが人気なんだ。本物と見分けられるかな？

本当は観光客なの…
キレイ♡

最初は舞妓で、修行をして一人前になると芸妓と呼ばれるようになるよ。

交通 トロッコ列車

紅葉の季節に行こうよー・・・

京都市と亀岡市を走る嵯峨野観光鉄道は、開放的なトロッコ列車。景色の良い保津峡に沿って走っていて、秋の紅葉の季節はとても人気があるよ。

産業 任天堂

ゲーム機メーカーとして世界中に知られている任天堂は、京都生まれの会社で今でも本社があるよ。ゲーム機だけでなく、トランプや花札でも有名なんだ。

トランプと花札でも有名さ

みんなの給食 in 京都府

衣笠丼は油あげとネギを卵でとじてごはんにのせた、京都では定番の料理。大根と厚あげのたいたんも、京都の一般家庭で出るおそうざいだよ。

衣笠丼。衣笠は、金閣寺の近くにある衣笠山という山のことなんだ。

大根と厚揚げのたいたん。京都では煮物のことをたいたんと呼ぶんだって。

学んだ日
／
／
／
／
／

[P182方言クイズの答え] ①いじわる ②上品ではなやかな ③あかぬけない・質の悪い

大阪府

近畿地方の中心的な存在で、人口は東京都、神奈川県に次いで日本で3番目に多いよ。

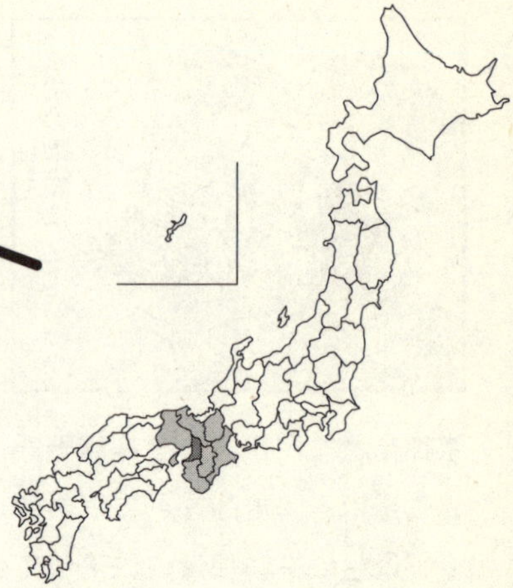

県庁所在地	大阪市
面積	1905㎢（全国46位）
人口	883万9469人（全国3位）

県の花　サクラソウ・ウメ
県の木　イチョウ
県の鳥　モズ

だんじりじりじり
おお、かっこいい！
大阪のだんじり祭りよ
だんじりとは祭りで引く山車のこと
大阪の各地でだんじり祭りが行われるの
特に岸和田市のだんじり祭りが有名よ
角を直角に曲がるのね
ぼくの直角ぶりはどうだい？
かっこ悪いわ…

大阪府ってこんなところ

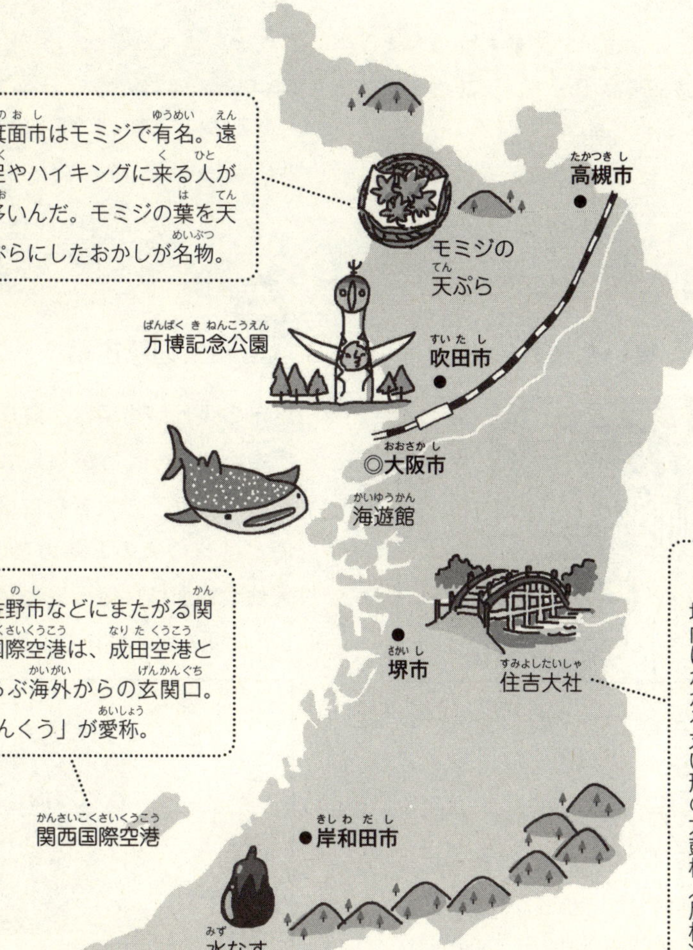
高槻市
モミジの天ぷら
万博記念公園
吹田市
◎大阪市
海遊館
堺市
住吉大社
関西国際空港
岸和田市
水なす

箕面市はモミジで有名。遠足やハイキングに来る人が多いんだ。モミジの葉を天ぷらにしたおかしが名物。

泉佐野市などにまたがる関西国際空港は、成田空港とならぶ海外からの玄関口。「かんくう」が愛称。

大阪市にある住吉大社は、大阪一の初もうでスポット。境内にかかる丸い形の太鼓橋（反橋）が有名。

学んだ日

／

／

／

／

／

自然 面積が小さい

大阪府の面積は、47都道府県の中で46位。1987年までは最も面積が小さい都道府県だったんだ。最近は大阪湾のうめ立てが進んだことで面積が増えつつあるよ。

ちなみに、市町村で最も面積が大きいのは岐阜県高山市で、大阪府の面積よりも大きいんだ。

な…何とか勝った！
ちくしょー

大阪府の人口密度は東京都に次ぐ第2位なんだ。

グルメ 食いだおれ

くいだおれ
うまいもんはみんな
大阪に来るよ

大阪はおいしい食べ物が多い。食べ物にぜいたくしすぎてすべての財産を使ってしまうという意味の「大阪の食いだおれ」という言葉があるほどなんだ。

大阪市内には「くいだおれ人形」という人形があり、人気なんだ。

歴史 大仙陵古墳

堺市の大仙陵古墳は、墳丘という中心部分の長さが500m近くもある、とても大きな古墳。古墳とは昔の人のお墓のことで、大仙陵古墳は仁徳天皇という天皇のお墓だと言われているよ。

かぎ穴みたいな形さ
ちがうの？

大仙陵古墳のような古墳の形を「前方後円墳」と呼ぶんだ。

もっと知りたい！大阪府

大阪府出身の偉人

- 井原西鶴（小説家）
- 川端康成（小説家）
- 千利休（茶人）

大阪府出身の有名人

- 安藤忠雄（建築家）
- 岡田准一（俳優）
- コシノジュンコ（デザイナー）
- 笑福亭鶴瓶（落語家）
- つんく♂（音楽家）

ご当地グルメ

◆イカ焼き

大阪府のイカ焼きは、小麦粉の生地にイカの切り身を混ぜ、鉄板に押し付けて焼く料理。おやつとして親しまれているんだ。

◆粟おこし

大阪府の名物おかし。細かくした米を水あめなどで固めた料理で、軽い歯ざわりがとくちょう。ショウガやゴマを入れることもあるよ。

学んだ日
／
／
／
／
／

観光　太陽の塔

これが敵のひみつ基地か！
ちがうぞ…

1970年に大阪府で万国博覧会が開かれたときのシンボルが太陽の塔。1度見たら忘れられないユニークな形だよ。上にある顔の目は、夜になると光るんだ。

観光　お笑い文化

大阪府でさかんなのが、漫才や喜劇などのお笑い文化。第2次世界大戦後のラジオ・テレビで多くの人びとが見聞きしたことで、全国で有名になっているよ。

ええトンカチ…
ってこれゴーヤーやん

グルメ　粉もん

粉もんはおかずだよ
モグ
モグ

大阪府ではお好み焼きやたこ焼きなどの小麦粉料理がたくさん。手軽に楽しめる料理として親しまれているよ。大阪ではまとめて「粉もん」と呼ぶんだ。

大阪ではうどんもよく食べるんだ。これも粉もんの１つ。

方言クイズ

なんて言っているのか、考えてみよう！

① なおす

例）なおさなかったら、おもちゃ捨てるで。

② なんしか

例）なんしか勉強始めないと、成績も上がらないよ。

③ いちびる

例）いちびっていないで、ちゃんとしなさい。

➡ 正解はP189へ

観光　ユニバーサル・スタジオ・ジャパン

ユニバーサル・スタジオ・ジャパンは大阪市にある遊園地。2001年にオープンしたんだ。逆向きに走るジェットコースターなどのアトラクションが大人気で、2016年度は1460万人以上が来場したよ。

もともとは船や鉄鋼などを造る、大きな工場があったところなんだ。

JR ユニバーサルシティ
UNIVERSAL CITY
駅からこんなに混んでるの！

最寄りの駅であるユニバーサルシティ駅は、特に休日は人で混み合うんだ。

交通 ラピート

ロボットに変形するんだ
ガシャン!!
…うそです

南海電気鉄道の特急列車・ラピートは、マンガに出てくるロボットみたいな正面のデザインが印象的。鉄道ファンだけでなく、その他の人びとにも人気があるよ。

産業 中小企業

大阪府は、99人以下の小規模の工場の数が多いことで有名。東大阪市のねじや泉佐野市のタオルなどの生産が代表的で、世界的な技術を持つ工場も多いんだ。

おれたちみんな大阪生まれ!
タオル
ねじ
ゴーグル
ドーーーーン

みんなの給食 in 大阪府

大阪市の船場という問屋街で食べられてきた船場汁は、サバの頭や骨と野菜の汁料理。かやくごはんは具だくさんのたきこみごはんのこと。

船場汁。捨てる部分である頭や骨を使うむだのなさが問屋の商人に好まれたんだ。

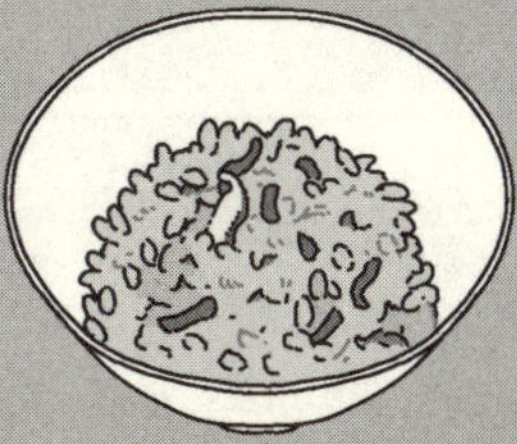

かやくごはん。かやくは漢字で加薬と書き、具のこと。火薬じゃないんだよ。

学んだ日
／
／
／
／
／

[P188方言クイズの答え] ①片づける ②とりあえず・とても ③ふざける

兵庫県

神戸市は古くから貿易で発展してきたよ。甲子園球場は野球少年のあこがれの場所。

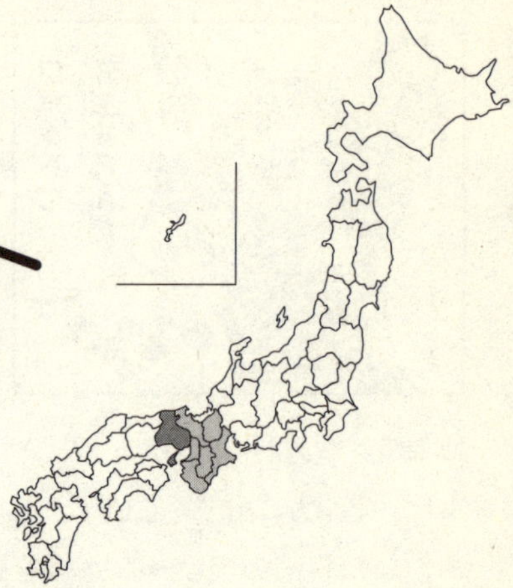

県庁所在地	神戸市
面積	8401㎢（全国12位）
人口	553万4800人（全国7位）

県の花　ノジギク
県の木　クスノキ
県の鳥　コウノトリ

戦火をさけて…

姫路城はやっぱりいいね！
かっこいいし、美しいわ
姫路城は1992年に世界遺産になったの
1992
海外の人にもみとめられたのね
戦争のくうしゅうでも、無事だったのよ
ラッキーね
ぼくも先生の怒りを無事にさけたいな！
宿題やればいいだけよ…

兵庫県ってこんなところ

但馬牛
豊岡市
コウノトリ
播州そうめん
たつの市
姫路市
灘の酒
宝塚市
明石市
神戸市
尼崎市
赤穂の塩
淡路島
タマネギ

神戸市灘区周辺は、京都の伏見区とならんで日本酒の生産が有名。有名な酒メーカーの工場も多いんだ。

赤穂市は、古くから塩作りで栄えた街。今でも、赤穂の塩は全国的なブランドとして知られているよ。

学んだ日

／

／

／

／

／

観光　甲子園球場

西宮市の甲子園球場は春と夏の高校野球が行われる野球場。野球選手にとって野球の聖地といえる存在だよ。また、プロ野球の阪神タイガースの本拠地でもあるんだ。阪神タイガースの試合がある日は、球場へ向かう電車はタイガースファンでいっぱい！ 知らない人と野球の話で仲良くなれるかも？

甲子園につれてって
おれサッカー部

甲子園は多くの学生たちのあこがれ！

動物　コウノトリ

少子化だから出番が少ない…

赤ちゃんを運ぶという言い伝えのあるコウノトリ。日本で最後の野生のコウノトリがいたのが豊岡市なんだ。今は人の手で育てて、自然に返しているよ。

コウノトリは世界中で数がへっていて、ぜつめつ寸前なんだ。

歴史　日本標準時

日本全国で共通して使われている時間が「日本標準時」。世界の標準時との時差は9時間だよ。日本標準時として定められたのが、明石市などが通る東経135度の経線の位置の時間なんだ。

ちこく？明石ではまだ9時なのに…
そんなわけあるか！

沖縄県も北海道も、東経135度の時間に合わせているよ。

もっと知りたい！兵庫県

兵庫県出身の偉人

◆植村直己（探検家）
◆手塚治虫（マンガ家）
◆柳田國男（民俗学者）

兵庫県出身の有名人

◆有村架純（女優）
◆香川真司（サッカー選手）
◆ダウンタウン（漫才師）
◆松下奈緒（女優）
◆村上春樹（小説家）

ご当地グルメ

◆イカナゴの釘煮

イカナゴは関東ではコウナゴとも呼ばれる小さい魚。兵庫県はこれを釘煮というつくだ煮にするんだ。県の春の風物詩だよ。

◆ぼたん鍋

イノシシの肉を使った鍋料理で篠山市の名物料理だよ。肉をうすく切ってボタンの花のようにもりつけるからこの名前なんだ。

学んだ日
／
／
／
／
／

産業

但馬牛

自分で言うのも変だけど
食べるともーサイコー

兵庫県で育てられた黒毛和種という種類の牛を但馬牛と呼ぶんだ。質の高い肉は神戸ビーフというブランド名で売られ、海外でも大人気なんだ。

産業

淡路島のタマネギ

兵庫県は日本有数のタマネギの産地。県内で生産が多いのは淡路島。砂の多い土と、暖かくて雨が少ない気候がタマネギに向いているんだって。

これで涙が出ないわ

産業

長田のくつ

ガラスのくつはないかしら
それは……
ポリポリ

神戸市の長田区では、くつ作りで有名。1995年の阪神・淡路大震災で生産がへったけれど、国や市を挙げて復活させようとがんばっているんだ。

ゴムや化学せんいを使ったケミカルシューズ作りがさかんだよ。

方言クイズ

なんて言っているのか、考えてみよう！

① めげる

例）この時計はめげていて動かないや。

② べっちょない

例）足をすりむいたけど、べっちょないかい。

③ だぼ

例）失礼なことを言わないでよ、このだぼ。

➡ 正解はP195へ

観光

宝塚歌劇団

宝塚市に劇場がある宝塚歌劇団は、メンバーが女性だけの歌劇団。「宝塚」「ヅカ」という愛称で呼ばれ、全国に多くのファンがいるよ。鉄道会社である阪急電鉄の部門の１つなんだ。

団員になるためには、歌劇団が運営している宝塚音楽学校に入学して、２年間の教育を受ける必要があるよ。

女性が男性のかっこうになるの！
キリッ
ス・テ・キ♡

団員たちはタカラジェンヌと呼ばれ、ファンたちのあこがれの存在。

グルメ 明石焼き

ソースもいいけど
やっぱおだしよ！

大阪のたこ焼きのルーツの１つが、明石市の明石焼き。丸い形で、中にタコが入っているのはたこ焼きと同じだけど、だし汁につけて食べるんだ。

観光 北野の異人館

神戸市はかつて海外の人が専用で住む地域があり、彼らのための住宅がたくさん建てられたんだ。異人館といい、今では多くの観光客でにぎわっているよ。

おしゃれだわ…うっとり〜♡

みんなの給食in兵庫県

兵庫県は播州そうめんの生産がさかん。給食でもばち汁というそうめんを使った料理が出るんだ。春先には、イカナゴの料理も。

ばち汁。そうめん作りで残ったはしの部分をだし汁に入れた料理だよ。

イカナゴのかきあげ。イカナゴを季節の野菜と合わせてかきあげにするんだ。

学んだ日
／
／
／
／
／

[P194方言クイズの答え] ①こわれる ②大丈夫・問題ない ③ばか・おろかもの

奈良県

奈良時代までは都として栄えた場所。法隆寺や東大寺などが世界遺産になっているよ。

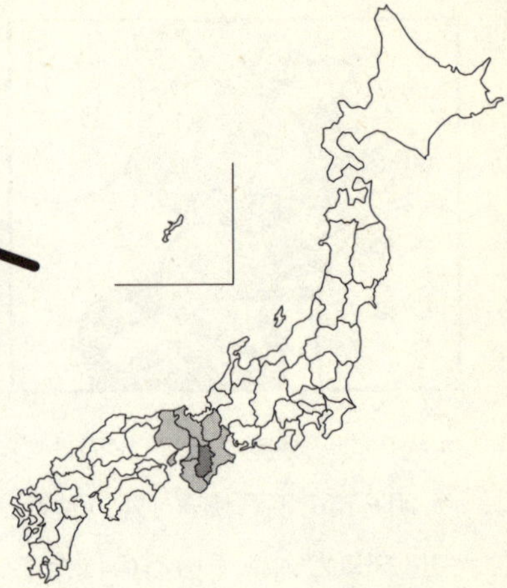

県庁所在地	奈良市
面積	3691㎢（全国40位）
人口	136万4316人（全国30位）

県の花　ナラヤエザクラ
県の木　スギ
県の鳥　コマドリ

古いものがいっぱい

大きな石！
明日香村の石舞台古墳よ
古墳は昔の人のお墓ね
そう。奈良は古墳などの遺跡が多いの
歴史的価値の高いものがたくさんなのよ
それはそれはすごいですのう
真面目に話を聞きなさい～
昔の人が化けて出るわよ～
ひいぃ！

奈良県ってこんなところ

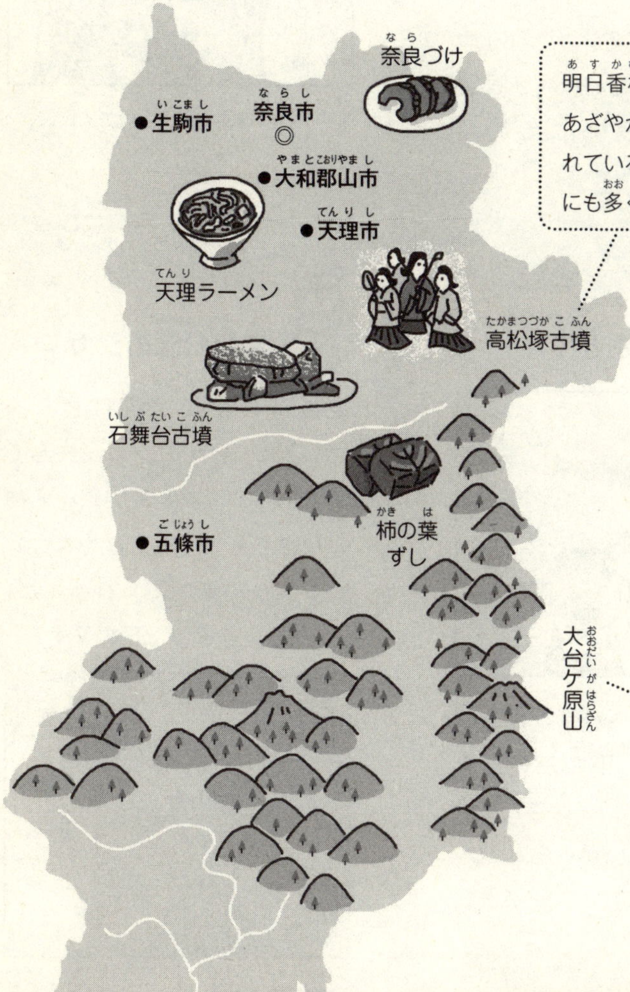
奈良づけ
奈良市
生駒市
大和郡山市
天理市
天理ラーメン
高松塚古墳
石舞台古墳
五條市
柿の葉
ずし
大台ケ原山

明日香村の高松塚古墳は、あざやかな色の絵がえがかれていることで有名。周辺にも多くの古墳があるよ。

奈良県と和歌山県の間にそびえる大台ケ原山は、原生林がそのまま残り、人気の登山スポットなんだ。

学んだ日

／

／

／

／

／

歴史 東大寺の大仏

奈良市の東大寺にある大仏の高さは約15m！ すごい大きさだよね。さらに、大仏が入っている大仏殿の高さは約50m。世界でも有数の大きな木造建造物だよ。
大仏のかみの毛の丸いつぶはかつて492個あったけど、今は9個なくなってしまい、483個なんだって。

頭のつぶつぶは
492個あったよ

丸いつぶは螺髪という名前だよ。

歴史 平城宮あと

ひろーい！

奈良時代に都（平城京）があった奈良市では、平城京の宮殿（平城宮）のあと地を保存しているよ。とても広いからあと地を電車の線路が横切っているんだ。

都の入り口だった朱雀門が復元されているよ。

動物 奈良公園のシカ

奈良市の奈良公園には、約1200頭の野生のシカが住んでいるよ。人に慣れていて、名物のしかせんべいをあげると、おいしそうに食べてくれるんだ。フンも多いから気をつけて！

せんべいなら・・
食べあきたよ…
パリッ

シカは神様の使いとして、お寺や神社から手厚く保護されてきたんだ。

もっと知りたい！奈良県

奈良県出身の偉人

◆聖徳太子（皇族）
◆聖武天皇（天皇）
◆菅原道真（貴族）

奈良県出身の有名人

◆明石家さんま（タレント）
◆楳図かずお（マンガ家）
◆尾野真千子（女優）
◆堂本剛（歌手）
◆野村忠宏（柔道家）

ご当地グルメ

◆奈良づけ

シロウリなどを酒かすでつけたもの。奈良時代から食べられていたんだ。アルコールが入っているからみんなは気をつけて。

◆天理ラーメン

天理市では、豚肉や白菜をからくいためたものをラーメンにのせた天理ラーメンが名物。こってりした味でくせになるんだ。

学んだ日
／
／
／
／
／

産業　金魚

ギョッ！
電話ボックスにも金魚！

大和郡山市は、江戸時代から金魚づくりで有名。1年間に約6000万匹が生産されているんだ。市では金魚を使った町おこしを進めているよ。

産業　三輪そうめん

桜井市はそうめんの産地。奈良時代に中国から作り方が伝わったらしいよ。ちなみにそうめんは機械で作った場合、直径1.3mm以下の麺を指すんだ。

おいしーい！
そっちは冷やむぎよ…
ズズズ

グルメ 柿の葉ずし

しみじみうまい
柿の葉はとってから！

奈良県南部の郷土料理の１つが柿の葉ずし。サバやサケのおすしをカキの葉でくるんでいるんだ。カキの葉にくるむことで長く保存できるようにしているよ。

カキの葉のさわやかなかおりが付き、おいしさも増すんだ。

方言クイズ

なんて言っているのか、考えてみよう！

① いけいけ

例）借りたお金、今日の昼ごはん代でいけいけにしてよ。

② ぼっこ

例）妹にそんなぼっこなこと言わないで。

③ おとろしい

例）おとろしい量の宿題だなあ。

➡ 正解は P201 へ

歴史 法隆寺

斑鳩町の法隆寺は 607 年ごろ、聖徳太子が造ったお寺。五重塔がある西側の部分は、世界で一番古い木造建築とされているよ。また、とても古い時代の仏像や仏教にまつわる工芸品なども多く収められているんだ。
1993 年には世界遺産に登録されたよ。太子もきっと大喜び？

1400年前に造ったぞ！

昔から何度も修理を行ってきたから、古いけれど保存状態はいいんだ。

産業 墨と筆

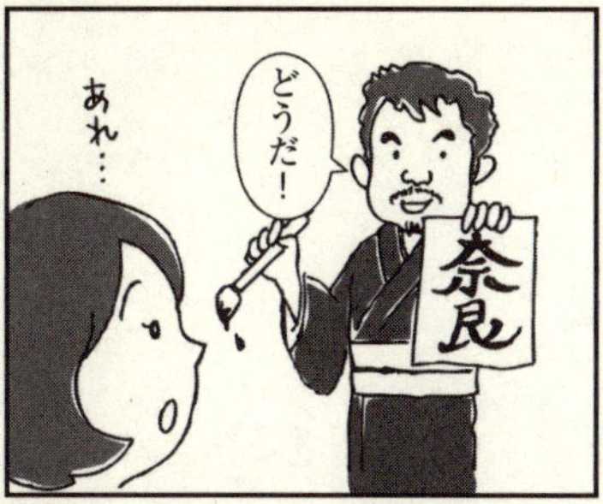
どうだ！
あれ…
奈良

書道に使う墨や筆は、奈良県の伝統工芸品。特に墨は全国生産分の９割以上が奈良県産。お寺や神社が多かったことが、生産が増えた理由なんだって。

産業 グローブ

奈良県北部は、野球のグローブをはじめとするスポーツ用品の生産がさかん。でも最近は、海外で作られたものに売り上げの面で押されているんだ。

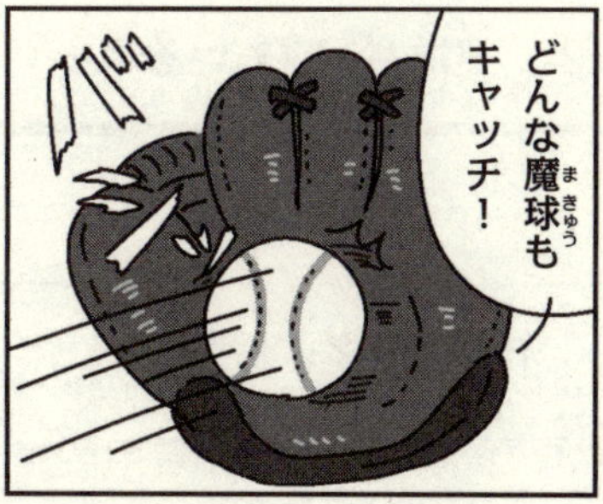
どんな魔球もキャッチ！

みんなの給食 in 奈良県

飛鳥汁はみそ汁に牛乳を加えた料理で、飛鳥時代によく食べられていたという説があるよ。茶飯は日本茶でごはんをたいた奈良県の郷土料理。

飛鳥汁。飛鳥時代に中国から伝わった牛乳は、当時はとても貴重品だったんだ。

茶飯。使うお茶はほうじ茶やせん茶が多く、見た目は茶色いんだ。

学んだ日
／
／
／
／
／

[P200方言クイズの答え] ①相殺 ②ひどい ③めんどうな

和歌山県

豊かな森に囲まれた地域で、林業や果物のさいばいがさかんだよ。実はパンダもいるよ！

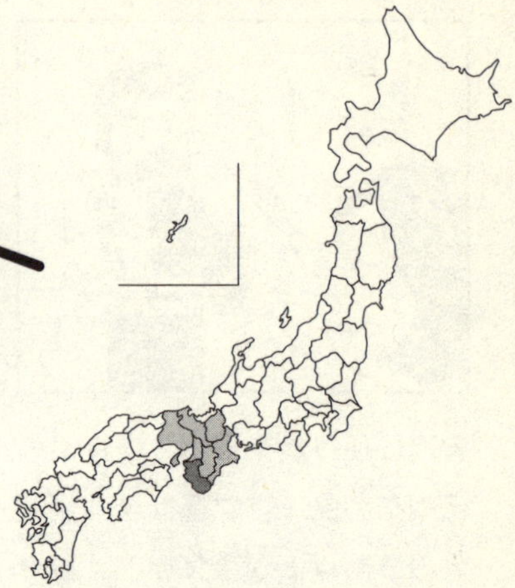

県庁所在地	和歌山市
面積	4725㎢（全国30位）
人口	96万3579人（全国40位）

県の花　ウメ　県の木　ウバメガシ

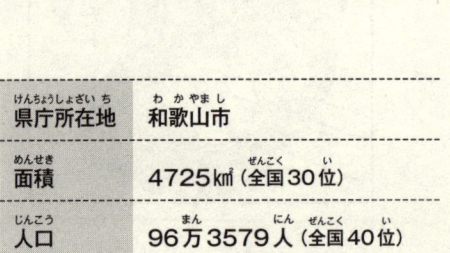

県の鳥　メジロ

年季入ってる！

古い街なみだね！
江戸時代みたい
湯浅町はしょうゆが生まれたところ。古い建物が多いのよ
今でもしょうゆを造っているのね
湯浅醤油
昔と同じ造り方を今も守っているの
古いものを大事にしているんだ！
しょ・う・ゆ・うことか！
そのだじゃれも古いわね…
湯浅醤油

和歌山県ってこんなところ

和歌山県は、蚊取り線香の生産量が日本一。原料となる除虫菊が日本で初めて生産されたのも和歌山だよ。

高野山は、空海というお坊さんがひらいた金剛峰寺があるよ。海外からの観光客も多いんだ。

ジャバラは北山村が原産のかんきつ類の1種。酸味が強く、ドリンクやジャム、ポン酢などに加工。

和歌山市
蚊取り線香
有田市
紀州漆器
高野山
湯浅町
ジャバラ
御坊市
田辺市
新宮市
白浜町
ウツボ
串本町

学んだ日

／

／

／

／

／

産業　有田みかん

和歌山県は、ミカンの生産量が日本一。江戸時代から日本有数の産地で、紀伊国屋文左衛門という商人が、あらしの日にミカンを江戸に運んで大もうけした話が広く知られているよ。
特に有田市や有田川町などで生産がさかんで、名前が付いた「有田みかん」は全国で有名なんだ。

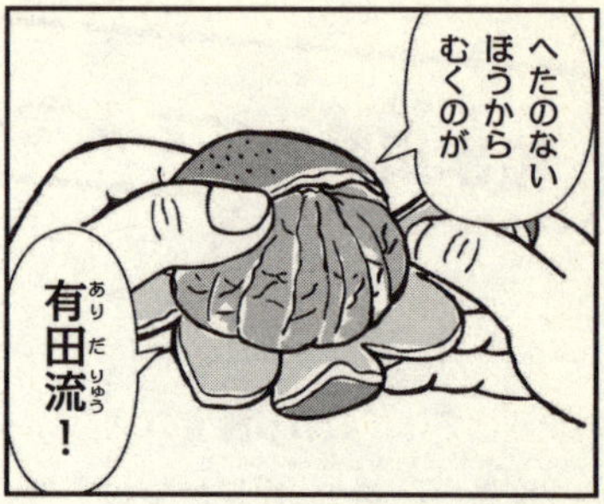
へたのないほうからむくのが
有田流!

図のようにすると早くむけるんだって。

産業　梅干し

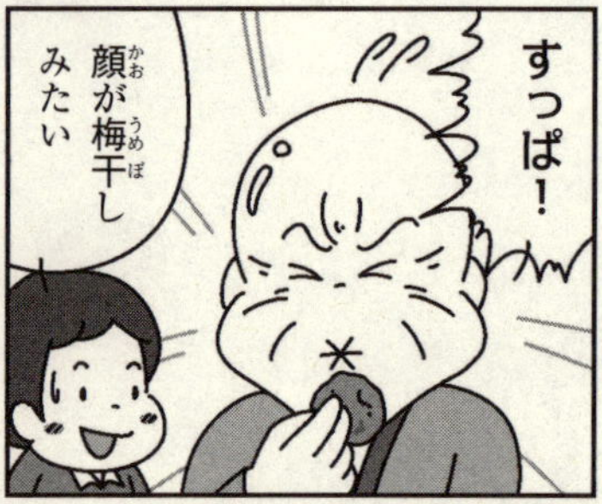
すっぱ!
顔が梅干しみたい

ウメの木を植えている面積が最も多いのが和歌山県。中でもみなべ町などで作られている南高梅を使った梅干しは、最高級品として知られているんだ。

梅干しは栄養満点だから、すっぱいけど食べるようにしよう！

歴史　熊野三山

田辺市、新宮市、那智勝浦町にある、熊野の名が付いた３つの神社を合わせて熊野三山と呼ぶよ。2004年には、参道である熊野古道と合わせて、世界遺産にもなったんだ。

か…階段が長かった…
さんざん歩いたわ

神社への階段は急で段数も多いので、気合いを入れて歩こう。

もっと知りたい！和歌山県

和歌山県出身の偉人

- ◆徳川吉宗（将軍）
- ◆松下幸之助（実業家）
- ◆陸奥宗光（政治家）

和歌山県出身の有名人

- ◆小久保裕紀（元野球選手）
- ◆坂本冬美（歌手）
- ◆田中理恵（体操選手）
- ◆筒香嘉智（野球選手）
- ◆天童よしみ（歌手）

ご当地グルメ

◆めはりずし

タカナという野菜の葉の塩づけでごはんを巻いたおにぎりの１種。酢じょうゆをつけて食べるんだ。熊野地方の郷土料理だよ。

◆和歌山ラーメン

ブタの骨を煮てつくった豚骨スープにしょうゆ味がとくちょう。県北部で食べられていて、さば寿司といっしょに食べるのが定番。

自然　那智滝

ゴー
さぶぶぶぶぶ！

那智勝浦町にある那智滝は、頂上から滝つぼまでの高さは約133m。修験道という、山にこもって修行する人たちのたんれんの場でもあったんだ。

産業　備長炭

備長炭は木から作る炭の一種で、火力が強いのがとくちょう。江戸時代に紀伊国（今の和歌山県）の商人、備中屋長左衛門という人が作り始めたんだ。

金属バットくらい硬いよ！
カキーン

学んだ日
／
／
／
／
／

産業　桐たんす

かくしたへそくりでパンパンね…

桐たんす作りは和歌山県の伝統工芸の１つ。和歌山城に雷が落ちて火事になった後、家具を自前で作り直したのが始まりだと言われているんだ。

紀伊山地の質の良い木材を使うのもとくちょうの１つ。

方言クイズ

なんて言っているのか、考えてみよう！

① だすい

例）絵の宿題、ずいぶんだすい仕上がりだね。

② つむ

例）ずいぶん道がつんでいるなあ。

③ やにこい

例）やにこいうつぼがとれたよ。

➡ 正解は P207 へ

観光　アドベンチャーワールド

白浜町にあるアドベンチャーワールドは、しき地の中に動物園や水族館、遊園地もある大きなテーマパーク。

ジャイアントパンダをたくさん育てていて、東京の上野動物園よりたくさんのパンダがいるんだ。

放し飼いにされたライオンなどの動物たちを見るサファリツアーもあるよ。

上野のパンダには負けないぞ！
ゴゴゴゴゴゴ

アドベンチャーワールドは、双子のパンダがよく生まれることでも有名。

観光 海底ポスト

お便りまってまーす
ゆう〒びん
POST

すさみ町の海底には郵便ポストが置かれているよ。1日あたり平均約10通が投かんされているんだ。ダイバーの人が毎日郵便物を取りに来るんだって。

産業 捕鯨

太地町は昔からクジラの漁がさかん。「くじらの町」として観光に生かしていて、さまざまな場所でクジラ料理が食べられるし、「くじらの博物館」もあるよ。

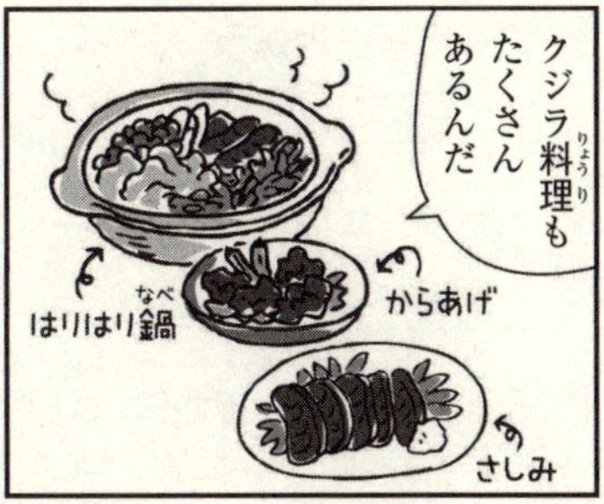
クジラ料理もたくさんあるんだ
はりはり鍋
からあげ
さしみ

みんなの給食 in 和歌山県

かきまぶりは具だくさんのちらしずし。名産の高野豆腐が入るんだ。また和歌山県は捕鯨でも有名だから、クジラを使ったメニューが出ることも。

かきまぶり。和歌山ではお祝いごとやおせち料理の定番なんだ。

クジラの竜田あげ。40年以上前は全国の給食でよく出たメニューだったらしいよ。

学んだ日
／
／
／
／
／

[P206方言クイズの答え] ①雑な ②混む ③ものすごい

コラム　日本一のラーメン好きは？

もともと中国から入ってきたラーメンは、今や日本人みんなが大好きなメニューだよね。１年間にラーメンに支出する金額をもとに、どの県庁所在地がラーメン好きかを調べてみたよ。

一番のラーメン好きは山形市。山形は「冷やしラーメン」を夏に食べたり、年間を通じてラーメンを好んで食べる人が多いことで知られているんだ。上位には新潟、岩手、福島、青森と北にある都道府県が入っているよ。確かに、寒い冬に食べる温かいラーメンは最高だよね。

ラーメンを多く食べる都市

1	山形市	2万7326円
2	新潟市	2万3243円
3	盛岡市	2万1811円
4	福島市	2万1239円
5	青森市	2万1058円

ラーメンを食べない都市

1	和歌山市	1万1680円
2	松山市	1万1914円
3	神戸市	1万2376円
4	大津市	1万2728円
5	那覇市	1万2757円

※金額は「中華そば（外食）」「中華めん」「カップめん」「即席めん」の支出金額の合計を編集部が集計

※県庁所在地の2014～2016年の1世帯（2人以上）あたりの平均値（総務省統計局「家計調査」）

5章（しょう）

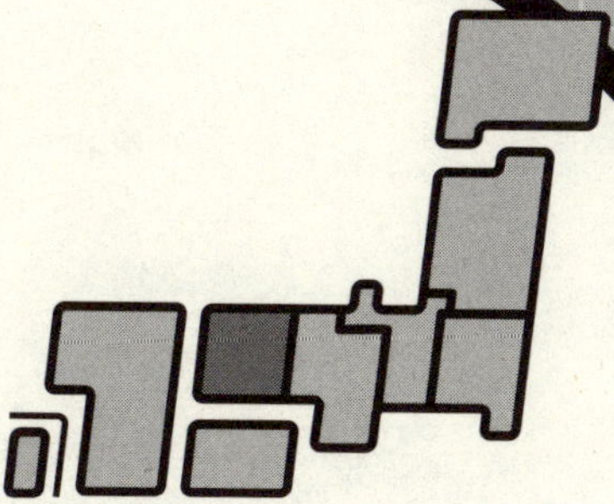

中国地方（ちゅうごくちほう）

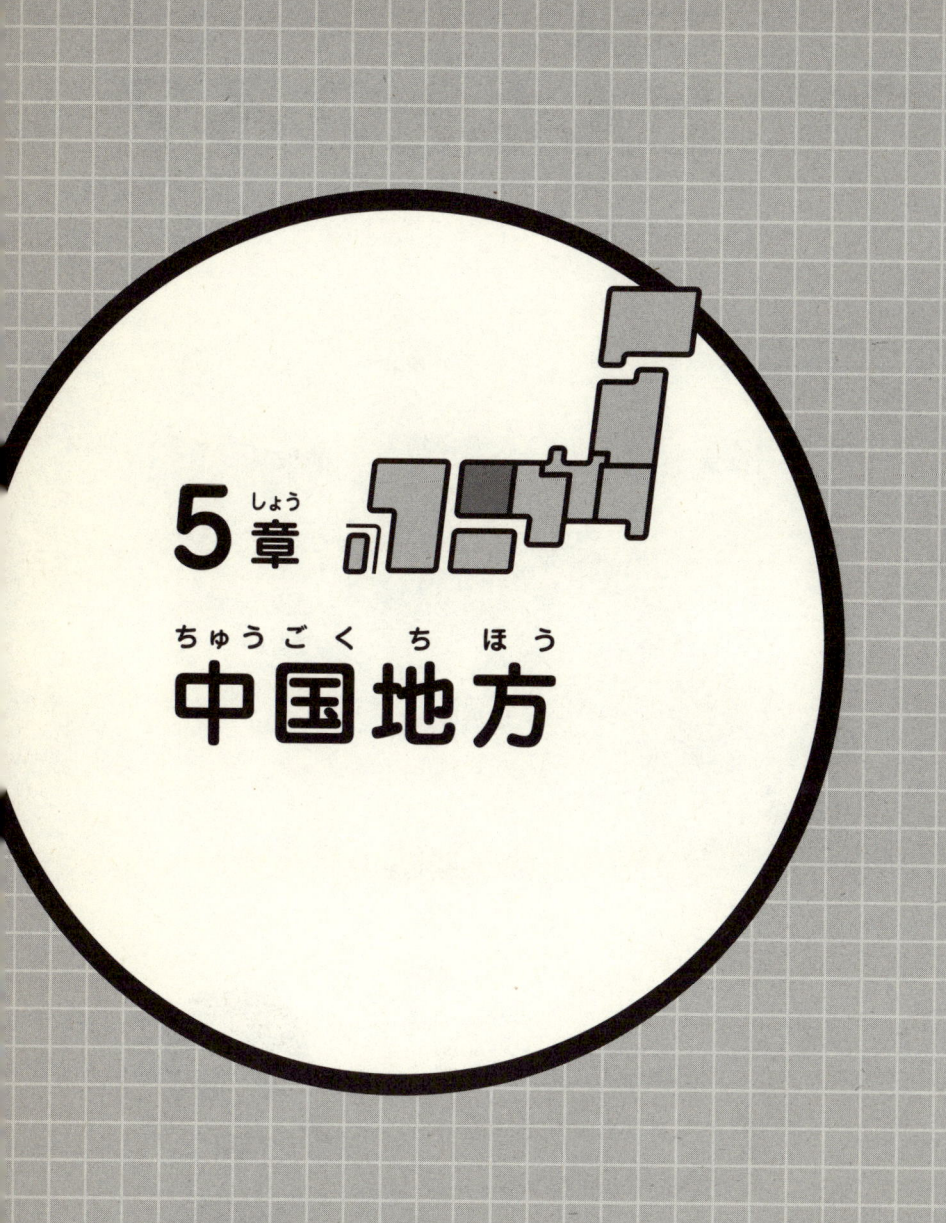

中国地方

ここは どんなところ？

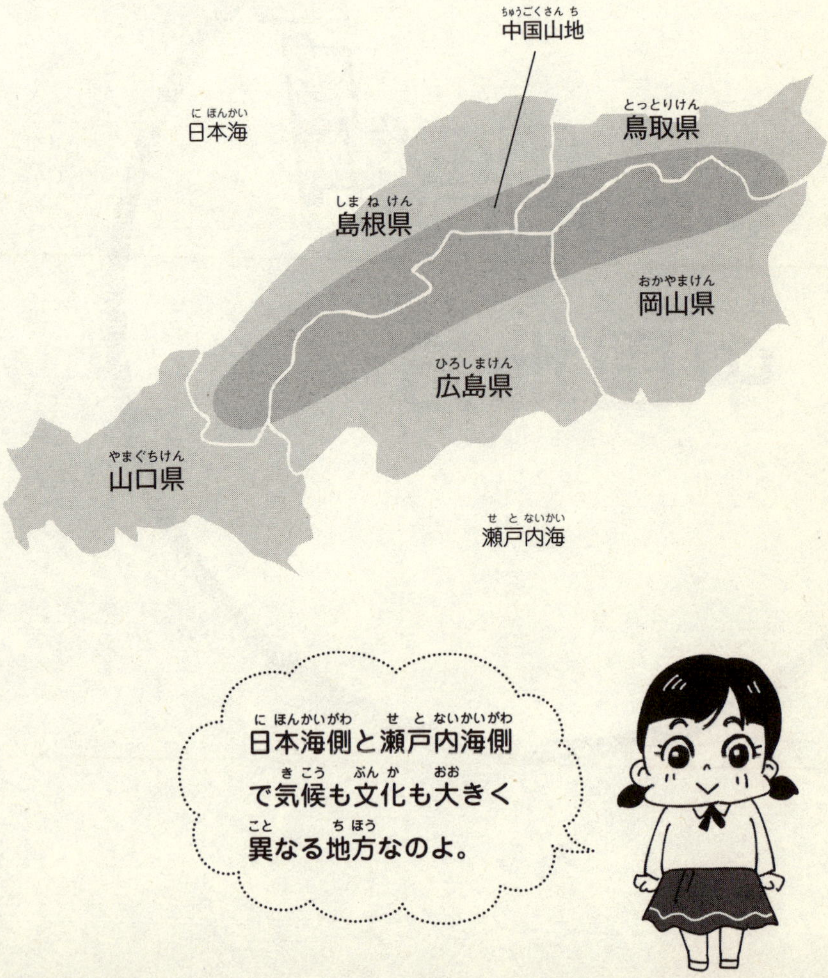
中国山地
日本海
鳥取県
島根県
岡山県
広島県
山口県
瀬戸内海
日本海側と瀬戸内海側で気候も文化も大きく異なる地方なのよ。

ポイント 1 山陽と山陰の２つの地域

中国地方は２つの地域に分けられるよ。瀬戸内海側は山陽と呼ばれ、年間を通じて温暖で雨が少なめ。日本海側は山陰と呼ばれ、北ではないけれど冬の寒さは厳しく、雪の量も多いんだ。

➡ 大山（P215）、晴れの国（P226）

ポイント 2 工業は瀬戸内海側でさかん

消費者が多い近畿地方に近く、海運が昔から発達して便が良かったため、瀬戸内海側で工業がさかん。岡山県の石油化学、広島県の自動車や造船、山口県のセメント生産などが有名だよ。

➡ デニム（P227）、マツダ（P232）、鉄道車両の製造（P240）

ポイント 3 地形・気候を生かした農業

中心を中国山地がつらぬいているため、大規模な農業は行われていないけど、岡山県の果物や、砂地を生かした鳥取県のラッキョウなど、地形·気候を生かした農業生産が行われているよ。

➡ ラッキョウ（P216）、マスカット（P227）

学んだ日

／

／

／

／

／

鳥取県

東西に長く、鳥取砂丘などの独特の地形が見られるよ。二十世紀梨の生産は日本一。

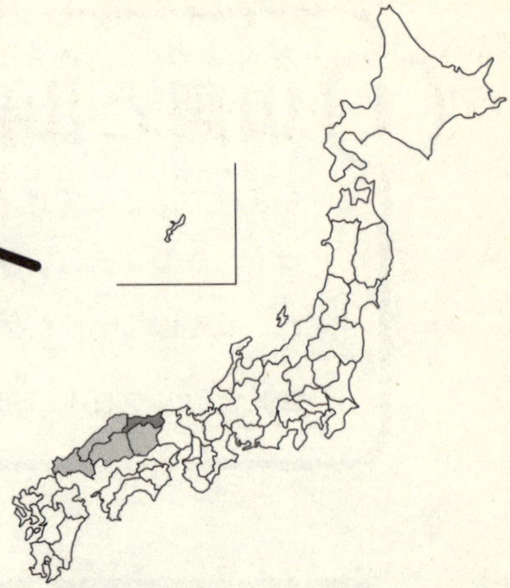

県庁所在地	鳥取市
面積	3507㎢（全国41位）
人口	57万3441人（全国47位）

県の花	二十世紀ナシ
県の木	ダイセンキャラボク
県の鳥	オシドリ

修行は厳しい！

がけにお堂が建っているわよ
投入堂というお寺よ
1
国宝だけど立ち入りはできないの
確かに危なそう…
2
投入堂は山で修行する人のお寺よ
ここにたどり着くことも修行なの
3
お兄ちゃんもゲームの修行ならするけど…
一言多いぞ！
4

鳥取県ってこんなところ

とうふとトビウオなどの魚のすり身をねって作ったとうふちくわは、ふつうのちくわよりやわらかくてヘルシー。

トビウオは「あご」とも呼ばれるよ。そのままでも食べるけれど、ちくわなどのねり物やだしの材料として人気。

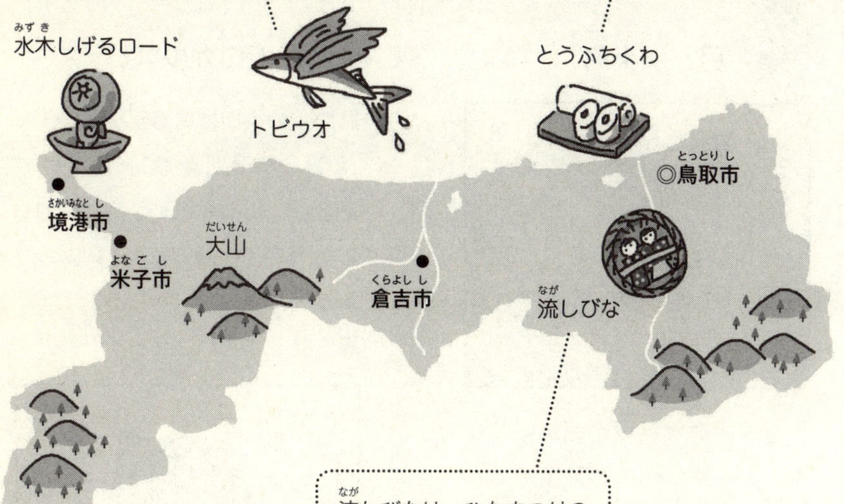
水木しげるロード
トビウオ
とうふちくわ
◎鳥取市
境港市
大山
米子市
倉吉市
流しびな

流しびなは、ひなまつりの元になったといわれる伝統行事。有名なのは用瀬町の「用瀬のひな送り」。

学んだ日

／

／

／

／

／

自然 鳥取砂丘

鳥取市の鳥取砂丘は、文字通りの砂だらけの土地。天然記念物にも指定されているよ。南から北まで約2.4km、東から西まで約16kmもあるんだ。さばくに似た風景であることにちなんで、観光用にラクダも飼われているんだ。ちなみに、歩くと砂まみれになるから服装やくつには注意！

ピラミッドが見える！
ここは鳥取です！

まるでエジプトに来た気分？

自然 弓ヶ浜半島

こうすると矢みたい！
ザザ

弓ヶ浜半島は鳥取県西部に広がる、長さ約17kmの砂でできた半島。日本海と、湖である中海をへだてているんだ。境港市は半島の西の先にあるよ。

近くには皆生温泉があり、観光客でにぎわっているよ。

その他 人口が少ない

鳥取県の人口は約56万3000人（2016年3月時点）。となりの島根県（68万4000人、2016年3月時点）と人口の少なさで争っているよ。でも、ゆったり暮らせそうでいい？

鳥取のかた、いますかー？
島根には言われたくないわ！

鳥取県は、面積が7番目に小さい都道府県でもあるんだ。

\もっと知りたい！鳥取県/

鳥取県出身の偉人

- 岡本喜八（映画監督）
- 尾崎放哉（俳人）

鳥取県出身の有名人

- 青山剛昌（マンガ家）
- イモトアヤコ（タレント）
- 桜庭一樹（小説家）
- 水木しげる（マンガ家）
- 宮川大助（タレント）
- 蓮佛美沙子（女優）

ご当地グルメ

- あごちくわ

トビウオをよく食べる鳥取県。トビウオのすり身だけで作ったのがあごちくわ。固めの歯ざわりがとくちょう。

- 小豆仕立ての雑煮

鳥取県の海沿いの街の雑煮は、小豆とそれを煮た汁にもちが入っているよ。ぜんざいやしるこにそっくりなんだ。

自然　大山

おおやまに登るぞ！
だいせんだぞ

大山は、伯耆富士とも呼ばれる高さ1729mの山。雪の量も多いんだ。鳥取県を代表する登山スポットで、水がおいしいことでも有名だよ。

産業　二十世紀梨

二十世紀梨は1888年に千葉県で発見されたナシの品種なんだ。今では鳥取県の特産品になっているよ。水分が多くてジューシーな味なんだ。

21世紀だけど20世紀！

学んだ日
／
／
／
／
／

産業　ベニズワイガニ

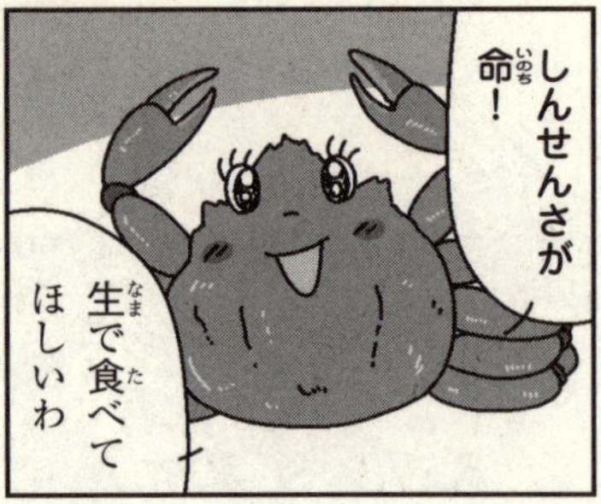
しんせんさが命！
生で食べてほしいわ

境港市の漁港は、ベニズワイガニの水あげ量が全国一。普通のカニはゆでてから赤い色になるんだけど、ベニズワイガニはゆでる前から赤い色なんだよ。

ベニズワイガニのからは薬や健康食品に使われるんだ。

方言クイズ

なんて言っているのか、考えてみよう！

① しゃーまこく

例）人の家のことにしゃーまこくな。

② やおい

例）この干しイカ、ずいぶんやおいね。

③ もえる

例）最近、宿題の量がどんどんもえていく。

➡ 正解は P217 へ

産業　ラッキョウ

鳥取県はラッキョウの生産で有名だよ。生命力が強くて砂の多い土地でも育つから、鳥取砂丘の近くで生産されているんだ。

火を通さないで食べるほうが栄養があっておすすめなんだって。甘酢づけのラッキョウを、カレーといっしょにどんどん食べよう。

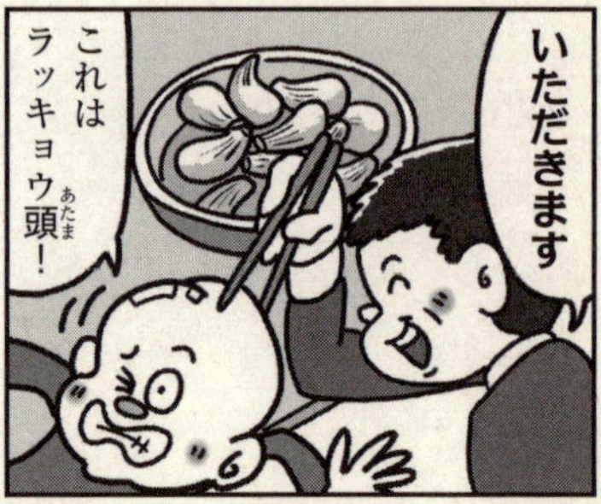
いただきます
これはラッキョウ頭！

鳥取県では、甘酢づけ以外のいろいろな味のラッキョウづけが売っているよ。

観光　水木しげるロード

鬼太郎のゲタのコスプレだよ

『ゲゲゲの鬼太郎』の作者、水木しげるが生まれたのは境港市。「水木しげるロード」をつくり、妖怪のオブジェを置いたりイベントを開いたりしているよ。

観光　はわい温泉

湯梨浜町にあるはわい温泉。名前がアメリカのハワイと同じだから、「日本のハワイ」としてアピールしているよ。「はわい音頭」もあるんだ。

日本のハワイはわいよ!
はわい温泉
梨の花温泉郷
湯梨浜町

みんなの給食 in 鳥取県

スタミナ納豆はひき肉や薬味と納豆を混ぜた、給食でトップの人気メニューだよ。どんどろけめしは、いためたとうふを入れたたきこみごはん。

スタミナ納豆。納豆ぎらいの子どもたちのために生み出されたメニューだよ。

どんどろけめし。どんどろけとは鳥取県中部の方言で雷のことなんだ。

中国地方
鳥取県

学んだ日
／
／
／
／
／

島根県

歴史のある出雲大社や世界遺産の石見銀山などが有名。鳥取県とまちがえないでね！

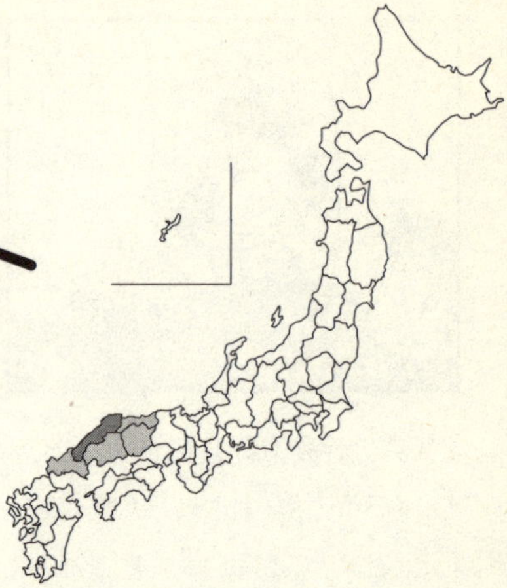

県庁所在地	松江市
面積	6708㎢（全国19位）
人口	69万4352人（全国46位）

県の花　ボタン　県の木　クロマツ

県の鳥　ハクチョウ

そして伝説へ…

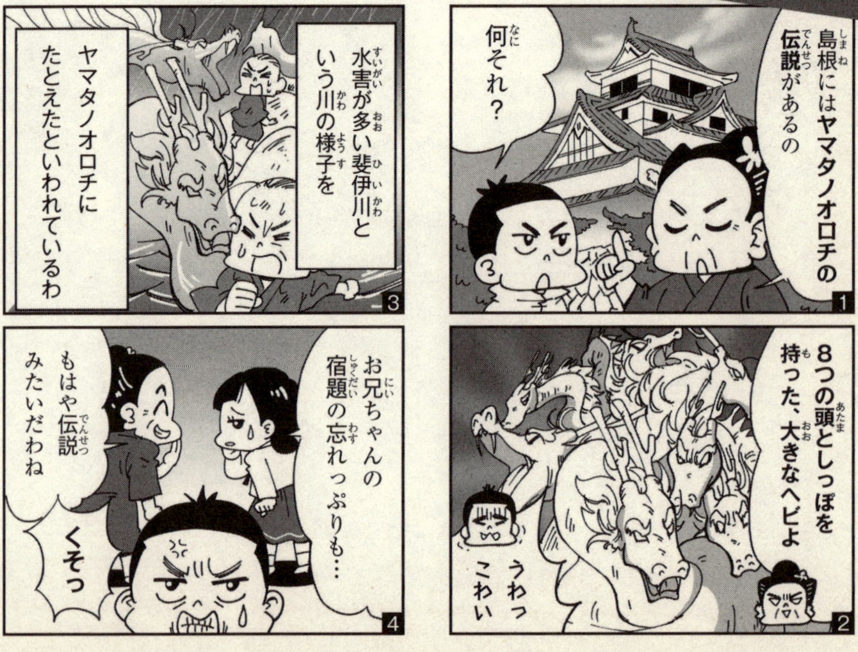
島根にはヤマタノオロチの伝説があるの
何それ？
1
8つの頭としっぽを持った、大きなヘビよ
うわっこわい
2
水害が多い斐伊川という川の様子を
ヤマタノオロチにたとえたといわれているわ
3
お兄ちゃんの宿題の忘れっぷりも…
もはや伝説みたいだわね
くそっ
4

島根県ってこんなところ

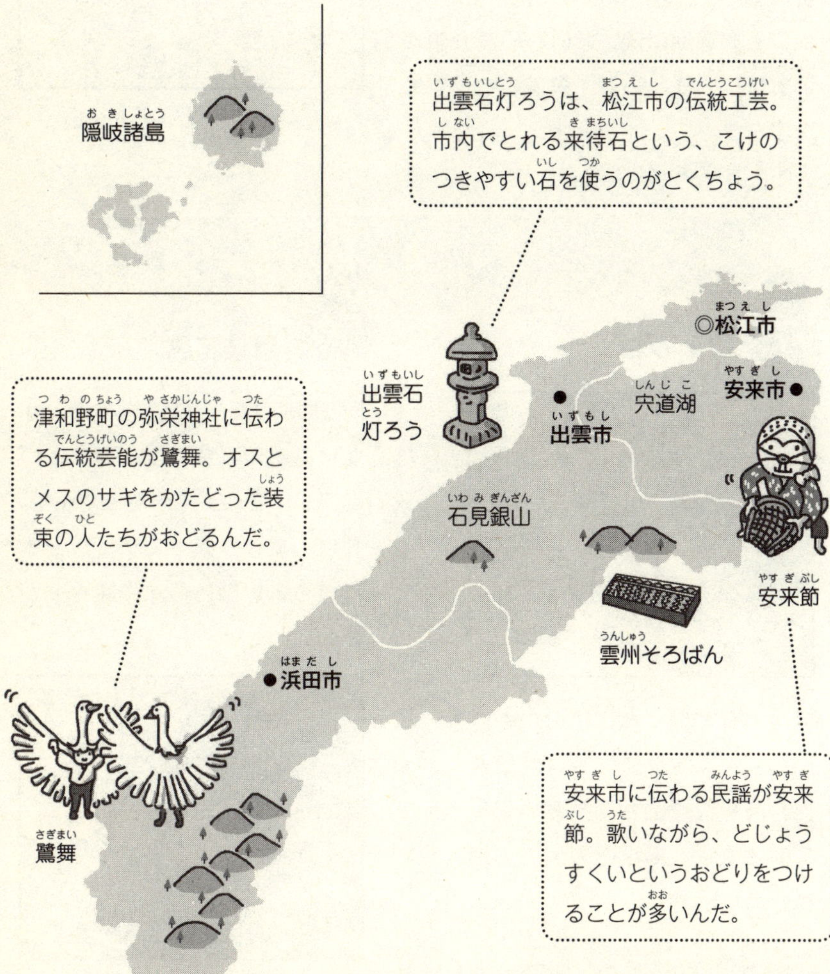
隠岐諸島
◎松江市
出雲石灯ろう
出雲市
宍道湖
安来市
石見銀山
安来節
雲州そろばん
浜田市
鷺舞

出雲石灯ろうは、松江市の伝統工芸。市内でとれる来待石という、こけのつきやすい石を使うのがとくちょう。

津和野町の弥栄神社に伝わる伝統芸能が鷺舞。オスとメスのサギをかたどった装束の人たちがおどるんだ。

安来市に伝わる民謡が安来節。歌いながら、どじょうすくいというおどりをつけることが多いんだ。

学んだ日
／
／
／
／
／

自然　宍道湖

松江市と出雲市にまたがる宍道湖は、ヤマトシジミで有名。シジミには２種類あって、ヤマトシジミは黒いんだけど、砂地に近いところにいるマシジミは黄土色に近い色になるんだって。

他にも宍道湖には、おいしい魚介類がいっぱい。まとめて「宍道湖七珍」と呼ぶんだ。

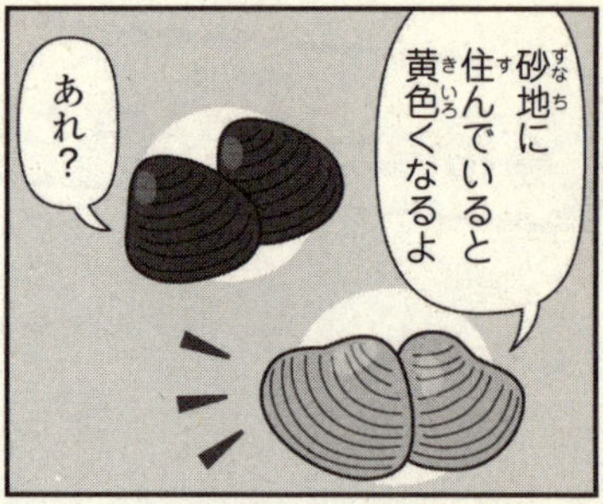

砂地に住んでいると黄色くなるよ
あれ？

どちらのシジミもおいしいんだよ。

産業　ノドグロ

腹黒ではないからね！

アカムツという魚は口の中が黒いので、ノドグロと呼ばれるんだ。高級な魚として、おいしくて有名だよ。島根県の浜田漁港は一大産地なんだ。

口の中の黒い部分はうすいまくで、洗えばすぐ取れるんだ。

自然　隠岐諸島

隠岐諸島は島根半島から約50km北にあるよ。昔は位の高い人が島流しにされる土地だったんだ。独自の文化が残っていて、日本で最も古い闘牛の「牛突き」が有名だよ。

都から流されたんだ…
いじいじ

本州から遠くはなれているから島流しの土地として使われたんだ。

もっと知りたい！島根県

島根県出身の偉人

- ◆河井寛次郎（陶芸家）
- ◆西周（教育者）
- ◆森鷗外（小説家）

島根県出身の有名人

- ◆アニマル浜口（元レスラー）
- ◆安野光雅（画家）
- ◆竹内まりや（歌手）
- ◆錦織圭（テニス選手）
- ◆森英恵（デザイナー）

ご当地グルメ

◆**松江の和がし**

松江市は江戸時代に茶の湯が広まり、そのおかげでおかし作りが発展したよ。京都、金沢とならぶ、和がし作りがさかんな地域なんだ。

◆**ぼてぼて茶**

泡立てた番茶の中に、ごはんや黒豆、かんぴょうなどの具を入れた料理。はしを使わず、茶と具をいっしょに飲むんだよ。

歴史　石見銀山

ぼくの銀歯も石見のもの？
多分ちがう…

大田市にある石見銀山は日本最大の銀山だったんだ。戦国時代には、ここでほり出した銀が世界中に輸出されたんだ。2007年には世界遺産にもなったよ。

産業　そろばん

奥出雲町などで生産されているそろばんは雲州そろばんと呼ばれ、島根県の伝統工芸。カシの木で枠を作るから丈夫で、玉をはじくといい音がするんだよ。

今月も家計が苦しいわ…
高級チョコ

学んだ日
／
／
／
／
／

グルメ 出雲そば

つゆをかけて食べるのさ

島根県の郷土料理である出雲そば。そばの実の皮ごと粉にしたものを使うから、そばの色が黒っぽくてかおりが強いんだ。だし汁をかけて食べるよ。

3段になった器にそばをもりつけることが多いんだ。

方言クイズ

なんて言っているのか、考えてみよう！

① だんだん

例）助けてくれて、だんだん。

② はいごん

例）子どもたちがはいごんしちょるわ。

③ たばこする

例）3時になったからたばこするよ。

➡ 正解はP223へ

歴史 出雲大社

出雲市にある出雲大社は、正しくは「いずもたいしゃ」ではなく「いずもおおやしろ」と読むんだ。
大社には毎年10月に日本全国の神様が集まり、人びとの縁について話し合うと言われているよ。だから大社は縁結びの神様として、多くの人びとがお参りに来るんだ。

どうか金持ちイケメンと！
難しい願いだな…

神楽殿には、大きなしめなわがかかっているよ。重さは4.5トンもあるんだ。

交通 サンライズ出雲

出雲市
いずもし IZUMOSI
出雲市ー
降りたくなーい…

東京駅から出雲市駅までを約12時間で結ぶ、寝台特急のサンライズ出雲。ゆったり鉄道旅行を楽しみたい人に人気なんだ。シャワー室もあるんだよ。

歴史 雷電為右エ門

雷電為右エ門は江戸時代の相撲取り。今の島根県にあった松江藩の武士として相撲を取り、勝率は9割6分。史上最強の相撲取りと言われているよ。

勝率96%だぞ!
雷電

みんなの給食 in 島根県

島根県の給食では、宍道湖の魚介類を使った料理が出るよ。シジミのみそ汁や、アマサギ（ワカサギ）を用いたメニューなどが代表的なんだ。

シジミ汁。みそ味としょうゆ味の両方があるんだ。貝だから砂ぬきが大切。

アマサギの南蛮づけ。あげたものをたれにつけこむんだ。小骨も食べられちゃう！

学んだ日
／
／
／
／
／

[P222方言クイズの答え] ①ありがとう ②さわぐ ③休む

岡山県

雨の少ない穏やかな気候を生かして、果物を多く生産。桃太郎伝説が生まれた神社もあるよ。

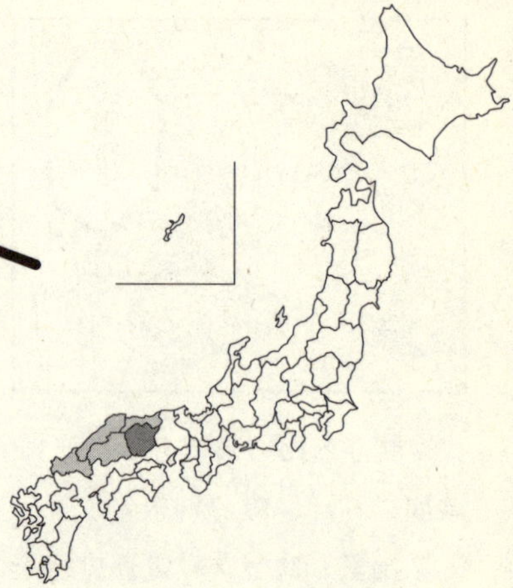

県庁所在地	岡山市
面積	7115㎢（全国17位）
人口	192万1525人（全国20位）

県の花　モモ　県の木　アカマツ

県の鳥　キジ

時間旅行したい！

ここが倉敷市の美観地区よ
古い建物がいっぱいね
ギリシャの神殿そっくり！
あれは大原美術館よ
まるで昔にタイムスリップ
したみたいね！
ウホ ウホ
勉強のない時代にタイムスリップだ！
お兄ちゃん！

岡山県ってこんなところ

真庭市の蒜山高原は、ジャージー種という乳牛をたくさん育てているよ。ふつうの牛乳よりこい味がとくちょう。

備前市などで作られている焼き物が備前焼。うわぐすりを使わないため、火に焼けて赤みが強くなっているんだ。

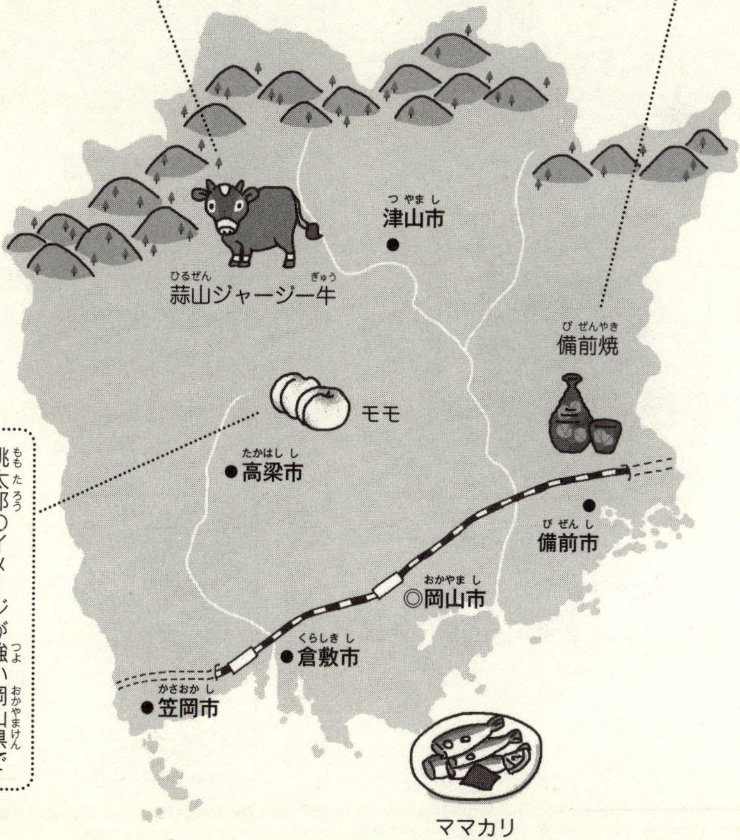
津山市
蒜山ジャージー牛
備前焼
モモ
高梁市
備前市
◎岡山市
倉敷市
笠岡市
ママカリ

桃太郎のイメージが強い岡山県では、モモの生産もさかん。最近はアジアなど海外でも人気なんだ。

学んだ日
／
／
／
／
／

歴史 桃太郎

モモから生まれた桃太郎。イヌ、サル、キジにきびだんごをあげる話や鬼ヶ島での鬼退治はみんなも知っているよね。岡山市には、モデルとなったとされる吉備津彦命をまつった吉備津神社があるんだ。岡山駅には桃太郎の大きな像もあって、待ち合わせ場所として人気だよ。

ザクッ
ちょ！
ぼくまで
切らないで！

桃太郎が入っていたモモも岡山県産？

自然 カブトガニ

先祖から数えて
3000万代目さ

笠岡市はカブトガニの繁殖地で、天然記念物になっているよ。カブトガニは２億年近く前の時代から姿が変わっていない、生きた化石なんだ。

> カニと名が付いているけれど、クモやサソリに近い種類なんだ。

自然 晴れの国

岡山県は晴れの日が多いので、1989年から自分たちのことを「晴れの国おかやま」と呼んでいるよ。県の発表によると、降水量１mm未満の日の多さは全国第１位なんだって。

晴ればかりで
ぼくの出番が
ない…

瀬戸内海をはさんで向かい側にある香川県も晴れの日が多いんだよ。

もっと知りたい！岡山県

岡山県出身の偉人

- 大原孫三郎（実業家）
- 吉備真備（貴族）
- 雪舟（画家）

岡山県出身の有名人

- 稲葉浩志（歌手）
- オダギリジョー（俳優）
- 岸本斉史（マンガ家）
- 高橋大輔（フィギュアスケーター）
- ブルゾンちえみ（タレント）

ご当地グルメ

◆デミグラスソースカツ丼

岡山市のカツ丼はデミグラスソースがかかっていて、デミカツ丼と呼ばれているよ。トッピングのグリーンピースがきれいなんだ。

◆カキ入りお好み焼き

備前市の日生地区はカキの養殖がさかん。ここのお好み焼きはカキオコと呼ばれ、とてもたくさんのカキが入ることで知られているよ。

産業　マスカット

まあ！
スカッとした
あまさ！

岡山県は温暖な気候なので、果物の生産もさかん。特にマスカットは全国シェアでトップ。ほかにもピオーネなどの高級ブドウの生産量も多いんだ。

産業　デニム

倉敷市の児島地区は、みんながジーンズなどではいているデニム生地の生産で有名。駅の自動改札機も、ジーンズのポケットのデザインになっているよ。

駅の自動改札も
デニム！

中国地方　岡山県

学んだ日
／
／
／
／
／

グルメ　ママカリ

ママを借りる？
「ママ」はごはんのことよ

岡山県ではママカリという魚をよく食べるよ。本当はサッパという名前だけど「おいしくてママ（ごはん）を借りたくなる」からママカリと呼ばれるんだ。

甘酢づけにするのが定番だけど、さしみやすしにも使われるよ。

方言クイズ

なんて言っているのか、考えてみよう！

①ぼっけえ

例）今日はぼっけえ寒いなあ。

②おえん

例）そんなことしちゃ、おえんよ。

③うったて

例）何事もうったてが大事だよ。

➡正解はP229へ

産業　学生服

学生服の生産が日本で一番多いのが倉敷市の児島地区。もともと綿を使ったせんい工業がさかんな地域だったんだ。大正時代に学生服作りが始まり、今では国内生産分の７割以上が作られているよ。みんなも児島地区で作られた学生服を着るかもしれないね。もしくはもう着ているかな？

もう90年も着ているよ！

男子のつめえりも女子のセーラー服も、海軍の服がもとになっているんだ。

グルメ

きびだんご

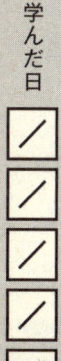

日本一
だんごで鬼退治って
ギャラ安いよね？

きびだんごは岡山県のおかし。もっちもちの歯ざわりでおいしいんだ。今では「桃太郎のきびだんご」として売り出して、観光客に大人気だよ。

歴史

備中松山城

高梁市にある備中松山城は、高さ430mの山の頂上にあるお城。運が良ければ、雲の中にうかぶ、天空のお城のような姿を見ることができるんだ。

雲の中に
お城が！

みんなの給食 in 岡山県

岡山ばらずしは、江戸時代からの郷土料理。野菜や魚がたくさん入ったちらしずしだよ。瀬戸内海でとれるアナゴを使った料理も出たりするよ。

岡山ばらずし。ばらずしは他の地域にもあるけど、岡山のものが具が多くて有名。

アナゴめし。アナゴをあまめのたれで焼いていて、ごはんと合うよ。

学んだ日
／
／
／
／
／

[P228方言クイズの答え] ①とても ②いけない ③始め・最初

広島県

平和の大切さを訴える都市・広島。瀬戸内工業地域の中心で自動車や船の生産もさかんだよ。

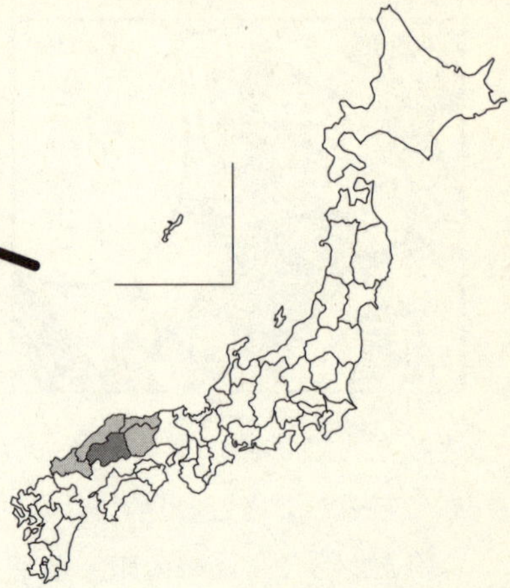

県庁所在地	広島市
面積	8479㎢（全国11位）
人口	284万3990人（全国12位）

県の花　モミジ　県の木　モミジ

県の鳥　アビ

ワニワニパニック！

広島県の山間部はワニを食べるの
ワニ？
海外のものかしら？
ワニと言っても実はサメのこと
ワニ！
サメはくさりにくいから、山間部で重宝されたのよ
なかなかおいしいでしょ？
へえ、本当だ！
サメだけにサメてもおいしいね
シャークにさわるギャグね…

広島県ってこんなところ

尾道市は、多くの映画や文学作品に登場したことで知られているんだ。多くの観光客が訪れるよ。

お好み焼きが大好きな広島県で一番支持されているソースがオタフクソース。あまめの味がとくちょう。

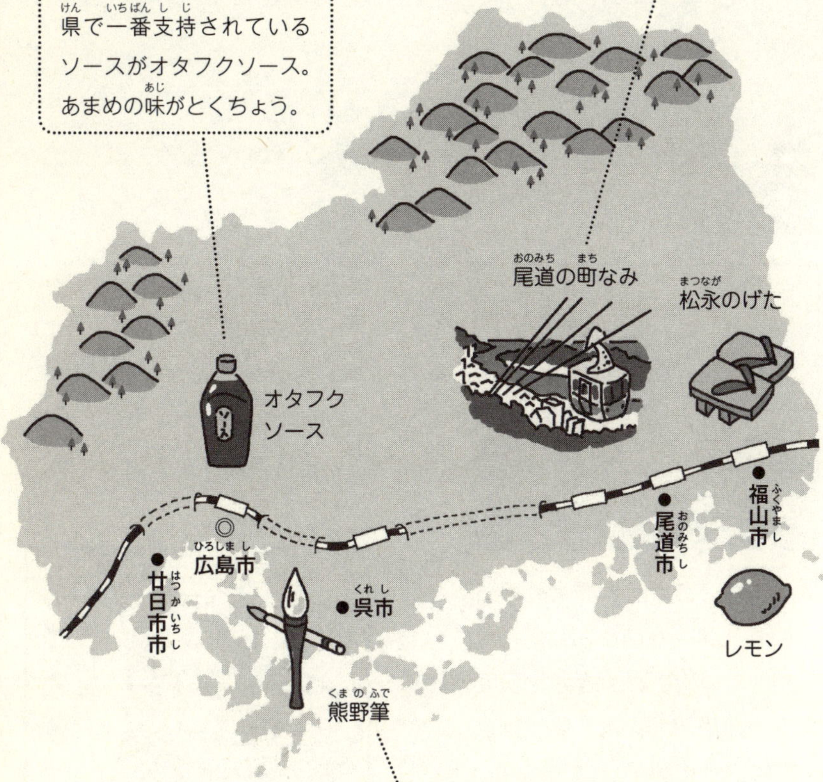
尾道の町なみ
松永のげた
オタフクソース
福山市
尾道市
広島市
廿日市市
呉市
レモン
熊野筆

熊野町は筆の一大産地。書道用のほか、絵画用の絵筆やメイクするときのけしょう筆もたくさん作っているよ。

学んだ日
／
／
／
／
／

観光 広島東洋カープ

広島東洋カープは、1950年にできたプロ野球チーム。広島県民の間で大人気で、広島市での試合の時には、カープファンで球場がうめつくされるよ。「東洋」は広島県の自動車メーカー、マツダの前の社名である東洋工業のこと。「カープ」とは魚のコイのことだよ。コイのような赤がチームカラーなんだ。

球場が真っ赤だ！
Carp
カープファンは熱心なことで有名だよ。

歴史 原爆ドーム

広島市は、第2次世界大戦のときに原子爆弾が落とされた街なんだ。その災害の大きさを伝える建物が原爆ドーム。周りは広島平和記念公園になっているよ。

原爆が投下された8月6日には毎年、平和記念式典を行うんだ。

産業 マツダ

府中町に本社を置く自動車メーカーがマツダ。ロータリーエンジンというエンジンの開発や、スポーツカーで有名だよ。日本での生産拠点は中国地方に集中しているんだ。

マツダの車でカープの応援に行くぞ！
キュイイイイイン
広島東洋カープやＪリーグのサンフレッチェ広島のスポンサーでもあるよ。

もっと知りたい！広島県

広島県出身の偉人

- ◆井伏鱒二（小説家）
- ◆平山郁夫（画家）
- ◆毛利元就（大名）

広島県出身の有名人

- ◆綾瀬はるか（女優）
- ◆奥田民生（歌手）
- ◆吉川晃司（歌手）
- ◆Perfume（歌手）
- ◆矢沢永吉（歌手）

ご当地グルメ

◆広島菜づけ

ヒロシマナという野菜の葉や茎を塩づけにしたもの。広島県ではごはんのおかずやお茶うけとして広く食べられているよ。

◆汁なしタンタン麺

広島市内では最近、汁なしタンタン麺の店が増えているよ。汁のあるタンタン麺より、本場である中国の味に近いんだって。

グルメ　お好み焼き

お好み焼きよ！
ジュー
広島焼きじゃないの！

広島県のお好み焼きは具を生地に混ぜず、重ねて焼くのがとくちょうだよ。他の地域では「広島焼き」と呼ぶけれど、地元の人は「お好み焼き」と言うよ。

グルメ　呉のメロンパン

呉市のメロンパンは、他の地域のものとちがい、ラグビーボールみたいな形。中にはカスタードクリームが入っているよ。知らないで食べるとびっくり？

カスタード入りよ
ぼくらとちがうね

中国地方
広島県

学んだ日
／
／
／
／
／

観光 ゲタリンピック

たまげたでしょ!
スゲ〜っ!

福山市はげたの生産量が日本一。ゲタリンピックという、げたを用いたスポーツ大会も毎年開いているよ。重さ1.3トンの大型げたを引っ張る競技で有名なんだ。

福山市のげたは松永下駄といい、明治時代から作られているんだ。

方言クイズ

なんて言っているのか、考えてみよう!

① みてる

例)もらったおこづかい、もうみててしまった。

② はぶてる

例)注意すると、すぐはぶてるんだから。

③ みやすい

例)今日の宿題は昨日のよりみやすいね。

➡ 正解は P235 へ

歴史 厳島神社

廿日市市の宮島にある厳島神社は「安芸の宮島」と呼ばれ、美しい風景で有名。潮が満ちると、まるで海にうかんでいるように見えるよ。

神社は7世紀ごろに造られたけれど、1168年に平清盛がはなやかで美しい建物に変えたんだ。1996年には世界遺産に選ばれたよ。

ここもカープの赤!
もっと前からよ

厳島神社が今の形になったのは12世紀のこと。カープができる前だよ!

産業 宮島のカキ

広島のカキには
広島のレモンが合う

広島県はカキの生産量が日本一。広島湾の豊富なプランクトンがいいカキを育てるんだって。特に厳島神社がある宮島にはカキが食べられるお店がたくさん。

グルメ もみじまんじゅう

広島県を代表するおかしがもみじまんじゅう。宮島の特産で、観光客のみやげとして人気が高いんだ。あんのほかにもチーズ、チョコなどいろいろな味があるよ。

どっちがつぶあんでどっちがチーズ味だっけな

みんなの給食 in 広島県

もぶりごはんの「もぶり」とは混ぜるという意味。野菜や魚介類の混ぜごはんなんだ。おはっすんは野菜や肉をあまからく煮たもの。

もぶりごはん。あまく煮た豆を混ぜる地域もあるんだって。

おはっすん。八寸（24cm）の大きさの器にもりつけるからこの名前になったんだ。

中国地方 広島県

学んだ日 ／ ／ ／ ／ ／

[P234方言クイズの答え] ①なくなる・詰まる ②すねる・ふてくされる ③簡単だ

山口県

本州の一番西にあり、漁業や工業がさかん。有名な政治家をたくさん出している地域なんだ。

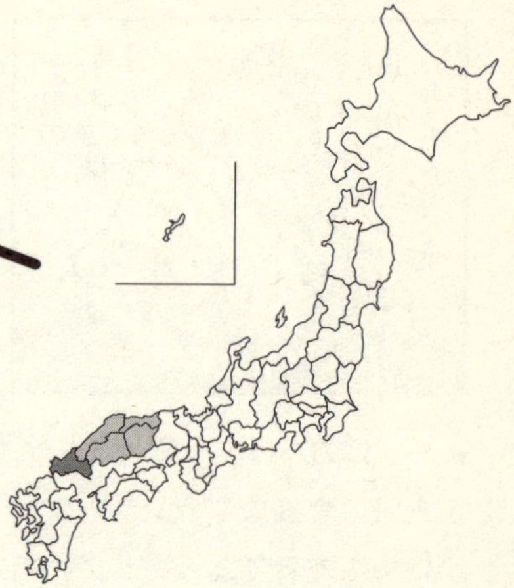

県庁所在地	山口市
面積	6112㎢（全国23位）
人口	140万4729人（全国27位）

県の花　ナツミカン　県の木　アカマツ
県の鳥　ナベヅル

ナツミカン推し！

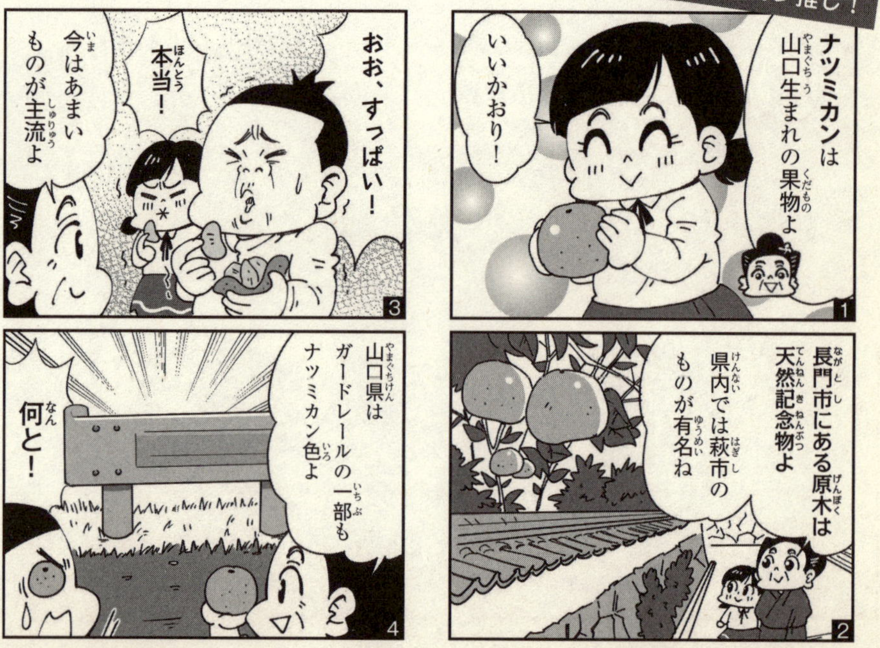
ナツミカンは山口生まれの果物よ
いいかおり！
長門市にある原木は天然記念物よ
県内では萩市のものが有名ね
おお、すっぱい！
本当！
今はあまいものが主流よ
山口県はガードレールの一部もナツミカン色よ
何と！

山口県ってこんなところ

通常のレンコンの穴の数は8つだけど、岩国市で作られている岩国レンコンは9つあると言われているよ。

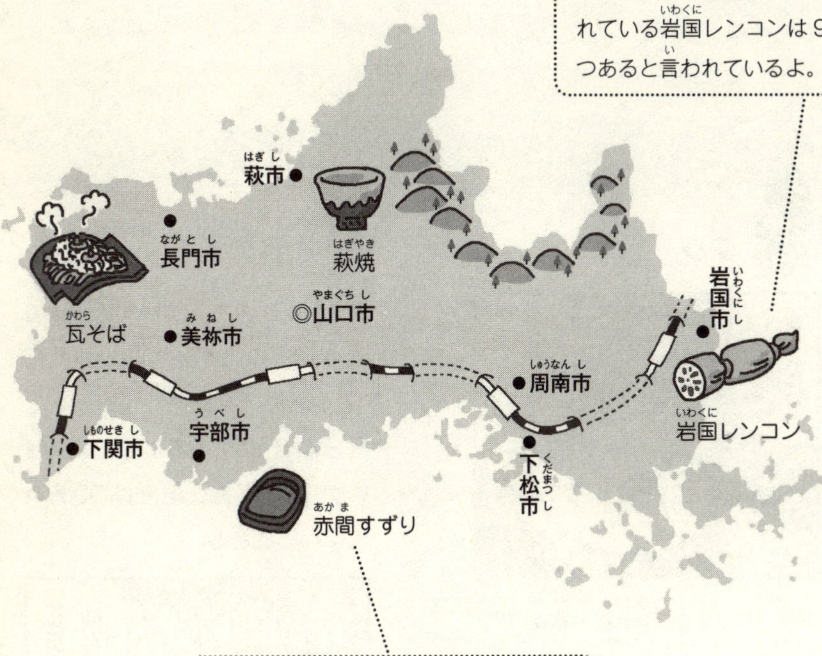
萩市
長門市
萩焼
山口市
瓦そば
美祢市
岩国市
周南市
岩国レンコン
下関市
宇部市
下松市
赤間すずり

下関市の伝統工芸である赤間すずりは、すずりの中でも高級品。地元でとれる赤間石という石を使って作るんだ。

学んだ日

／

／

／

／

／

自然 秋吉台

美祢市にある秋吉台は、石灰岩がけずられてできた大地が54㎢にもわたって広がっているよ。草の間からところどころ岩が見えて、ふしぎな風景なんだ。秋吉台のような地形をカルスト台地と呼ぶよ。

地下には、秋芳洞をはじめとするたくさんの洞くつがあるんだ。

この岩は昔
サンゴだったんだ

さまざまな化石も見つかっているよ。

産業 フグ

怒って
むくれてるよ
プワー
いつもと
同じでは？

下関市はフグで有名。初めてフグ料理を出すことを許された店は下関にあり、フグ料理の多くも生み出されたんだ。毒を気にせず安心して食べられるよ。

フグが体をふくらますのは敵をいかくするためなんだ。

自然 秋芳洞

秋吉台の地下100～200mの地点にあるのが秋芳洞。鍾乳洞（石灰岩でできた洞くつ）としては日本最大の規模なんだ。内部の気温は17度、湿度は90％以上になることも。

湿度95％だから
はだにいいわ！

「しゅうほうどう」と読む人も多いけれど、本当はまちがいなんだって。

もっと知りたい！山口県

山口県出身の偉人

- 伊藤博文（政治家）
- 木戸孝允（政治家）
- 高杉晋作（武士）

山口県出身の有名人

- 庵野秀明（映画監督）
- 石川佳純（卓球選手）
- 久保裕也（サッカー選手）
- 長州力（レスラー）
- 柳井正（実業家）

ご当地グルメ

◆瓦そば

下関市の名物料理。熱いかわらの上にそばと具、薬味をのせるんだ。そばと具、薬味をいっしょにめんつゆにつけて食べるよ。

◆夏みかん丸づけ

萩市の名産であるナツミカンの中をくり抜き、ようかんを入れたおかし。ようかんのあまさとナツミカンのすっぱさが合うんだ。

自然　壇ノ浦

ホップ
ステップ
ジャンプ!

下関市の壇ノ浦は、源氏と平氏による「壇ノ浦の戦い」で有名な場所。源氏を勝利に導いたのが源義経。義経の八艘飛びは有名だよ。

交通　関釜フェリー

下関市と韓国の釜山広域市を結ぶのが関釜フェリー。両市の間を毎日１往復しているよ。飛行機より時間はかかるけれど、値段が安いから人気があるんだ。

キムチを食べにフェリーで釜山!

中国地方

山口県

学んだ日

／

／

／

／

／

産業　鉄道車両の製造

ウィィィィ〜ン
ちょっと海外に行ってくる！

下松市には鉄道車両メーカーの工場があり、車両づくりで知られているよ。日本の新幹線や、台湾やイギリスで走る高速鉄道もここで作られて運ばれたんだ。

車両は港で貨物船に乗せられて、海上輸送することが多いよ。

方言クイズ

なんて言っているのか、考えてみよう！

① いかい

例）いかい家だ。お金持ちだったんだね。

② たっける

例）全然聞こえんから、たっけれ。

③ しあわせます

例）第３希望まで言ってくれるとしあわせます。

➡ 正解はP241へ

歴史　松下村塾

木戸孝允や高杉晋作、伊藤博文など、明治維新でかつやくした人びとを多く育てたのが、吉田松陰という思想家だよ。彼は松下村塾という塾で、さまざまな身分の人に学問を教えたんだ。萩市には、松下村塾の建物が、当時のまま残されているんだ。2015年には世界遺産に選ばれたよ。

幕末の日本を動かしたよ

塾の建物は、８畳の部屋と建て増した10畳半の部屋があるんだ。

交通　日本最長の専用道路

ビューーッ
ヒャッハー！！
ふつうの道は走れない車だよ

宇部市に本社を置く宇部興産は、全長32kmに及ぶ、日本で一番長い会社専用の道路を持っているよ。工場で作ったセメントなどを運ぶためのものなんだ。

産業　女子道社

神社やお寺にあるおみくじ。この生産量で日本一なのが、周南市にある女子道社という会社。今でも、印刷以外はすべて手作業で作っているんだ。

今日ひいたおみくじは…
凶！
凶
すべてだめです

中国地方
山口県

みんなの給食 in 山口県

豆腐とダイコン、ニンジンをいためたけんちょうは、山口県を代表する家庭料理。ハモは山口県で多くとれる高級魚で、給食に出ることもあるよ。

けんちょう。けんちょうの名の由来はわからないんだ。県庁からではない…はず。

ハモのつみれ汁。ハモは小骨が多いから、気にならないようにすり身にするんだ。

学んだ日
／
／
／
／
／

[P240方言クイズの答え] ①大きい　②大声で呼ぶ　③助かります

コラム 日本一の野菜好き・ピーマン好きは？

みんなは野菜食べている？ 健康にいいとわかっていても、苦手な人も多いよね。調べてみると、野菜を一番多く食べている県庁所在地は新潟市。2位以下とは10kg以上の差があり、野菜好きな都市であることがわかるね。

また、今回はきらいな人も多いピーマンについても調べたよ。ピーマンを一番多く食べているのはさいたま市だったんだ。ただし、これらはお金を出して買ったもののランキング。農家の人は育てた野菜を交換したりすることも多いから、ランキングには出てこない野菜好きの都道府県もあると思うよ。

生鮮野菜を多く食べている都市

1	新潟市	211.7kg
2	さいたま市	198.6kg
3	横浜市	197.7kg
4	東京	197.2kg
5	宇都宮市	195.4kg

ピーマンを多く食べている都市

1	さいたま市	3.48kg
2	横浜市	3.33kg
3	京都市	3.32kg
4	那覇市	3.29kg
5	奈良市	3.24kg

※県庁所在地の2014～2016年の1世帯（2人以上）あたりの平均値（総務省統計局「家計調査」）

6章（しょう）

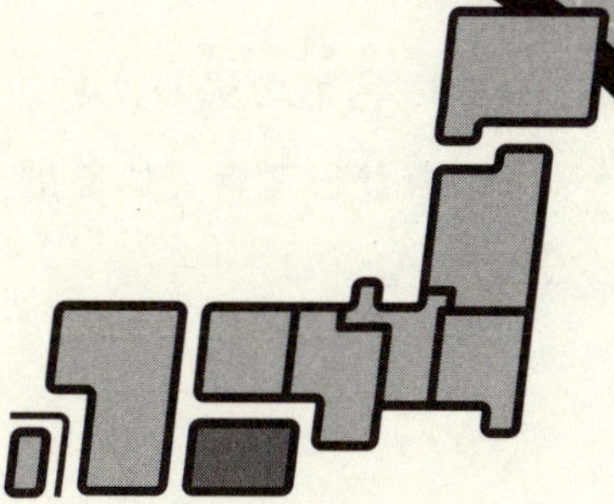

四国地方（しこくちほう）

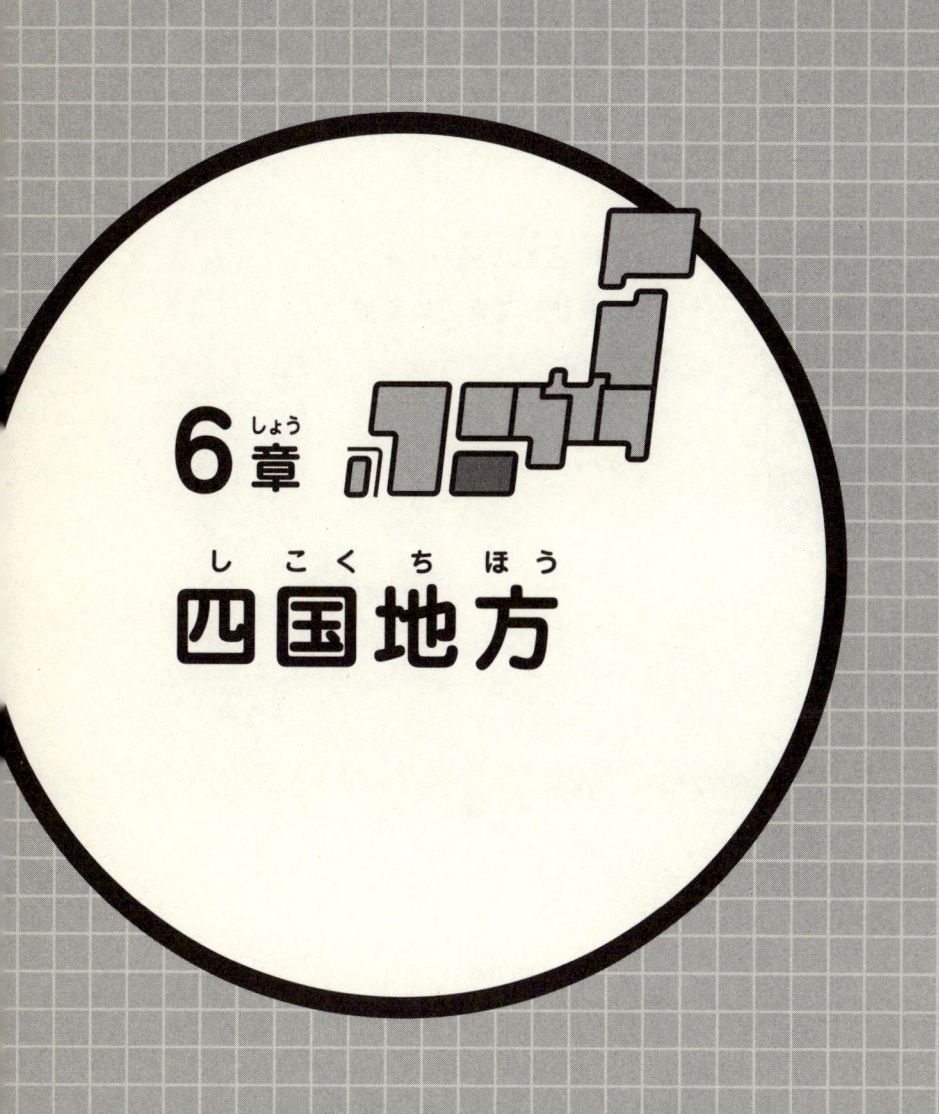

四国地方

ここは どんなところ？

その名前の通り、4つの県からできている地方だよ。

瀬戸内海
香川県
徳島県
愛媛県
高知県
四国山地
太平洋

ポイント 1 北と南で大きく異なる気候

四国地方の中央部にある四国山地。その北と南で大きく気候が異なるよ。北部は瀬戸内海に面し、温暖で雨が少ない。南部は年間を通じて暖かいけれど、夏は雨が多く台風もよく来るんだ。

➡ 雨が少ない (P254)、台風が多い (P266)

ポイント 2 4つの県にそれぞれの文化

4県のうち徳島県は近畿地方と、香川県は岡山県と、愛媛県は広島県や九州地方との関係が深い。高知県は四国山地でさえぎられていて他県との交流は少なめ。4県とも異なる文化だよ。

➡ 瀬戸大橋 (P254)、しまなみ海道 (P260)

ポイント 3 米以外の生産がさかん

4県のうち、特に農業がさかんなのは高知県。冬でも暖かい気候を生かした野菜の生産量が多く、夏の野菜を冬に出荷したりしているよ。また愛媛県ではミカンなど果物の生産で有名だよ。

➡ オリーブ (P254)、ミカンの産地 (P260)、ユズ (P267)

学んだ日

／

／

／

／

／

徳島県

なんといっても阿波おどりが有名。鳴門金時や阿波尾鶏など、名産品もいろいろあるよ。

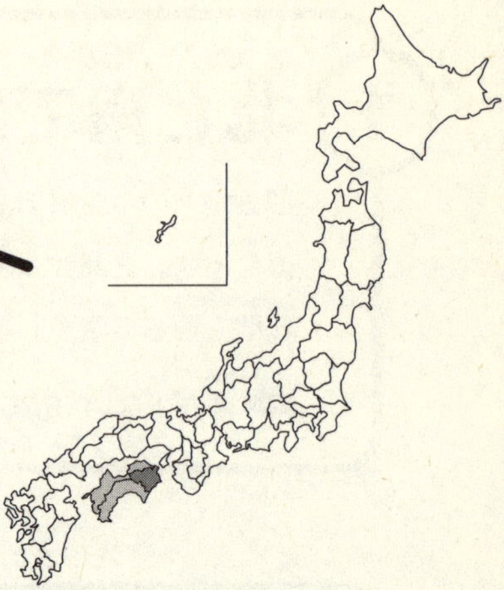

県庁所在地	徳島市
面積	4147㎢（全国36位）
人口	75万5733人（全国44位）

県の花　スダチ

県の木　ヤマモモ

県の鳥　シラサギ

骨まであいして

この布、すごくきれいな青色ね！
あい色という色よ
徳島県はあい染めがとても有名よ
キーック!!
サッカーの日本代表もこの色だね！
つるん
あらら…
…
ユウキ…
あわわわ
お兄ちゃんの顔があい色になったわ…

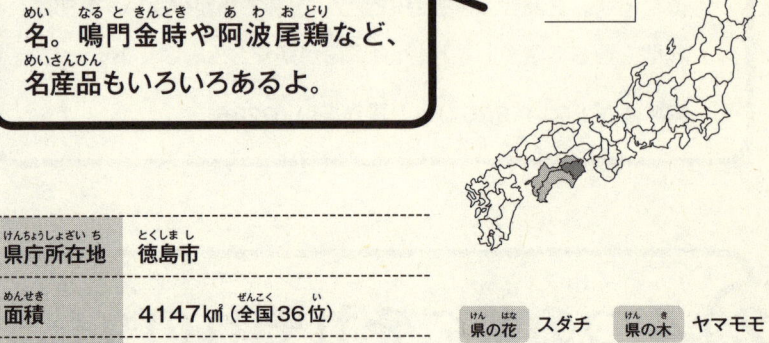

徳島県ってこんなところ

ゆでたうどんをたらいに入れて食べる、徳島県の郷土料理。昔はつけ汁にジンゾクという小魚を使っていたんだ。

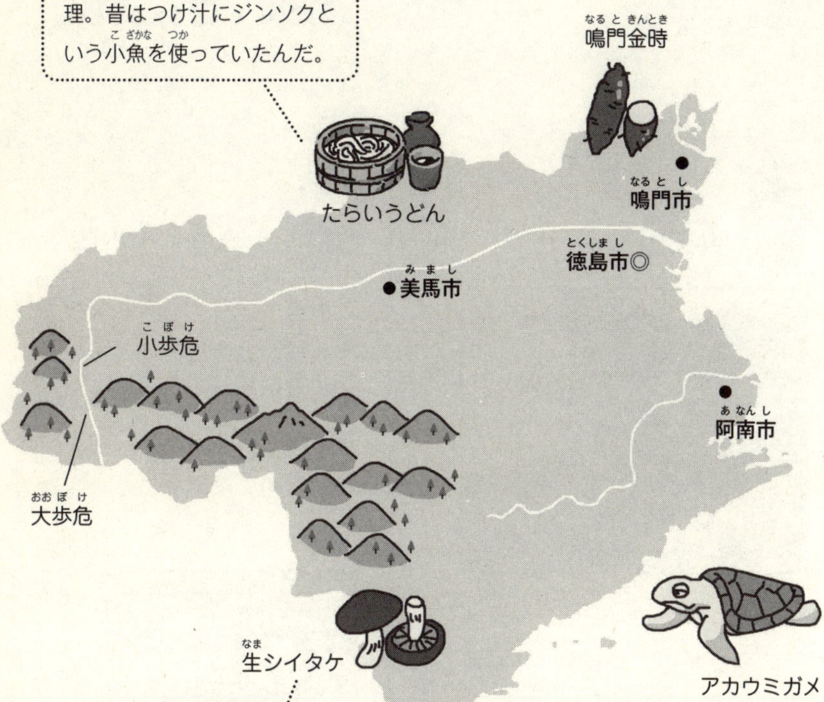
鳴門金時
たらいうどん
鳴門市
徳島市◎
美馬市
小歩危
阿南市
大歩危
生シイタケ
アカウミガメ

徳島県は、生シイタケの生産量が日本一。徳島市や小松島市、神山町などでさかんに作られているよ。

美波町の大浜海岸はアカウミガメの産卵地。「日和佐うみがめ博物館」というウミガメ専門の博物館もあるよ。

学んだ日
／
／
／
／
／

自然 鳴門のうず潮

鳴門市と兵庫県南あわじ市の間の鳴門海峡では、大きなうず潮が発生するよ。大きさは世界最大級と言われているよ。海峡にかかる大鳴門橋に「渦の道」という遊歩道があり、展望台のガラスでできた床から、うず潮を近くで見ることができるよ。また、うず潮を見る観光船もあるんだ。

ゴゴゴゴゴ
ずっと見ていると目が回る～

直径20mになるときもあるんだって。

自然 弁天山

ふうう、登りきった！

徳島市にある弁天山は、頂上までの高さがわずか6m。２階建てのマンションぐらいの高さで、自然の山としては日本で最も低いと言われているよ。

弁財天をまつる神社が山の中にあるから弁天山と言うんだって。

自然 大歩危・小歩危

徳島県を流れる吉野川の中流にある谷が大歩危と小歩危。特に小歩危の辺りは日本で最も急な川の流れの１つだよ。カヤックなどの船に乗り、スポーツとして流れを楽しむ人も多いんだ。

こ…ここは？ぼくはだれ？
と・・ぼけてる…

険しいがけを昔「ホケ」と言ったのが、大歩危・小歩危の語源なんだって。

もっと知りたい！徳島県

徳島県出身の偉人

- ◆賀川豊彦（社会運動家）
- ◆鳥居龍蔵（人類学者）
- ◆三木武夫（政治家）

徳島県出身の有名人

- ◆大杉漣（俳優）
- ◆瀬戸内寂聴（小説家）
- ◆尾崎将司（ゴルファー）
- ◆板東英二（タレント）
- ◆米津玄師（歌手）

ご当地グルメ

◆ボウゼの姿ずし

徳島県ではイボダイをボウゼと呼ぶんだ。ボウゼを酢でしめて押しずしにしたボウゼの姿ずしは秋の風物詩なんだ。

◆半田そうめん

つるぎ町で江戸時代から作られているそうめん。日本各地にあるそうめんの中でも太いほうで、冷やむぎぐらいの太さだよ。

産業　阿波尾鶏

おいしくて
舌の上で
おどるのさ！

徳島県特産のニワトリが阿波尾鶏。もちろん、阿波おどりにちなんで名付けられたんだ。一見ふざけたような名前だけれど、味がおいしくて有名だよ。

産業　スダチ

スダチはかんきつ類の１つで、とてもすっぱい味。果汁を食べ物にかけて風味を味わうんだ。サンマの塩焼きには特に合うよ。徳島県が主な生産地なんだ。

お前なしじゃ
だめなんだ
あんた…
うれしい

四国地方　徳島県

学んだ日
／
／
／
／
／

産業　和三盆

あなたたちとはいっしょにしないで
ツーン
シュン…
阿波
和三盆

徳島県や香川県で生産されている砂糖が和三盆。きめ細やかで後味の良さがとくちょうの、最高級の砂糖なんだ。主に和がしの材料として使われるよ。

徳島県内では、上板町と阿波市で生産がさかんなんだ。

方言クイズ

なんて言っているのか、考えてみよう！

① せこい

例）テストが難しすぎて、せこい。

② かあ

例）そのトマト、かあ。

③ あばばい

例）日が差してきて、あばばいなあ。

➡ 正解は P251 へ

観光　阿波おどり

8月のお盆の時期、徳島県で広く行われている行事が、阿波おどり。連というグループを組んでおどり歩くんだ。三味線や太鼓、笛のにぎやかな演奏に合わせて、歌ったり、かけ声を上げたり、とてもにぎやか。

徳島市の阿波おどりは毎年 100 万人以上が見に来る、大きなイベントなんだ。

エライヤッチャ
エライヤッチャ
ヨイヨイヨイヨイ！

「えらいやっちゃ、えらいやっちゃ」というお囃子が有名だよ。

グルメ 徳島ラーメン

いただきまーす!
茶・白・黄の3色があるよ

徳島県の人びとの間で食べられている徳島ラーメン。スープのちがいで茶系・白系・黄系の3つの種類があるんだ。食べ比べてみるのも面白いね。

産業 鳴門金時

鳴門金時は、主に鳴門市で生産されているサツマイモ。皮が金時豆のように赤いので、金時と名付けられたと言われているよ。焼きイモにするとおいしいんだ。

イモのおならで空も飛べちゃう!
ブッ ブブ〜ッ

みんなの給食 in 徳島県

かきまぜとは五目ずしのこと。徳島県では、特産の金時豆とすだちの汁が入ることが多いよ。すだちはゼリーとしてデザートで出ることもあるんだ。

かきまぜ。ごはんにいろいろな具をかき混ぜて作るからこの名前になったんだ。

すだち
ゼリー

すだちゼリー。卒業式の時期には、巣立ちをイメージしたパッケージになるんだ。

学んだ日
／
／
／
／
／

[P250 方言クイズの答え] ①苦しい・つらい ②ください ③まぶしい

香川県

日本一面積が小さい県だけど、うどんの生産量は日本一。「うどん県」とも呼ばれているんだ。

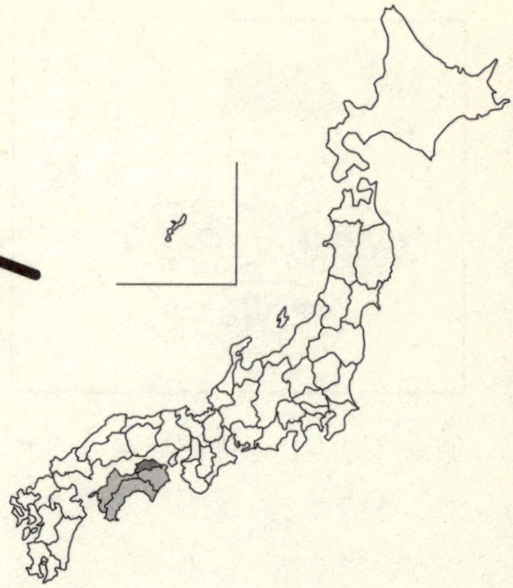

県庁所在地	高松市
面積	1877㎢（全国47位）
人口	97万6263人（全国39位）

県の花　オリーブ
県の木　オリーブ
県の鳥　ホトトギス

お水は大事に！

香川県って池が多いのね
ほとんどは人工のため池よ
1
雨が少ないから、水をためておくの
暮らしの知恵なのね
2
でも、そんな雨の少ない土地だから
小麦やオリーブの生産がさかんなのよ
3
カピ
カピ
ぼ…ぼくの顔にもため池が欲しい…
お兄ちゃん！
4

香川県ってこんなところ

瀬戸内海はイイダコの一大産地。底引き網漁やタコツボなわ漁がさかんなほか、つりの対象としても人気だよ。

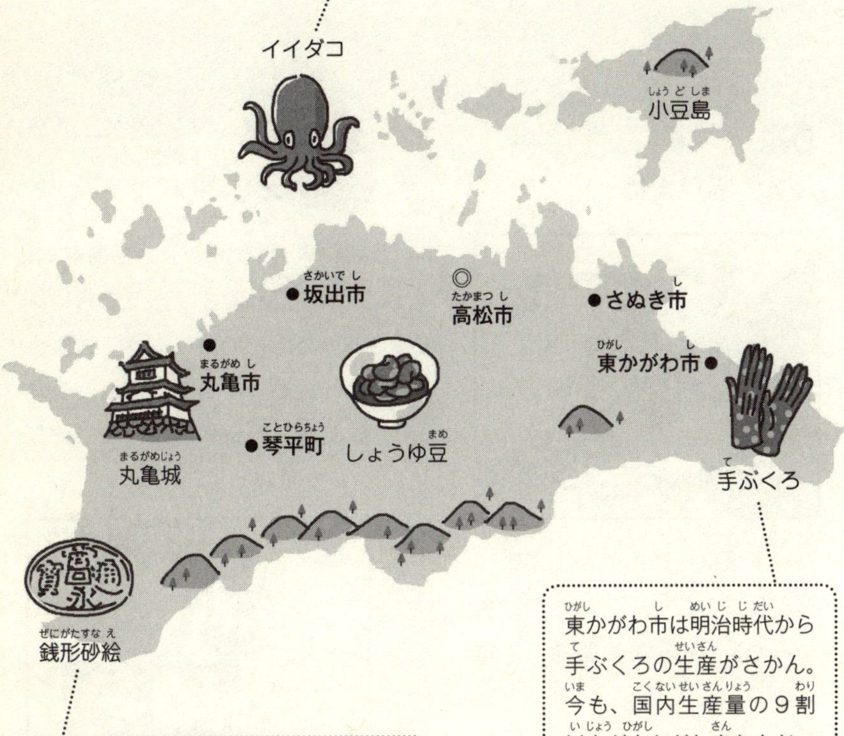

イイダコ
小豆島
坂出市
高松市
さぬき市
丸亀市
東かがわ市
丸亀城
琴平町
しょうゆ豆
手ぶくろ
銭形砂絵

東かがわ市は明治時代から手ぶくろの生産がさかん。今も、国内生産量の9割以上が東かがわ産なんだ。

観音寺市にある銭形砂絵は、江戸時代のお金をかたどった砂絵。たて122m、横90mでとても大きいんだ。

学んだ日
／
／
／
／
／

自然　雨が少ない

瀬戸内海沿岸の県は、雨が少なくて温暖な気候だよ。中国地方にある中国山地と、四国を横切る四国山地にはさまれているおかげで、北と南から来る季節風がさえぎられるからなんだ。

中でも香川県は雨が少ないことで有名。湿度も低いから、夏には水不足になりがちなんだよ。

雨が降ってくれないから
お皿がかわいちゃう…

香川県は川の数も少ないんだ。

交通　瀬戸大橋

ドドーーン

瀬戸大橋は、岡山県と香川県を結ぶ6つの橋をまとめた呼び名なんだ。1988年に開通し、橋の全長は9368m。鉄道も道路も通っているよ。

橋ができる前は、宇高連絡船という船で行き来していたんだ。

産業　オリーブ

瀬戸内海にうかぶ小豆島町は、日本で初めてオリーブをさいばいした土地であり、今でも生産量は日本一。温暖で、雨の少ない乾燥した気候がオリーブ作りに向いているんだ。

おいしいから
ついかけすぎてしまう…

オリーブ油はおいしいけれど、料理だけでなくけしょう品にも使われるんだ。

もっと知りたい！香川県

香川県出身の偉人

- ◆菊池寛（小説家）
- ◆空海（僧侶）
- ◆平賀源内（発明家）

香川県出身の有名人

- ◆要潤（俳優）
- ◆高畑淳子（女優）
- ◆南原清隆（タレント）
- ◆松本明子（タレント）
- ◆本広克行（映画監督）

ご当地グルメ

◆しょうゆ豆

ソラマメをいった後、あまいしょうゆだれにつけこむ料理。ごはんのおかずや大人の酒のつまみとして親しまれているよ。

◆骨付鳥

丸亀市では、ニワトリの骨付きのもも肉を焼いた骨付鳥という料理が有名。ニンニクのきいた味がやみつきになるんだ。

歴史　金刀比羅宮

さ…先が見えん

琴平町の金刀比羅宮は「こんぴらさん」と呼ばれ、多くの観光客でにぎわう神社なんだ。参道の石段が長いことで有名。一番奥までで 1368 段もあるんだよ。

観光　直島

瀬戸内海にうかぶ直島は、アートで町おこしをしているよ。ところどころに芸術作品が置かれ、美術館もできたんだ。今では海外からの観光客も多いよ。

えっ！
そのイスも芸術作品よ

四国地方
香川県
学んだ日
／
／
／
／
／

歴史　お遍路さん

がんばれ！
うちで休まない？

お遍路さんとは、香川県出身のお坊さん・空海ゆかりの88ヵ所のお寺を歩いてめぐる人のこと。地元の人はお遍路さんに食事や宿を提供するのが伝統なんだ。

服も移動手段も自由だから、若い人のお遍路さんも多いんだ。

方言クイズ

なんて言っているのか、考えてみよう！

① むつごい

例）うどんに天かす入れすぎて、むつごいね。

② おきる

例）うどん食べすぎて、腹おきたよ。

③ しける

例）うちの子はしけるから、入学後が不安だわ。

➡ 正解はP257へ

グルメ　さぬきうどん

香川県を代表する郷土料理はうどん。うどんの生産量も全国で1位。香川のうどんはさぬきうどんと呼ばれ、最近では県以外でも広く食べられているよ。でも、たくさん食べるのはやっぱり香川県民。県内のいろいろな場所にうどん店があり、気軽に食事ができるんだ。麺だけを買うこともできるよ。

さぬきうどんはのどで味わうのよ

他の地域のうどんと比べると、こしが強めなのがとくちょう。

産業 丸亀うちわ

丈夫だから
ライブでもこわれない！
LOVE

日本で生産されるうちわの９割が丸亀市で作られているよ。江戸時代からの伝統工芸品で、丈夫な作りなんだ。みんなの家にあるうちわも丸亀産かも？

グルメ あんもち雑煮

香川県の雑煮は、白みそのみそ汁の中にあんこ入りのもちが入っているよ。知らないで食べるとおどろくと思うけど、伝統的な料理なんだ。

もちの中にあん！
あんがい合うのよ

みんなの給食 in 香川県

まんばのけんちゃんは、タカナの仲間のマンバという野菜などをいためた料理。名産のいりこ（煮干し）を使った炊き込みご飯も給食で出るよ。

まんばのけんちゃん。マンバは県の東部の呼び名で、西部ではヒャッカと呼ぶよ。

いりこめし。いりこは、海産物のない山間部でとても大事にされた食材なんだ。

[P256 方言クイズの答え] ①くどい・後味が悪い ②いっぱいになる ③人見知りする

学んだ日
／
／
／
／
／

愛媛県

ミカンやタオルなどの生産地として有名。松山市の道後温泉はとても歴史のある温泉だよ。

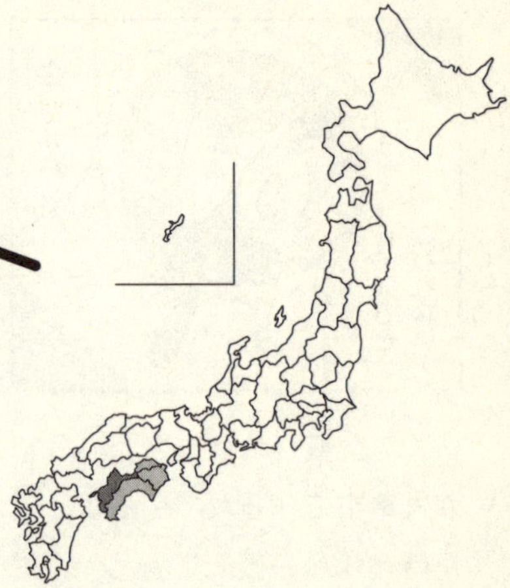

県庁所在地	松山市
面積	5676㎢（全国26位）
人口	138万5262人（全国28位）

県の花　ミカン　県の木　マツ

県の鳥　コマドリ

タイがいにして！

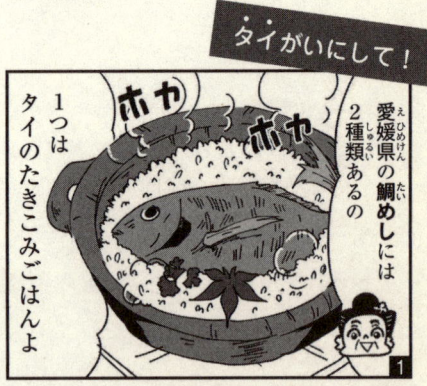

愛媛県の鯛めしには2種類あるの
1つはタイのたきこみごはんよ
ホヤ
ホヤ
もう1つは、たれにつけた切り身をごはんにのせるの
県の南部で食べられているわ
ホヤ
ホヤ
どちらもおいしいわよ
どっちも最高！
タイにもこの料理あるかな？
タイちがいよ…
頭がいタイわ…

愛媛県ってこんなところ

愛媛県は、タチウオの水あげ量が日本有数。刀に似ていることからその名が付いたとも言われているよ。

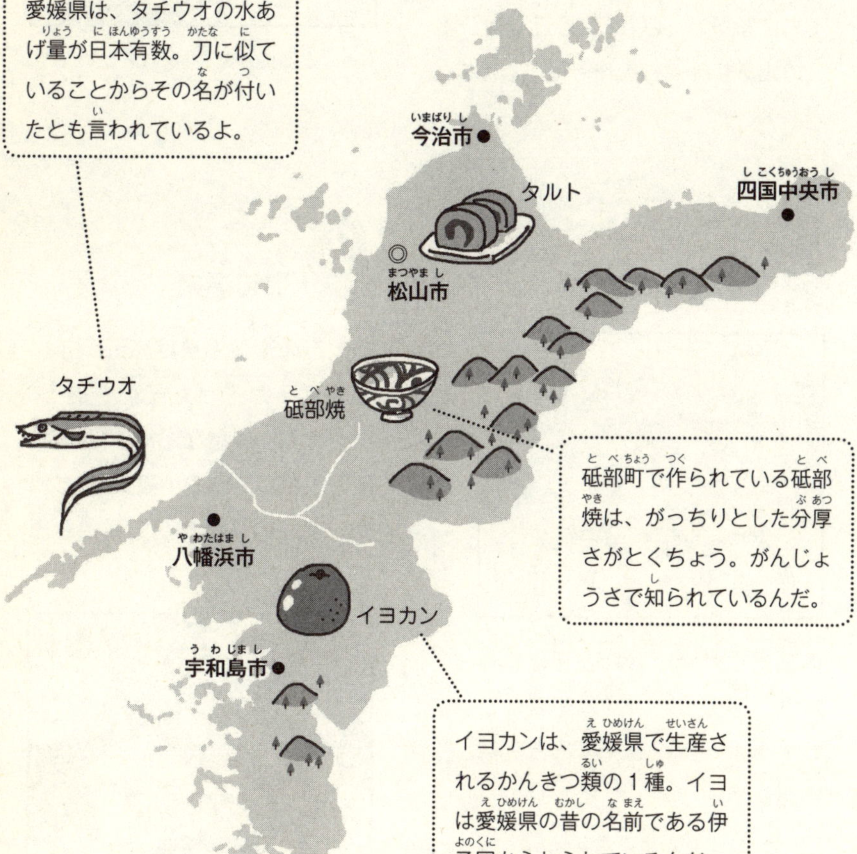

今治市
タルト
四国中央市
松山市
砥部焼
タチウオ
八幡浜市
イヨカン
宇和島市

砥部町で作られている砥部焼は、がっちりとした分厚さがとくちょう。がんじょうさで知られているんだ。

イヨカンは、愛媛県で生産されるかんきつ類の１種。イヨは愛媛県の昔の名前である伊予国からとられているんだ。

学んだ日

／

／

／

／

／

産業　ミカンの産地

愛媛県はミカンが名産で、和歌山県や静岡県とともに全国有数の生産量だよ。「ポンジュース」というミカンのジュースが有名で、「愛媛ではミカンジュースがじゃぐちから出る」というギャグもあったんだ。昔はもちろん、そんなじゃぐちはなかったけれど、最近ではジュースの出るじゃぐちを作っているんだ。

本当にミカンジュース！

じゃぐちは松山空港などにあるよ。

交通　しまなみ海道

潮風がきもちいいー

広島県と愛媛県を結ぶ道は、しまなみ海道という愛称で親しまれてるよ。自転車・歩行者専用の道路もあって、サイクリングロードとして人気があるんだ。

正式な名前は「西瀬戸自動車道」と言うんだ。

観光　道後温泉

松山市の道後温泉は、596年に聖徳太子が入った記録もある、歴史の長い温泉なんだ。『源氏物語』や、夏目漱石の小説『坊つちゃん』などの文学作品の中にも出てくるよ。

太子、いい湯ですな
ほんとに

道後温泉本館は古い建物で、重要文化財になっているんだ。

もっと知りたい！愛媛県

愛媛県出身の偉人

- 秋山好古・真之（軍人）
- 高浜虚子（俳人）
- 正岡子規（俳人）

愛媛県出身の有名人

- 石丸幹二（俳優）
- 大江健三郎（小説家）
- 友近（タレント）
- 長友佑都（サッカー選手）
- 水樹奈々（声優）

ご当地グルメ

◆タルト

松山市では、カステラの生地であんを巻いたロールケーキをタルトと呼ぶんだ。おくり物の定番で、おやつに出ると大喜びだよ。

◆八幡浜ちゃんぽん

八幡浜市のちゃんぽんは、有名な長崎ちゃんぽんと少しちがうんだ。黄金色であっさりとした味のスープだよ。

産業　今治タオル

ふっかふかで
ゴロ
心地よ〜い
ゴロ

今治市はタオル生産がさかん。海外から輸入された安価なタオルとはちがう、品質の高さを売りにしているんだ。汗や水分を良く吸い取り、はだに優しいよ。

グルメ　じゃこ天

じゃこ天は、宇和島市など愛媛県南部で食べられている郷土料理。魚のすり身をあげて作るかまぼこで、うどんにのせたり、おでんの具にも使われるんだ。

あれ、おれのじゃこ天は？
ギクッ

四国地方

愛媛県

学んだ日

／

／

／

／

／

産業 製紙工場

おむつもトイレットペーパーも
愛媛産！

四国中央市は、紙製品の生産で日本一。毎年夏に行われる「四国中央紙まつり」では、全国の高校生による「書道パフォーマンス甲子園」も行われているよ。

四国中央市付近は、紙の原料となる木にめぐまれているんだ。

方言クイズ

なんて言っているのか、考えてみよう！

① うずむ

例）1人ではうずめないから、だれか助けてくれ。

② おしまいたか

例）おしまいたか。すっかり暗くなったね。

③ たいぎい

例）宿題をするのもたいぎいなあ。

➡ 正解はP263へ

歴史 正岡子規

明治時代の俳人、正岡子規は松山市の出身なんだ。仲の良かった夏目漱石が松山で高校教師をしていたとき、子規も体調をくずして松山で静養していて、2人でいっしょに俳句をよんだりしたんだって。

漱石が松山にいたころの体験をもとに書いた小説が『坊っちゃん』だよ。

漱石、松山はいいところだろ？
うん

子規と漱石は、帝国大学の同級生。生涯にわたって親友だったんだ。

交通 ホビートレイン

新幹線だ!
どこかちがうような…

愛媛県と高知県を走る鉄道列車の中には、新幹線のデザインに似せたホビートレインがあるんだ。昔の新幹線のようなだんご鼻がチャームポイント。

グルメ みかんおにぎり

道後温泉では、みかんおにぎりが名物の1つ。ミカンジュースとだしでごはんをたいておにぎりにしているんだ。意外な料理法だけど、おいしいんだよ。

ミカン味がさわやかでうまい!
みかん
おにぎり

みんなの給食 in 愛媛県

ミカンの汁でごはんをたきこんだみかんごはんは、給食の人気メニュー。じゃこと野菜を混ぜ、衣をつけてフライにしたじゃこカツも人気。

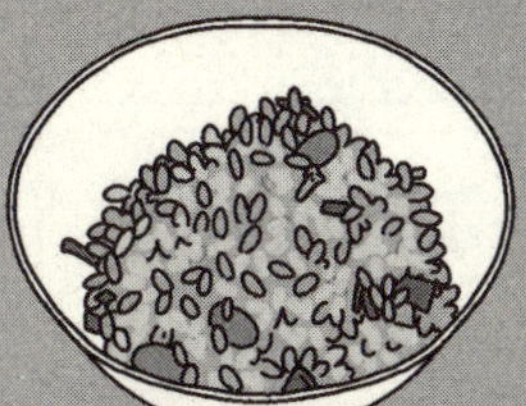

みかんごはん。ミカンの汁がごはんにとても合うんだ。ちょっと意外かも?

じゃこカツは給食だけでなく、おそうざい屋さんや家庭でもおなじみのメニュー。

学んだ日
/
/
/
/
/

[P262方言クイズの答え] ①抱きかかえる ②こんばんは ③めんどうだ

高知県

四万十川は水のきれいな川として知られるよ。おいしいカツオを坂本龍馬も食べたのかな？

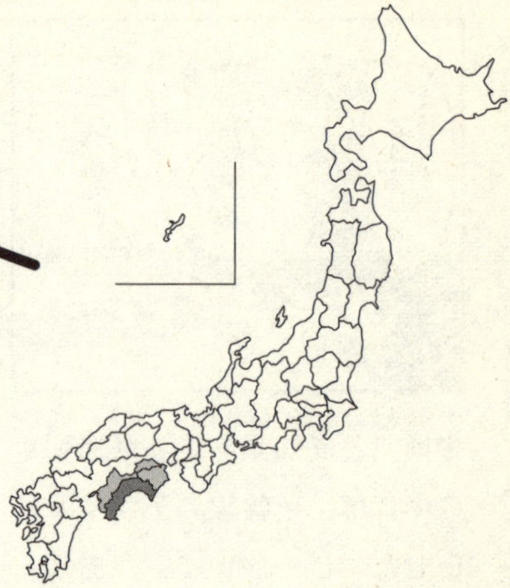

県庁所在地	高知市
面積	7104㎢（全国18位）
人口	72万8276人（全国45位）

県の花　ヤマモモ　県の木　ヤナセスギ

県の鳥　ヤイロチョウ

まだいてほしい…

絶滅したとされる
ニホンカワウソ
最後にもくげきされたのは高知県よ
また高知県でもくげきされるかも！
ガサッ
ん？
あれ？
シーッ
どうしたの？お兄ちゃん
ううん、何でもないよ
サンー
キュー

高知県ってこんなところ

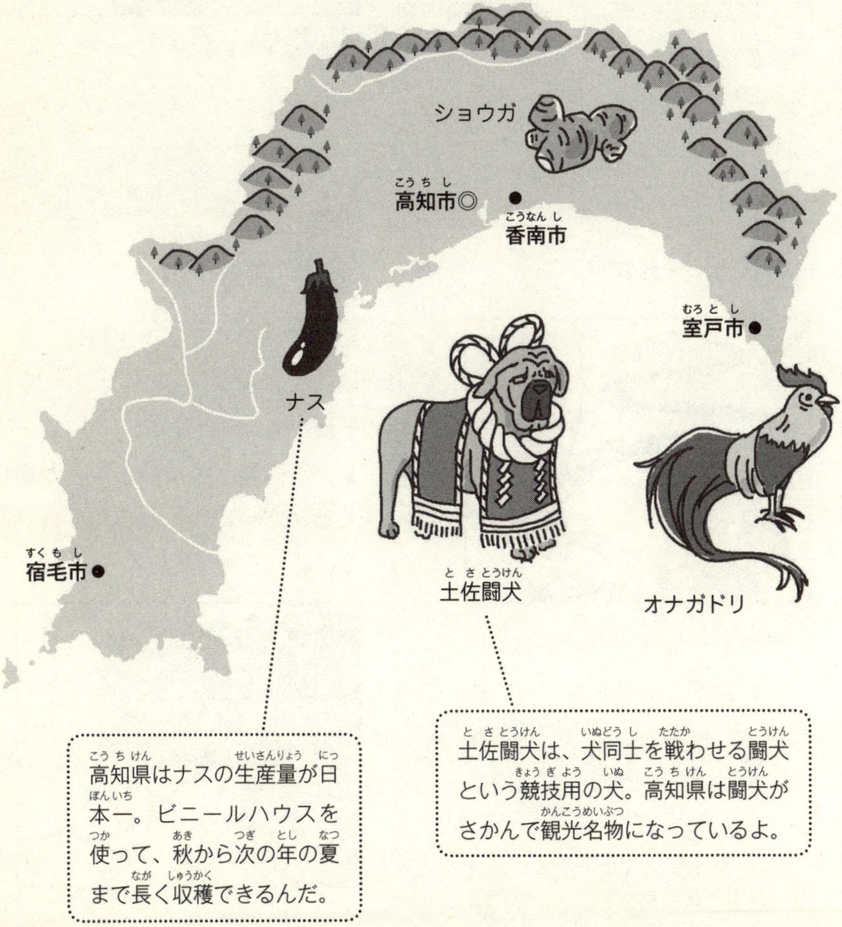

ショウガ
高知市◎
香南市
室戸市
ナス
土佐闘犬
オナガドリ
宿毛市

高知県はナスの生産量が日本一。ビニールハウスを使って、秋から次の年の夏まで長く収穫できるんだ。

土佐闘犬は、犬同士を戦わせる闘犬という競技用の犬。高知県は闘犬がさかんで観光名物になっているよ。

学んだ日

／

／

／

／

／

自然　台風が多い

高知県は温暖な気候で知られているけれど、鹿児島県とならぶ、台風の上陸数が多い県としても知られているよ。太平洋に面しているから、南から来る台風の日本での入り口になるんだ。大型の台風が来ると、テレビのニュースでは高知市の桂浜から強い風雨の様子を放送することも多いよ。

桂浜からちゅうけいです！

高知県は雨の多さでも知られているよ。

歴史　オナガドリ

もはや自分でも何メートルあるかわからん…

オナガドリは高知県原産のニワトリの品種。その名の通り、成長するとオスのしっぽが長くなり、長生きすると10mにも達することもあるよ。

しっぽが長くなるのはオスだけで、メスのしっぽはふつうだよ。

自然　四万十川

高知県を流れる四万十川は、流域に大きなダムがなく、自然がそのままの形で残っているよ。また、雨などで川の水かさが増えると水中にかくれる沈下橋が多いことでも有名だよ。

橋がしずんでいる！

沈下橋は水の下にかくれるから、台風のときに流木や石にぶつからないんだ。

もっと知りたい！高知県

高知県出身の偉人

- ◆板垣退助（政治家）
- ◆坂本龍馬（武士）
- ◆牧野富太郎（植物学者）

高知県出身の有名人

- ◆西原理恵子（マンガ家）
- ◆西川きよし（タレント）
- ◆間寛平（コメディアン）
- ◆広末涼子（女優）
- ◆円広志（歌手）

ご当地グルメ

◆芋けんぴ

サツマイモを細く切り油であげて、砂糖をまぶしたもの。高知県のおやつの定番で、みやげとしても人気のあるおかしだよ。

◆ぼうしパン

高知県のほとんどのパン屋にあるぼうしパン。つばの広いぼうしのような形で、つばの部分はカステラの生地なんだ。

産業　カツオ

たたきを作るわ！
火であぶるのよ！

高知県はカツオの１本づり漁業がさかん。県の魚にも指定されているんだ。代表的な料理が、カツオの表面をあぶったカツオのたたき。とてもおいしいんだ。

産業　ユズ

高知県はユズの生産量が全国一。北川村や馬路村など東部の山あいの地域で生産がさかんだよ。馬路村ではユズを加工したジュースやジャムで有名なんだ。

ユズ日本一はゆずらん！
ゆーずーがきかないなあ

四国地方
高知県

学んだ日
／
／
／
／
／

観光　よさこい祭り

全国で行われているよ！

毎年８月に高知市で行われるよさこい祭りは、４日間で約100万人の観光客が訪れるんだ。フラメンコやヒップホップ風の振り付けでおどる人びともいるよ。

よさこいはもともと、「夜にいらっしゃい」という意味だよ。

方言クイズ

なんて言っているのか、考えてみよう！

① いよいよ

例）宿題が終わらず、いよいよ困った。

② のうが悪い

例）テレビののうが悪いみたいだ。

③ めった

例）めった。夏休みは明日までだった。

➡ 正解はP269へ

歴史　坂本龍馬

高知県を代表する歴史上の英雄といえば、坂本龍馬。江戸時代の末期に大きなかつやくをしたんだ。

今でも多くの高知県民が尊敬していて、県内のいろいろな場所に龍馬の名前が使われているよ。桂浜公園には龍馬像があるし、高知空港の愛称も「高知龍馬空港」なんだ。

高知龍馬空港
空港にもわしの名前！

高知龍馬空港は日本で初めて、愛称に人の名が付いた空港なんだ。

その他　酒が好き

暑いからビールがうまい！
ジュースもうまい！

高知県では「いごっそう」というがんこで気骨ある性格の男性が好まれるよ。そしていごっそうは酒も大好き。高知市は1年間の飲酒代が全国1位なんだ。

産業　ブンタン

ブンタンはザボンとも呼ばれるかんきつ類の1つ。高知県では土佐ブンタンという種類が多く生産されているよ。土佐とは昔の高知県の呼び名なんだ。

ハンドボールやるぞ！
それブンタン…

みんなの給食 in 高知県

カツオをあまからい味で煮つけて、ごはんに混ぜたかつおめしなどのカツオ料理が給食で出るんだ。ぐる煮は、野菜や豆腐などを煮た郷土料理。

かつおめしはもともと、高知県の漁師たちが作っていた料理らしいよ。

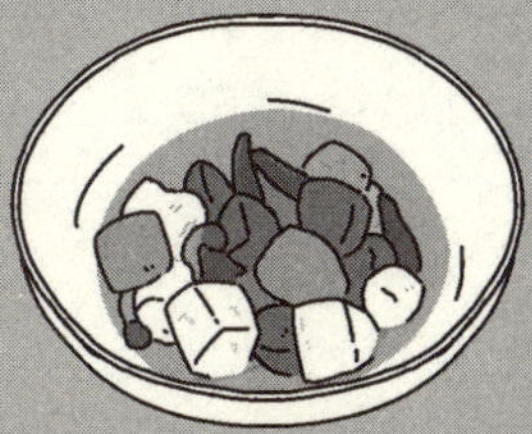

ぐる煮。「ぐる」はいっしょという意味の方言。ぐるぐる混ぜるわけではないんだ。

[P268 方言クイズの答え] ①実に・本当に　②調子・具合が悪い　③しまった

コラム　日本一、車の保有率が高い都道府県は？

ちょっとした買い物や、休みのときの旅行など、自動車を使うおうちも多いよね。大人の人数分だけ自動車があるなんておうちもあるんじゃないかな。調べてみると、1世帯あたりで一番自動車を持っているのは福井県。

逆に、最も保有台数が少ないのは東京都で、以下、大阪府、神奈川県、京都府と続くよ。これらの都府県は関東地方や近畿地方にあり、電車の路線数が多いから自動車がなくても問題ないのかもしれないね。

1世帯あたりの乗用車の保有台数が多い都道府県

1	福井県	1,75台
2	富山県	1.71台
3	山形県	1.68台
4	群馬県	1.65台
5	栃木県	1.62台

1世帯あたりの乗用車の保有台数が少ない都道府県

1	東京都	0.45台
2	大阪府	0.66台
3	神奈川県	0.72台
4	京都府	0.84台
5	兵庫県	0.92台

※2015年の100世帯あたりの乗用車の保有台数より算出
（自動車検査登録情報協会「自動車保有車両数月報」）

7章

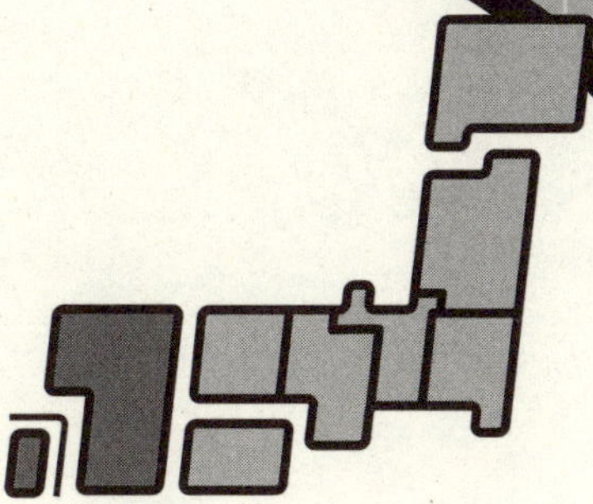

九州・沖縄地方

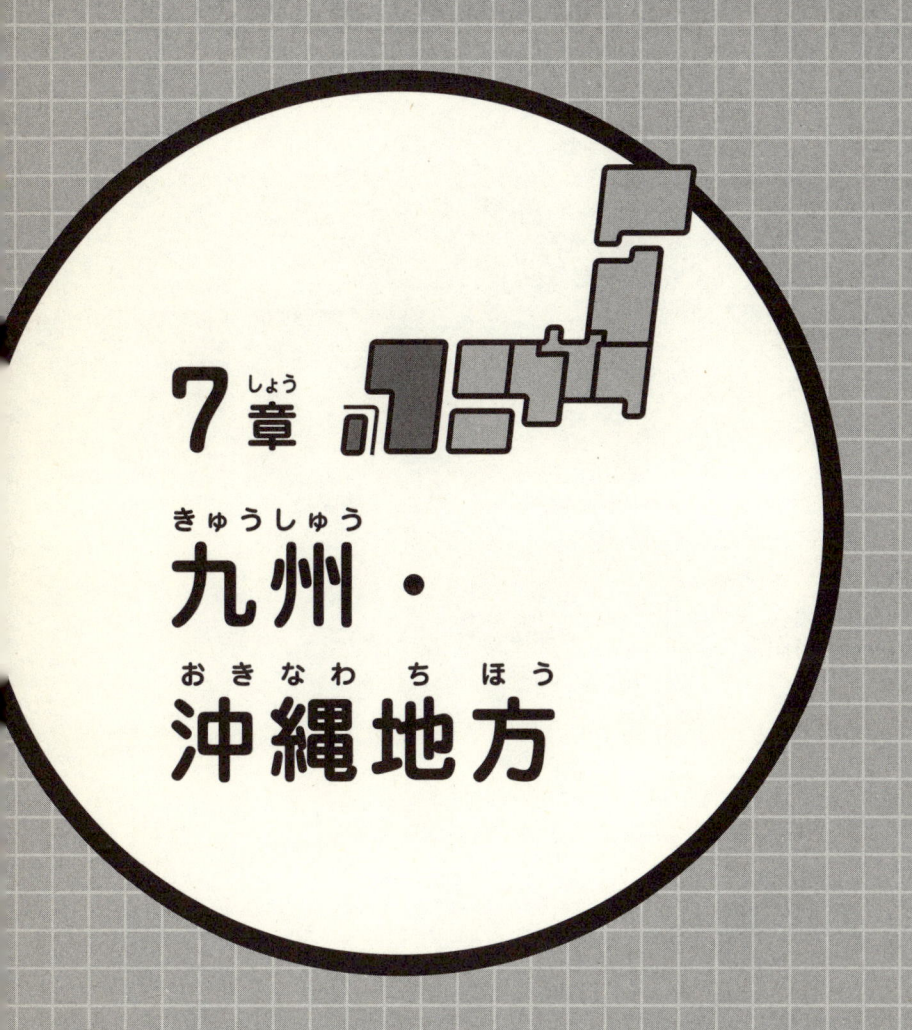

九州・沖縄地方

ここは どんなところ？

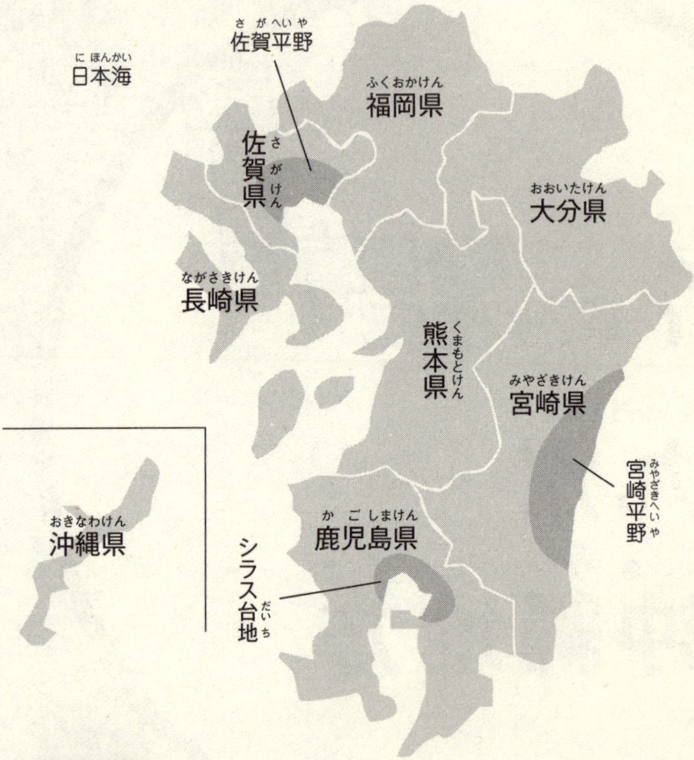
佐賀平野
日本海
福岡県
佐賀県
大分県
長崎県
熊本県
宮崎県
宮崎平野
沖縄県
鹿児島県
シラス台地

九州と言うけれど、現在は７つの県で構成されているのよ。

ポイント 1 アジアとの玄関口

中国や朝鮮半島に近く、昔からアジアとの交流がさかんな地方だったんだ。福岡県や佐賀県にはアジアとの古い交流を示す遺跡があり、沖縄県は中国に影響を受けた文化が残っているよ。

➡ 吉野ヶ里遺跡（P282）、首里城（P320）

ポイント 2 西洋の影響を受けた文化

西洋文化の影響が色こい地方でもあるよ。長崎県はヨーロッパと交易をしていたので西洋風の文化が残っているし、アメリカ軍が多くいる沖縄県ではアメリカ文化の影響を受けているんだ。

➡ カステラ（P290）、出島（P291）、沖縄料理（P321）

ポイント 3 暖かさを生かした農業

温暖な気候を生かした農業が行われているよ。宮崎平野ではビニールハウスで夏の野菜を冬に出荷し、佐賀平野では米、鹿児島県のシラス台地ではサツマイモ生産がそれぞれさかん。

➡ トマト（P295）、サツマイモ（P313）、南国の果物（P318）

学んだ日

／

／

／

／

／

福岡県

九州地方の経済の中心地だよ。昔は鉄鋼業などで栄え、今も自動車製造などがさかんだよ。

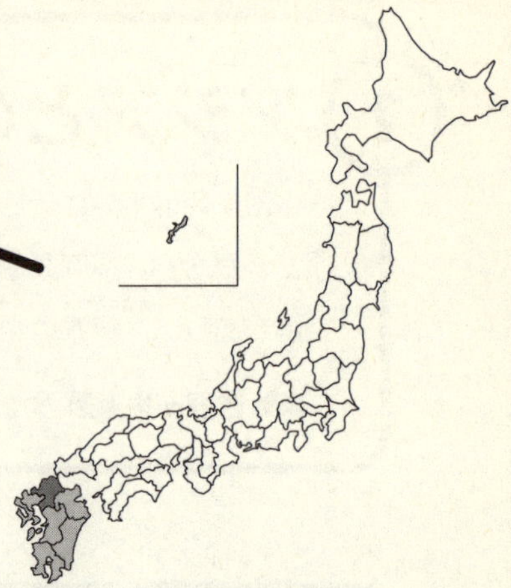

県庁所在地	福岡市
面積	4986㎢（全国29位）
人口	510万1556人（全国9位）

県の花　ウメ　　県の木　ツツジ

県の鳥　ウグイス

男性も女性も…

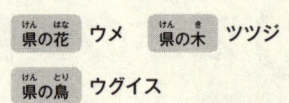

大きい神社ね！
世界遺産の宗像大社よ
九州から60キロはなれた沖ノ島も大社の一部よ
へぇえ
沖ノ島は昔から男性だけが入れるんだぞ
ずお〜ん
ぼくだけ入れるんだ、へへっ
今は一般の男性も入れなくなったの
ありゃっ！
ズコー

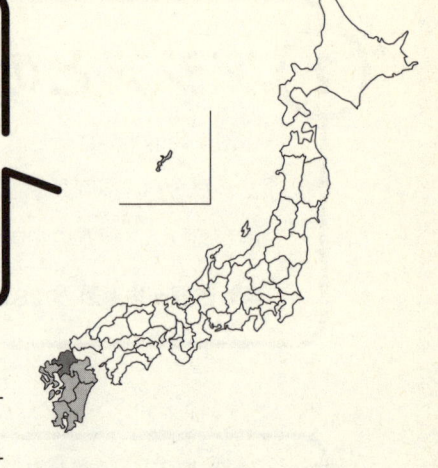

福岡県ってこんなところ

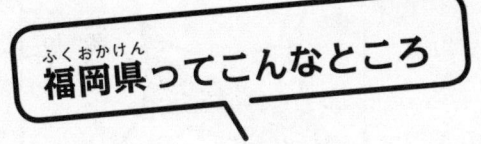

その名の通り、ひよこそっくりの形のおかし。飯塚市で生まれたけれど、今では東京都でも広く売られているよ。

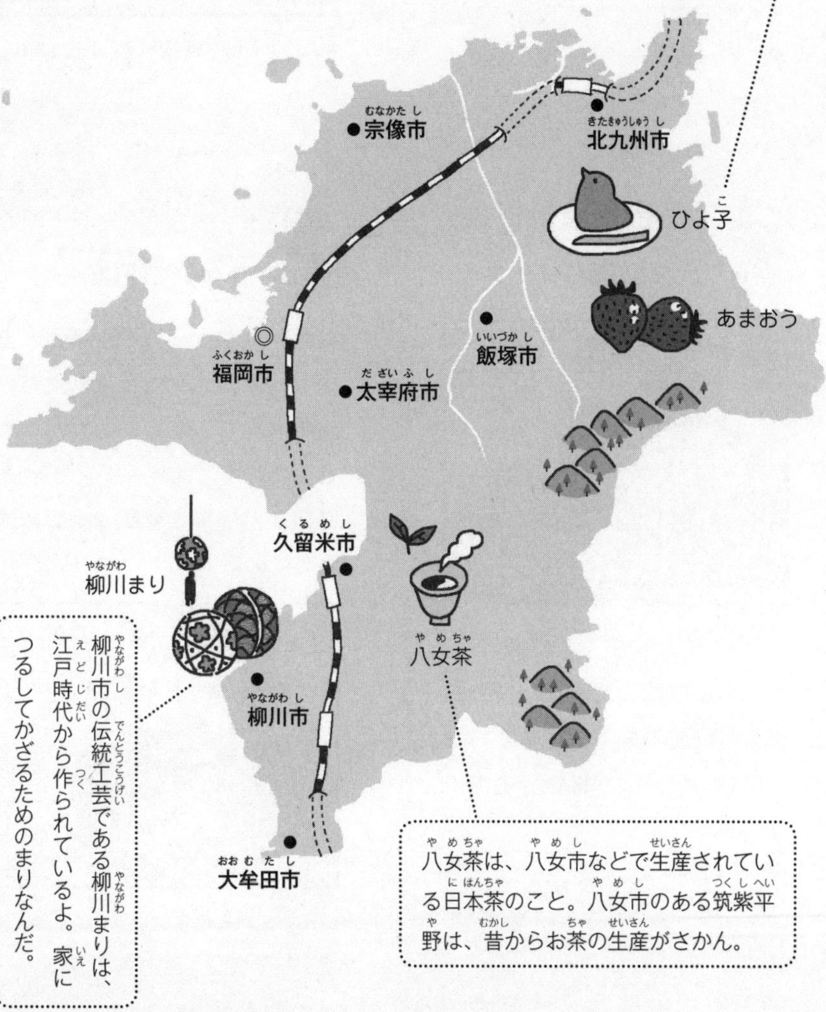
宗像市
北九州市
ひよ子
あまおう
飯塚市
福岡市
太宰府市
久留米市
柳川まり
八女茶
柳川市
大牟田市

柳川市の伝統工芸である柳川まりは、江戸時代から作られているよ。家につるしてかざるためのまりなんだ。

八女茶は、八女市などで生産されている日本茶のこと。八女市のある筑紫平野は、昔からお茶の生産がさかん。

学んだ日

／

／

／

／

／

自然 関門海峡

北九州市と山口県下関市の間にある関門海峡は、本州からの九州の玄関口。自動車や鉄道が行き来するほか、多くの船も通過するよ。自動車が通る関門橋は、できた当時は日本最大の橋だったんだ。

北九州側の門司港は、レトロな建造物が多く、観光地になっているよ。

九州の玄関口だよ
橋もあるぜ

電車や新幹線が通るトンネルもあるよ。

歴史 八幡製鉄所

ドーン
レトロでかっこいいでしょ?

北九州市にある八幡製鉄所は、もともとは国の製鉄所。100年以上の歴史があり、当時からある建物のいくつかは世界遺産になっているよ。

かつては日本一の生産量をほこる製鉄所だったんだ。

産業 タケノコ日本一

福岡県はタケノコの生産量が全国トップ。北九州市や八女市が産地なんだ。特に、北九州市の合馬たけのこは有名なブランド。高級品として、京都や大阪に送られているよ。

クンッ
クン
いいかおり
クン

しんせんなものはアクが少ないから、生で食べられるんだって。

もっと知りたい！福岡県

福岡県出身の偉人

- ◆貝原益軒（学者）
- ◆田中久重（発明家）

福岡県出身の有名人

- ◆赤川次郎（作家）
- ◆加藤一二三（元棋士）
- ◆草刈正雄（俳優）
- ◆高倉健（俳優）
- ◆タモリ（タレント）
- ◆博多華丸・大吉（タレント）
- ◆松田聖子（歌手）

ご当地グルメ

◆博多ラーメン

ブタの骨を煮こんでうまみ成分をスープにした、とんこつスープがおいしいラーメン。福岡市などの屋台でも食べられるよ。

◆もつ鍋

もつは牛や豚の臓物、つまり内臓のことだよ。もつと野菜を一緒に煮こんだ「もつ鍋」は、くせになるおいしさ。

学んだ日

／

／

／

／

／

歴史　筑豊のボタ山

ド〜ン
筑豊富士と呼ばれるよ

飯塚市などの筑豊地方は、かつて石炭で栄えたよ。ほって出る不要な石を積み上げて山になったものをボタ山と呼び、筑豊地方には多くあるんだ。

観光　博多どんたく

博多祇園山笠と並ぶ、福岡市の大きな祭りが博多どんたく。毎年５月に行われるよ。しゃもじを持って、打ち鳴らしながら音楽に合わせておどるんだ。

しゃもじを持って
もじもじせずにおどるのよ

歴史　太宰府天満宮

こりゃあすんごくうまい！
ぱくぱく

太宰府市にある太宰府天満宮は、平安時代の政治家・菅原道真をまつる神社。学問の神様として親しまれているんだ。梅ヶ枝餅というおかしが名物だよ。

菅原道真をまつる神社を天満宮といい、日本全国にあるよ。

方言クイズ

なんて言っているのか、考えてみよう！

① ぐらぐらこく

例）もう、いいかげんにぐらぐらこいた。

② こなす

例）あの子をこなすの、やめなさい。

③ はわく

例）庭をきれいにはわきました。

➡ 正解は P279 へ

観光　博多祇園山笠

毎年７月に福岡市で行われる博多祇園山笠は、櫛田神社のお祭り。700 年以上の歴史があるんだ。

山笠とは大きな山車のようなもの。人が引く「舁き山笠」と、展示する「飾り山笠」があるよ。飾り山笠は武士や童話を題材にした人形をたくさんかざるんだ。高さが 10m ほどにもなるよ。

ぼくらはキュウリを食べないよ

山笠を引く人など、祭りの参加者は期間中、キュウリを食べないんだって。

交通　800系つばめ

車内が
和風です
キラッ

九州新幹線の800系は、和風の内装にこだわっているよ。座席のシートは京都の西陣織が使われているほか、かべが金ぱくの車両もあるんだ。

グルメ　辛子明太子

辛子明太子はタラの卵を唐辛子などにつけこんだもの。福岡県の特産品なんだ。唐辛子なしの塩づけのものは「タラコ」と広く呼ばれているよ。

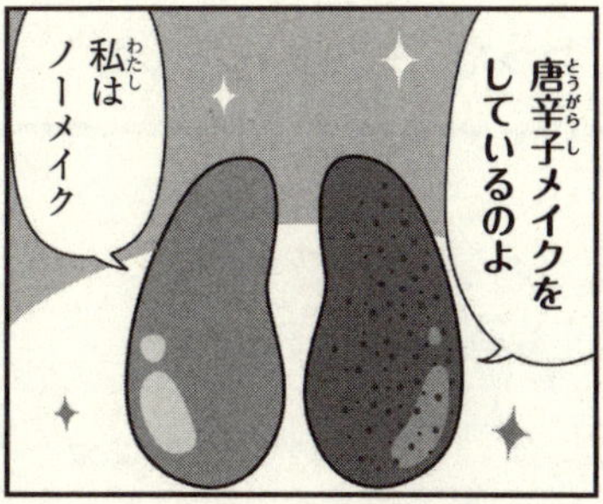
唐辛子メイクをしているのよ
私はノーメイク

みんなの給食 in 福岡県

福岡県はとり肉をよく食べるよ。給食でも、とり肉と野菜を煮たがめ煮（筑前煮とも呼ぶ）や、たきこみごはんに入れたかしわめしが人気なんだ。

がめ煮は、福岡県のお祝いの席や正月のおせち料理に欠かせない定番なんだ。

かしわめし。家庭でおなじみの料理だけど、駅弁として多くの駅で売っているよ。

学んだ日
／
／
／
／
／

[P278 方言クイズの答え] ①頭にくる・腹が立つ　②いじめる　③（ほうきなどで）はく

佐賀県

有明海の干潟でののりの生産が有名だよ。ムツゴロウという変わった魚も見られるんだ！

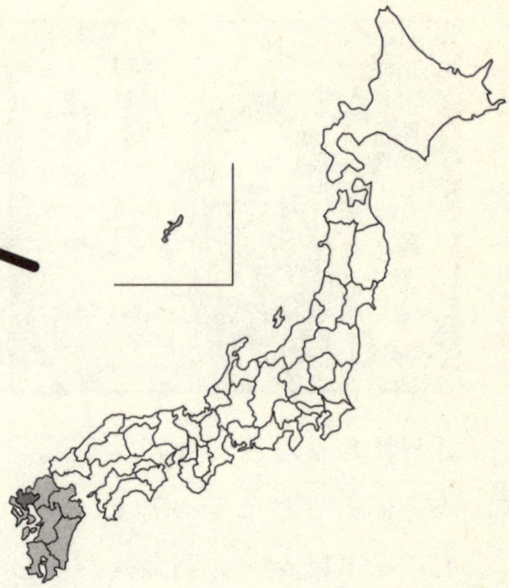

県庁所在地	佐賀市
面積	2441㎢（全国42位）
人口	83万2832人（全国42位）

県の花　クス　　県の木　クス

県の鳥　カササギ

修理して末長く

水路が道路みたい！
クリークと言うのよ
水の少ない佐賀平野に水を引きこむの
頭いい！
古いものだから修理して使っているわ
本当だ
ぼくのズボンも修理してよん
きゃあ！

九州・沖縄地方

佐賀県

佐賀県ってこんなところ

福岡県と佐賀県にまたがる脊振山地は、日本で初めてお茶の種を植えた場所とされ、今でもお茶の生産がさかん。

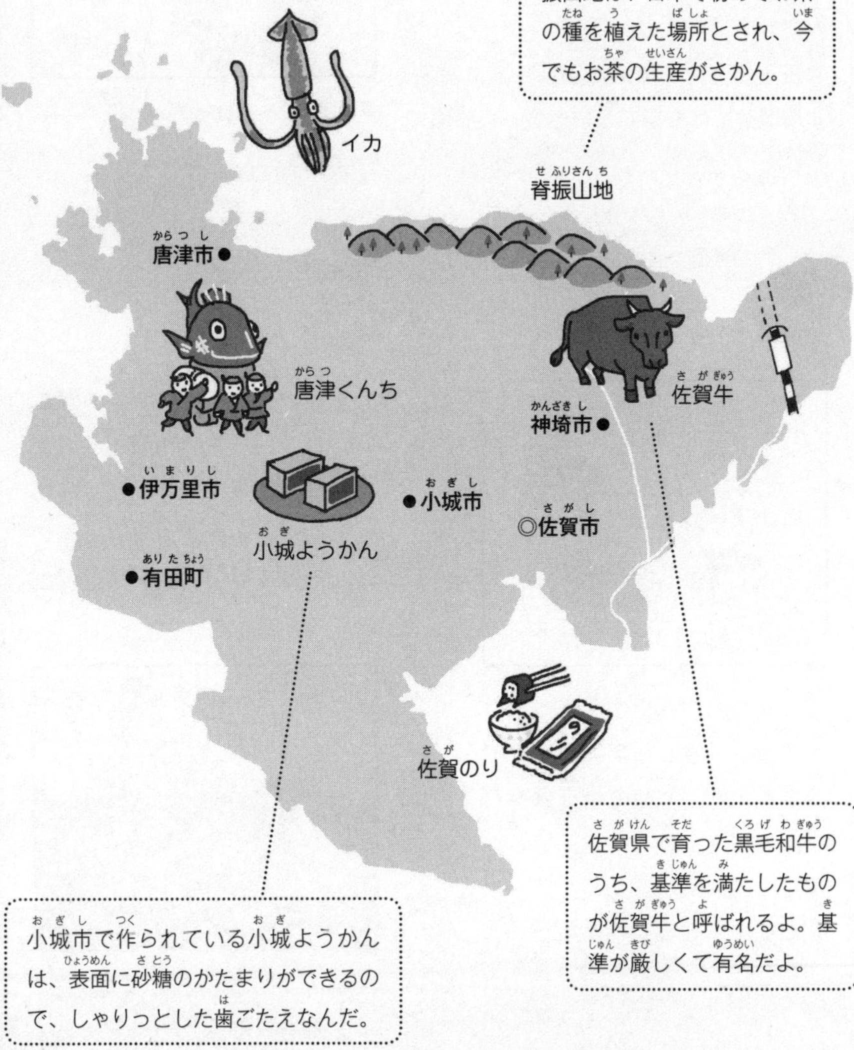

イカ
脊振山地
唐津市
唐津くんち
佐賀牛
神埼市
伊万里市
小城市
佐賀市
小城ようかん
有田町
佐賀のり

佐賀県で育った黒毛和牛のうち、基準を満たしたものが佐賀牛と呼ばれるよ。基準が厳しくて有名だよ。

小城市で作られている小城ようかんは、表面に砂糖のかたまりができるので、しゃりっとした歯ごたえなんだ。

学んだ日

／

／

／

／

／

歴史　吉野ヶ里遺跡

吉野ヶ里町と神埼市にまたがる吉野ヶ里遺跡は、弥生時代の大きな集落あと。当時の王様の住まいや倉庫、やぐらなどが復元されているんだ。昔の中国や朝鮮半島の文化と似ている部分もあるんだって。

女王・卑弥呼の治めた邪馬台国に関係する遺跡ではないかという説もあるよ。

わたしの国かもね！

卑弥呼は２～３世紀ごろの女王なんだ。

産業　ハウスミカン

夏だけどミカンよ！
ハウスだからね

ビニールハウスで生産するハウスミカン。春から夏にかけて出荷するんだ。全国の生産量トップは佐賀県。唐津市周辺で多く作られているよ。

秋にハウスの温度を上げ、春が来たとさっかくさせて育てるよ。

動物　ムツゴロウ

有明海に住む魚で有名なのがムツゴロウ。ハゼの仲間だよ。潮の引いた干潟を飛びはねて移動するんだ。初夏になると、オスは高くジャンプしてメスにプロポーズするよ。

好きだ！
ごめん後でね

ムツゴロウは、佐賀県ではウナギのようにかば焼きにして食べるんだ。

もっと知りたい！佐賀県

佐賀県出身の偉人

- 大隈重信（政治家）
- 江藤新平（政治家）

佐賀県出身の有名人

- 江頭2:50（タレント）
- はなわ（タレント）
- 松雪泰子（女優）

ご当地グルメ

◆シシリアンライス

ご飯に炒めた肉や生野菜などをのせ、マヨネーズをかけた名物グルメ。レストランのまかない料理から始まったんだって。

◆魚ロッケ

魚のすり身に野菜などを混ぜ、パン粉を付けてあげたものだよ。見た目がコロッケに似ているからこの名が付いたんだ。

学んだ日

／

／

／

／

／

産業　佐賀のり

まゆげともみあげが
佐賀のりなんだな
これが

佐賀県は、のりの生産量が日本一。有明海で生産がさかんなんだ。ここで作られる佐賀のりはのりの中でも高級品。香りも歯ごたえもすばらしいよ。

産業　呼子のイカ

唐津市の呼子地区はイカ漁がさかん。漁港の近くで行われる呼子朝市も有名だよ。名物のイカのいき造りはイカを生きたままさばいて、さしみにするんだ。

まだ生きて
いるのよ！
ピクピク

観光　バルーンフェスタ

バカ！
ぼくも飛ぶぞ！

佐賀県で毎年秋に行われる「佐賀インターナショナルバルーンフェスタ」は、日本最大の熱気球の大会。大空にたくさんの気球がうかぶ風景はとても美しいよ。

競技開始は早朝７時。朝日に照らされた気球がキレイなんだ。

方言クイズ

なんて言っているのか、考えてみよう！

① えすか

例）こんなことで怒るとは、えすか先生だね。

② がばい

例）がばい大きな人形だ。

③ やーまち

例）ろうかで転んで、やーまちした。

➡ 正解は P285 へ

産業　有田焼

有田町で作られている有田焼は、はなやかな絵付けの焼き物。近くの伊万里港から船で各地へと運ばれたから、伊万里焼とも言うんだ。

絵の色のあざやかさで海外でも知られているけれど、最近は白くてなめらかな地の美しさを生かした、シンプルな焼き物も多いんだ。

うっとり
白くてなめらか！わたしみたい

有田焼は「ありた」、ミカンで有名な和歌山県の有田市は「ありだ」だよ。

九州・沖縄地方
佐賀県

交通　特急かもめ

かもめですが
ネズミに似ているんです

博多駅と長崎駅を結ぶ特急かもめ。最も長いきょりを通るのが佐賀県なんだ。17年現在の最新型車両である885系は、正面から見るとかわいく見えるよ。

観光　唐津くんち

唐津市で毎年秋、3日間かけて行われる祭りが唐津くんち。魚や戦国武将のかぶとなど、さまざまな形をした曳山（山車のこと）が街をねり歩くんだ。

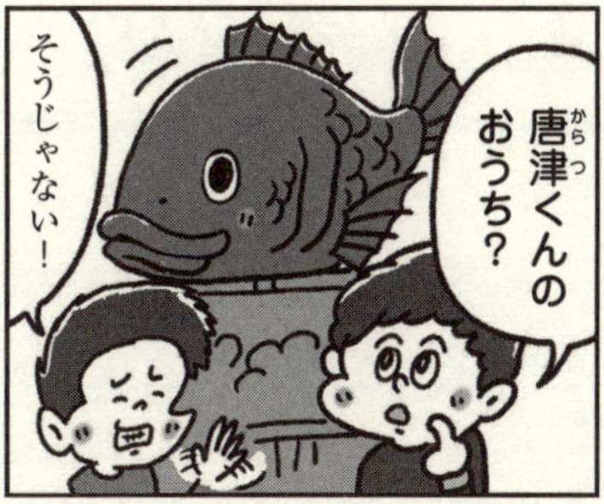
唐津くんのおうち？
そうじゃない！

みんなの給食 in 佐賀県

野菜を細かく切って煮こんだだぶは、佐賀県で古くから食べられてきたよ。いかのかけ和えなど、呼子名物のイカを使ったメニューもあるんだ。

だぶは福岡県でも広く食べられているよ。お祝いや仏事の席の定番なんだって。

いかのかけ和えはイカを酢みそで和えたもので、唐津市周辺の郷土料理だよ。

学んだ日
／
／
／
／
／

[P284方言クイズの答え] ①こわい ②とても ③けが

長崎県

古くから海外との貿易の窓口として栄えたよ。外国の雰囲気が感じられる町なみも魅力。

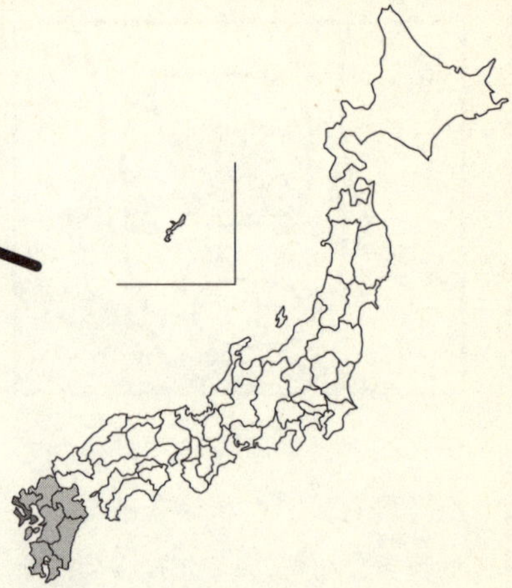

県庁所在地	長崎市
面積	4132㎢（全国37位）
人口	137万7187人（全国29位）

県の花	ウンゼンツツジ
県の木	ヒノキ・ツバキ
県の鳥	オシドリ

ゴンドラでGO！

すっごい坂！
長崎は坂が多いな…
や…やっと登った…
ゼー
ゼー
おつかれさま！
おばあちゃん、よく登れたよね
フフフ…
わたしはゴンドラで登ったの
あるなら先に言って！

長崎県ってこんなところ

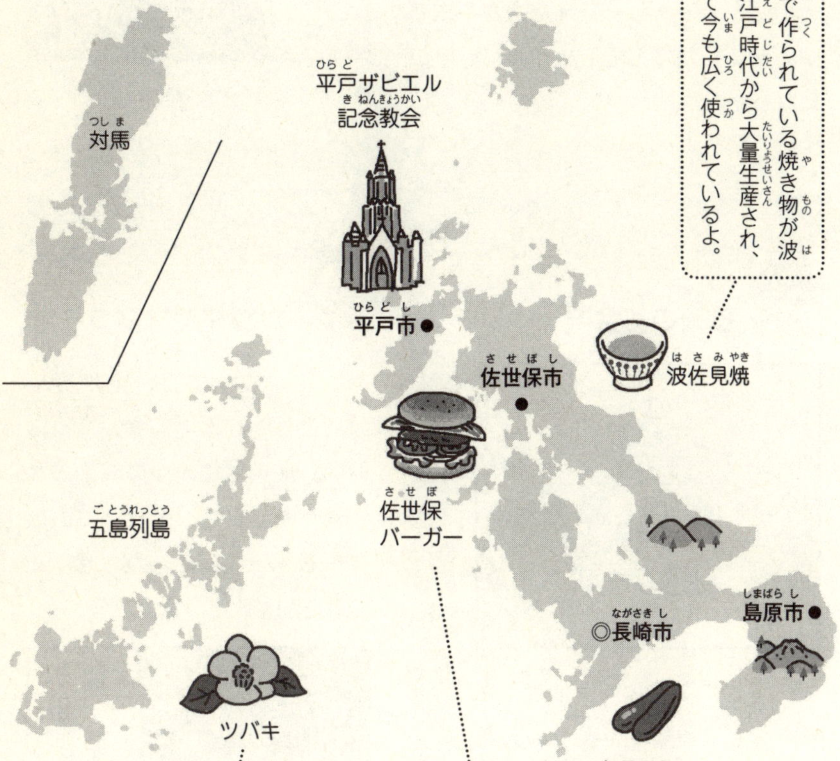
対馬
平戸ザビエル記念教会
平戸市
佐世保市
波佐見焼
佐世保バーガー
五島列島
島原市
◎長崎市
ツバキ
カラスミ

波佐見町で作られている焼き物が波佐見焼。江戸時代から大量生産され、食器として今も広く使われているよ。

五島列島は、伊豆諸島の利島とならぶ椿油の一大産地。防風林としても植えられていたんた。

佐世保市は手作りハンバーガーの専門店がたくさんあるんだ。佐世保バーガーと呼ばれ、代表的な地元グルメだよ。

学んだ日
／
／
／
／
／

自然

普賢岳

島原半島の真ん中には、いくつもの火山が集まっていて、まとめて雲仙岳と呼ぶんだ。普賢岳はその中の１つで、1990年に大ふん火して、周りの市町村が大きな災害を受けたよ。
そのふん火で新しくできた山が平成新山。普賢岳から出た溶岩が固まって山になったんだ。

どうも平成新山です
お、おれより高いな

高さは1483ｍで普賢岳より高いよ。

歴史

長崎の教会群

アーメン

江戸時代にキリスト教は禁止されたけど、長崎では多くの人がかくれて信仰し続けたんだ。禁止が解けると、多くの教会が建てられたよ。

歴史的価値がみとめられ、今は多くの人が訪れているよ。

動物

ツシマヤマネコ

ツシマヤマネコは、全世界で対馬にしか住んでいないネコの仲間。最近は住みかの森やエサが減ったせいで、ヤマネコの数自体もへっているんだ。ぜつめつも心配されているよ。

もう仲間はあまりいないの…

交通事故にあうことも多く、対馬では「ヤマネコ注意」の道路標識もあるよ。

もっと知りたい！長崎県

長崎県出身の偉人

- 大浦慶（実業家）
- 長岡半太郎（学者）

長崎県出身の有名人

- 内村航平（体操選手）
- さだまさし（歌手）
- 美輪明宏（歌手）
- 福山雅治（歌手）
- 役所広司（俳優）

ご当地グルメ

◆皿うどん

たっぷりの肉や野菜を皿にもりつけた麺料理。焼きうどんのような麺からパリパリした細麺まで、いろいろなタイプがあるよ。

◆長崎ちゃんぽん

たくさんの具とこってりしたスープがとくちょうの麺料理。「ちゃんぽん」はいろいろなものを混ぜたものという意味だという説があるよ。

歴史　平和公園

左手は平和の大切さを
右手は原爆を表しているよ

長崎市は、第２次世界大戦中に原子爆弾が落とされた街。市では平和の願いをこめて、公園と祈念像を造ったんだ。像の左手は平和を表しているんだ。

観光　ハウステンボス

佐世保市にある「ハウステンボス」はオランダの街を再現したテーマパーク。水車や運河もあって、日本にいながら海外旅行しているみたいな気分になるよ。

美しくてロマンチック！

学んだ日
／
／
／
／
／

観光 長崎くんち

…ぼくんちのある街でもやるんだ

長崎くんちは、長崎市で毎年10月に開催される祭り。江戸時代から行われているんだ。長い竜の人形を持っておどる「龍踊」が有名だよ。

> くんちは「9月9日（くにち）」がなまったという説があるよ。

方言クイズ

なんて言っているのか、考えてみよう！

① よんにゅー

例）昨日、カステラをよんにゅーもらった。

② やぐらしい

例）宿題が多くて、やぐらしい。

③ すらごつ

例）君はすらごつばっかり言うんだね。

➡ 正解はP291へ

グルメ カステラ

長崎県の名産の1つであるカステラは、戦国時代にポルトガルから伝わったおかしを基に作られたよ。

江戸時代には作り方が日本全国に伝わり、今ではよく知られるおかしとなっているんだ。切り取られたはしの部分を集めて、「カステラの耳」として売っている店もあるよ。

おいしいから1本ぜんぶ食べちゃおう
食べすぎだよ…

卵と砂糖をたっぷり使うから、おいしいけれど食べすぎには注意して。

産業 造船業

日本製なんだぜ
ビューン

佐世保市はかつて海軍の造船所があったこともあり、造船業がさかん。石油を運ぶタンカーや、セメントや穀物を運ぶ貨物船などを作っているよ。

歴史 出島

江戸時代は西洋の国ぐにと鎖国をしていた日本。長崎の出島という島でだけ、西洋と貿易をしていたよ。今は埋め立てられて島ではなくなっているんだ。

上から見ると扇の形だよ

みんなの給食 in 長崎県

ヒカドはサツマイモをすりおろしてとろみをつけた汁料理。ポルトガル料理が由来と言われているよ。長崎市の名物である、ちゃんぽんも給食に。

ヒカド。とろみがあるから体が温まるよ。冬にぴったりのメニュー。

ちゃんぽんは太めの麺に、いためた肉や魚介類、野菜もたっぷり入るんだ！

学んだ日
／
／
／
／
／

【P290方言クイズの答え】①たくさん ②めんどうだ ③うそ

熊本県

阿蘇山は今も活動している火山なんだ。気候は温暖で、スイカの生産量は日本一だよ。

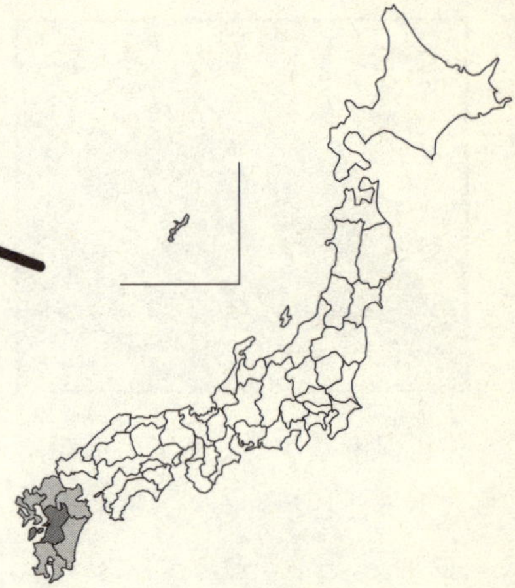

県庁所在地	熊本市
面積	7409㎢（全国15位）
人口	178万6170人（全国23位）

県の花 リンドウ　県の木 クスノキ

県の鳥 ヒバリ

ありゃ馬こりゃ馬

熊本は馬の肉で有名よ
きれいな色！
馬肉のことをさくら肉とも呼ぶの
あっ！
こんなにおいしいなんて…
とろけるー
ガタ
ブル
な…なるほど
ヒヒーーン
うまい！うますぎる
食べている人が馬になったわ！

熊本県ってこんなところ

熊本県北部ではメロン生産がさかん。「ホームラン」や「肥後グリーン」などの品種が作られているんだ。

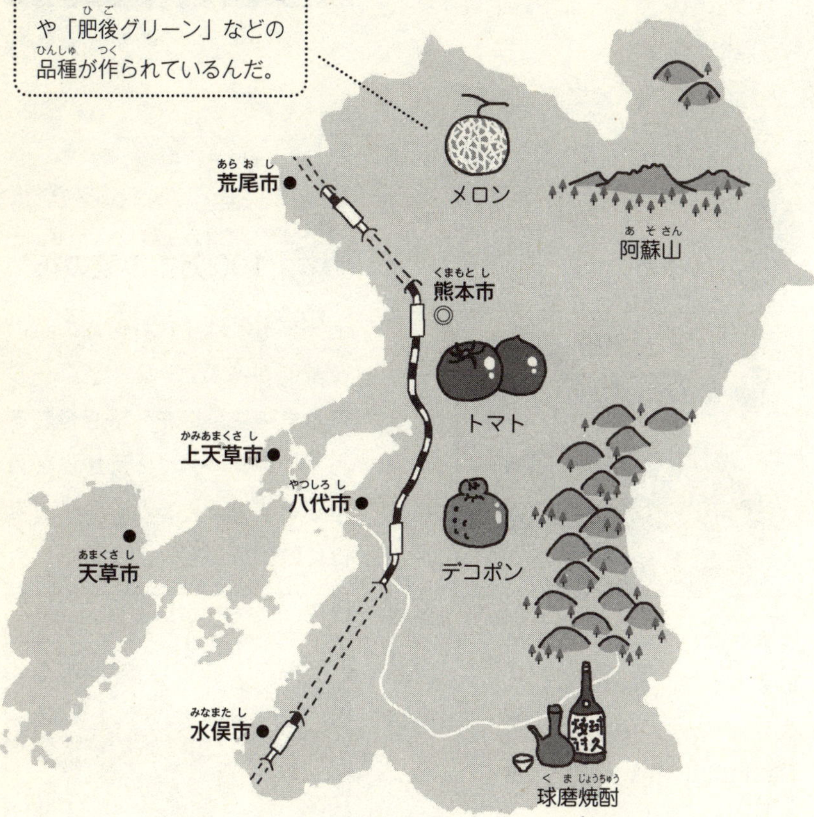
荒尾市
メロン
阿蘇山
熊本市
トマト
上天草市
八代市
天草市
デコポン
水俣市
球磨焼酎

熊本県南部の人吉盆地は、焼酎造りで知られるよ。球磨焼酎と呼ばれ、日本酒と同じく米が原料。

学んだ日

／

／

／

／

／

自然　阿蘇山

阿蘇山は熊本県にあるいくつかの山の総称で、中心はカルデラというくぼ地になっているよ。その内側に、さらに阿蘇五岳と呼ばれる５つの小さい火山があるんだ。カルデラの大きさは南北に約25km、東西に約18km。草千里という広い草原もあって、牛や馬が放牧されているよ。

阿蘇山のカルデラよ
あーそー

カルデラの中に３つの市町村があるよ。

産業　スイカ

ドン
た、たべられるかな…

熊本県は、スイカの生産量が日本でトップ。県内ではいろいろな品種が作られていて、重さが100kg近いジャンボスイカを作る農家もあるよ。

特に、熊本市北区の植木町で生産がさかんなんだ。

植物　100万本の菜の花

上天草市には「100万本の菜の花園」があるよ。２ヘクタールのしき地に菜の花が咲きほこるんだ。見ごろは12月から２月中ごろまで。早春というよりほぼ冬の時期に咲くんだ。

ミツもたくさん！

上天草市が農家から畑を借りて、菜の花の種をまいているんだ。

もっと知りたい！熊本県

熊本県出身の偉人

- 天草四郎（武士）
- 北里柴三郎（学者）
- 北原白秋（詩人）

熊本県出身の有名人

- 内村光良（タレント）
- くりぃむしちゅー（タレント）
- スザンヌ（タレント）

ご当地グルメ

◆熊本ラーメン

こがしたニンニクの風味が香ばしい、熊本のご当地ラーメン。とんこつスープにとりがらスープを合わせているよ。

◆いきなり団子

輪切りにしたサツマイモとあんをもちでくるんでむしたおかし。店だけでなく家庭でも作られる、熊本の定番おやつなんだ。

学んだ日
／
／
／
／
／

歴史 熊本城

がんばれ！

熊本城は、2016年4月の熊本地震でかわらや石垣、へいなどがこわれてしまったんだ。現在は修復工事中で、工事は2036年に終了する予定だよ。

産業 トマト

トマトの国内生産量トップは熊本県。八代市や玉名市で特に多く作られているよ。土の塩分が多い八代平野ではあまみの強い「塩トマト」が作られているよ。

ピチピチのうちに食べて

産業 イグサ

イグサ？知るかよ！
何て言い・ぐ・さ・！

たたみやゴザは、和室には欠かせないもの。その原料となるイグサは、日本の生産量の９割以上が熊本県で作られているんだ。八代市で生産がさかんだよ。

「ひのみどり」という熊本で生まれた品種は高級品だよ。

方言クイズ

なんて言っているのか、考えてみよう！

① せからしか

例）いそがしいのに、せからしかことばかり言うな。

② ばってん

例）台風が来たばってん、大丈夫だった。

③ あとぜき（する）

例）寒いから、とびらをあとぜきしてよ。

➡ 正解は P297 へ

グルメ 辛子レンコン

熊本県を代表する郷土料理の１つが辛子レンコン。もともとは、江戸時代に熊本の殿様が健康食として食べたのが始まりだと言われているよ。

衣をつけてあげたレンコンの穴に、辛子みそがぎっしりつまっているんだ。辛子みそはとてもからいので、みんなは食べるときに気をつけてね。

どこを切っても
ピリからなの

辛子みそにはハチミツなどであまみもついているけれど、やっぱりからい。

交通　SL人吉

シュポポポ〜

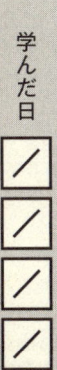

SL人吉は、熊本市と人吉市の間を走るSL。3月から11月までの期間限定で運行しているよ。客車は改良されていて、快適に乗ることができるんだ。

産業　デコポン

デコポンは、ポンカンというかんきつ類を品種改良した果物。へたの周りがおでこのように出っ張っているから、この名前になったんだ。

また0点！
ぼくもデコポンだ…

みんなの給食 in 熊本県

熊本市で食べられているタイピーエンは、麺のかわりに春雨を使ったラーメンのようなものだよ。びりんめしは豆腐の入った混ぜごはん。

タイピーエンは春雨や野菜がたっぷりで、ヘルシーな料理として人気があるよ。

びりんめし。豆腐をいためるときに「ビリン」と音がするからこの名になったよ。

学んだ日
／
／
／
／
／

[P296方言クイズの答え] ①うるさい　②しかし　③（戸・とびらを）閉じる

大分県

別府温泉や湯布院温泉など、有名な温泉地がたくさんあるよ。どこに行こうか迷っちゃうね。

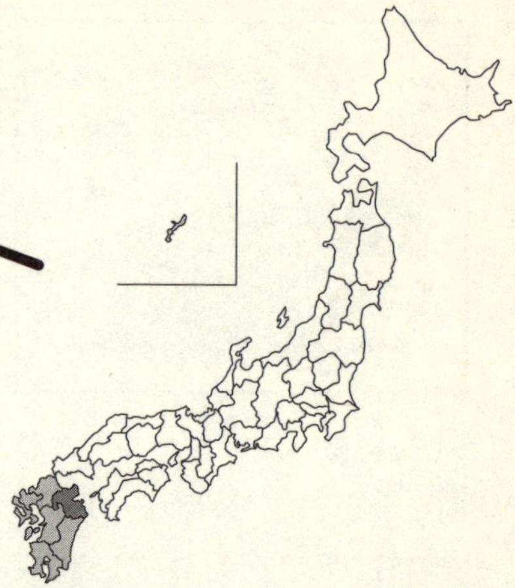

県庁所在地	大分市
面積	6341㎢（全国22位）
人口	116万6338人（全国33位）

県の花　ブンゴウメ　　県の木　ブンゴウメ

県の鳥　メジロ

とりあえずとり料理

わあ、おいしそう
大分県の郷土料理、とり天よ
1
大分では中津のからあげも有名ね
どっちも最高！
ハフハフ
2
何でとり肉料理が多いんだろ？
何か・・・とりックがあるな…
3
おもしろいギャグじゃない！
ワハハ
でしょ
寒くて・・・とりはだが立つわ…
4

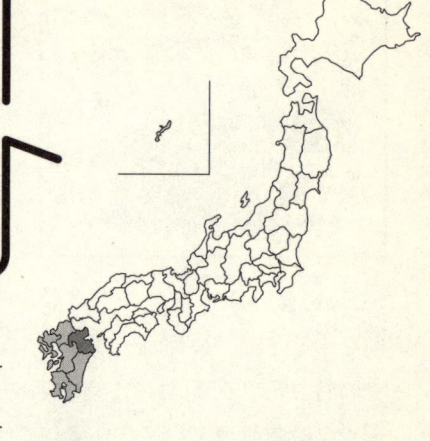

大分県ってこんなところ

唐辛子とユズを混ぜたゆずこしょうは九州で人気の調味料。初めて作ったのは日田市という説も。

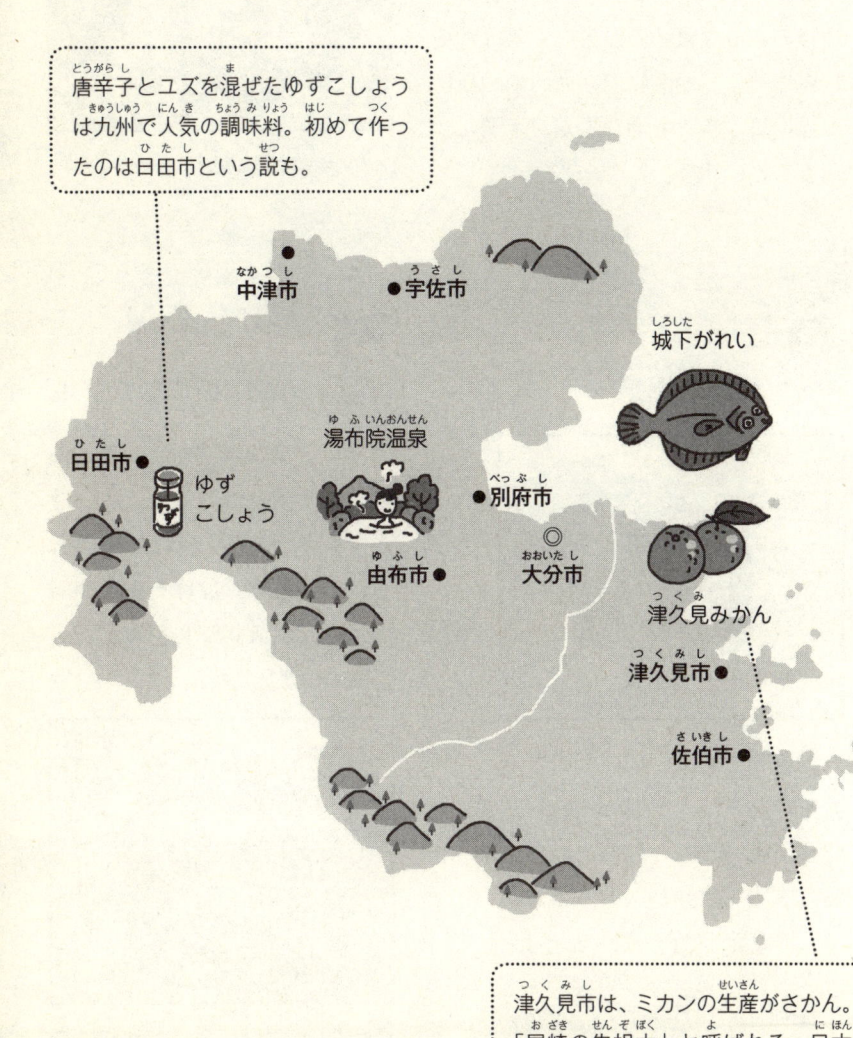

中津市
宇佐市
城下がれい
湯布院温泉
日田市
ゆず
こしょう
別府市
由布市
大分市
津久見みかん
津久見市
佐伯市

津久見市は、ミカンの生産がさかん。「尾崎の先祖木」と呼ばれる、日本最古のかんきつ類の古木もあるよ。

学んだ日
／
／
／
／
／

産業

別府温泉

別府市は、温泉がわき出る場所の数もわき出る量も日本一だよ。近くに２つの火山があり、温められた地下水が温泉となって、わき出しているんだ。地獄のような景色の温泉を見る「別府地獄めぐり」が名物で、血の池地獄は本当に真っ赤なお湯なんだ。足湯につかることもできるよ。

赤い！
トマトジュースみたいね
血の池地獄は『万葉集』にも出てくるよ。

観光

湯布院温泉

由布岳がキレイ！

大分県の温泉で、別府温泉と人気を二分するのが湯布院温泉。温泉だけでなく、おしゃれな雑貨を売るお店やレストランも多く、特に女性に大人気なんだよ。

温泉がわき出る場所の数は別府温泉に次いで全国２位だよ。

動物

高崎山のニホンザル

大分市の高崎山にある「高崎山自然動物園」は野生のニホンザルで有名。1300頭以上いるとされているよ。群れをまとめるサルを「ボスザル」と呼んだのは高崎山が最初なんだ。

おれがボスだよ
最近は「ボスザル」という呼び方は使われず、「αオス」と呼ぶんだって。

もっと知りたい！大分県

大分県出身の偉人

- ◆福沢諭吉（教育者）
- ◆前野良沢（学者）

大分県出身の有名人

- ◆稲尾和久（元野球選手）
- ◆内川聖一（野球選手）
- ◆指原莉乃（タレント）
- ◆ユースケ・サンタマリア（タレント）

ご当地グルメ

◆ざびえる

戦国時代の日本にやってきて、キリスト教を広めたザビエルにちなんで作られたおかし。バター風味の皮と白あんがマッチ。

◆りゅうきゅう

ブリやサバなどの魚をさしみにしてしょうゆや酒などで作ったたれにつけこんだ料理。ごはんにのせるととてもおいしいよ。

学んだ日
／
／
／
／
／

産業　関アジ・関サバ

セレブなのよ！

大分県と愛媛県の間にある豊予海峡でとれるアジ・サバは関アジ・関サバと呼ばれているよ。とてもおいしく、高級魚として全国に知られているんだ。

産業　カボス

カボスは大分県の特産物。ユズやスダチのように果汁をしぼって使うんだ。スダチとは色も同じでまちがえやすいけれど、カボスの方がはるかに大きいよ。

スダチとは育ちがちがうのさ
育ちでしょ！

産業　干しシイタケ

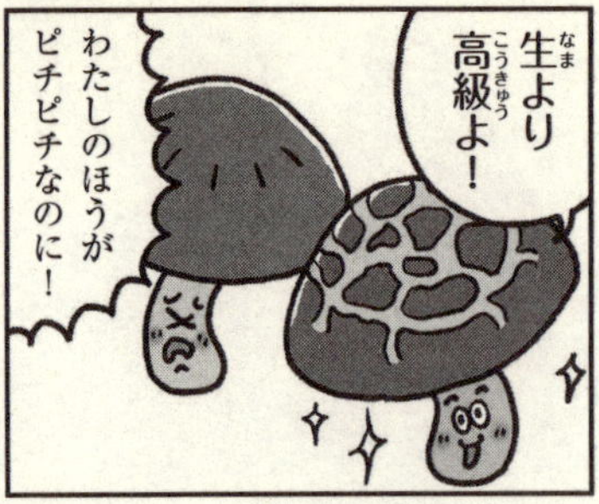
生より高級よ！
わたしのほうがピチピチなのに！

干しシイタケの国内生産の４割以上が大分県産のもの。もともと生シイタケ生産もさかんで、日本のシイタケ生産が始まったのも大分県と言われているよ。

大分県は、シイタケが生えるクヌギが豊富なんだ。

方言クイズ

なんて言っているのか、考えてみよう！

① かたる

例）僕もその遊びにかたらしてよ。

② すもつくれん

例）宿題手伝わないなんて、すもつくれん人だね。

③ いっすんずり

例）高速道路がいっすんずりで動かないよ。

➡ 正解はP303へ

歴史　宇佐神宮

宇佐神宮は、全国にたくさんある八幡宮のトップに立つ神社だよ。東大寺の大仏が完成したとき、宇佐神宮の神官が乗っていた乗り物が、祭りのみこしの原型になったという説があるんだ。参道にある夫婦石は、恋人が手をつないで石をいっしょにふむと幸せになれると言われているよ。

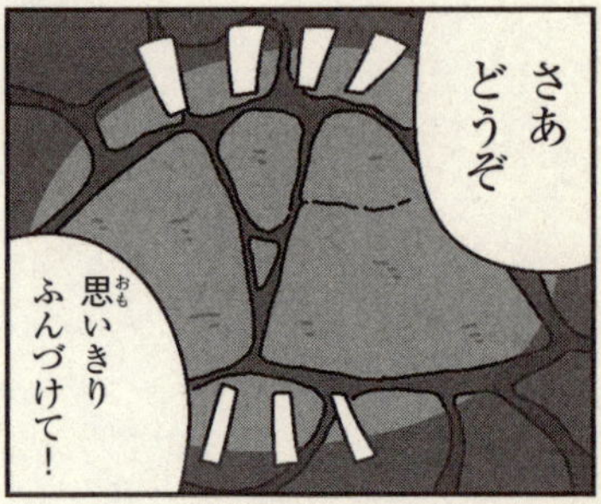
さあどうぞ
思いきりふんづけて！

１人で来ても大丈夫。両足でふめば、いい出会いにめぐまれるんだって。

その他　吉四六さん

とんち者として有名だよ

吉四六さんは、大分県で伝えられている昔話の主人公だよ。とんちが好きでかしこいけれどおっちょこちょいな性格で、多くの人びとに愛されているんだ。

グルメ　日田焼きそば

日田焼きそばは、日田市の地元料理で、麺のはしがこげるくらいカリカリに焼くのがとくちょう。今では日田市以外でも日田焼きそばを出す店があるんだ。

パリッパリでうまーい
固く焼いているのさ

みんなの給食 in 大分県

小麦粉を練って具だくさんの汁に入れただんご汁は大分県を代表する郷土料理の１つ。津久見市の保戸島特産のひじきの料理も給食に出るよ。

だんご汁は、福岡県や熊本県でもよく似た料理が食べられているんだ。

ひじきめしは、ひじきだけでなく地元の魚介類や野菜もたくさん入るよ。

学んだ日
／
／
／
／
／

宮崎県

果物のさいばいなどがさかん。日本神話の舞台になった、神秘的な場所も残されているよ。

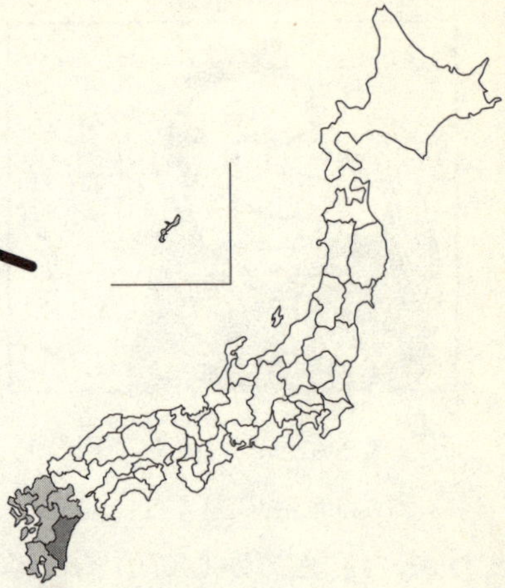

県庁所在地	宮崎市
面積	7735㎢（全国14位）
人口	110万4069人（全国36位）

県の花	ハマユウ
県の木	フェニックス・ヤマザクラ・オビスギ
県の鳥	コシジロヤマドリ

急カンバーよ！
宮崎県はキュウリの生産が日本一よ！
ビニールハウスで育てるのね
これ、すごくおいしい！
ガツガツ
郷土料理の冷や汁ね
魚のだしのきいた汁に、きゅうりを入れるのよ
さっぱりして最高
あ！先に食べてる
ずるい〜
そんな、きゅうり言うなよ…

宮崎県ってこんなところ

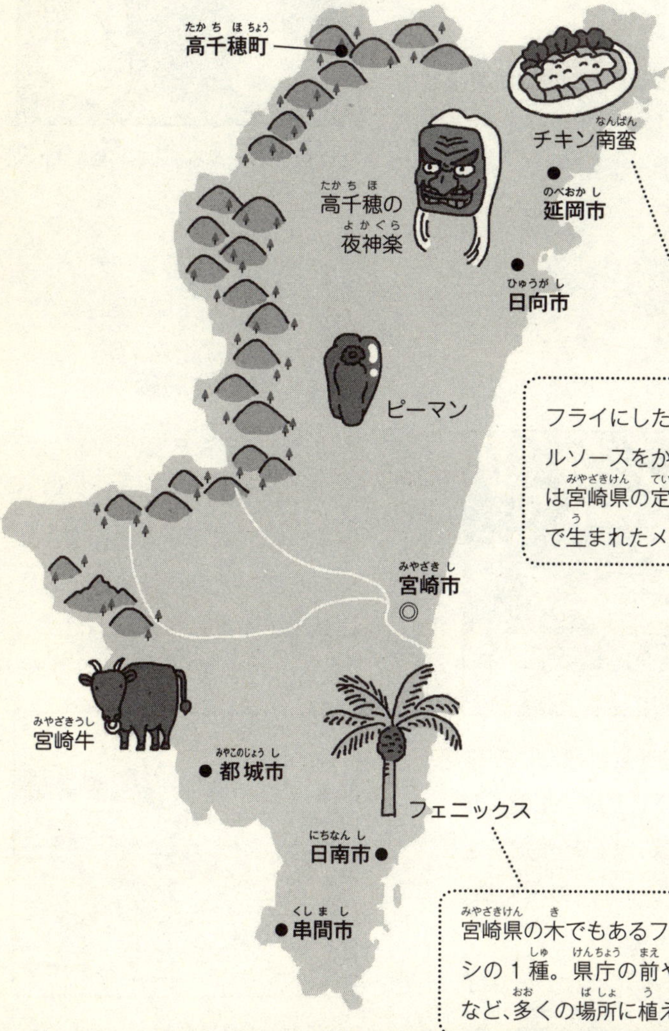
高千穂町
チキン南蛮
高千穂の夜神楽
延岡市
日向市
ピーマン
宮崎市
宮崎牛
都城市
フェニックス
日南市
串間市

フライにしたとり肉にタルタルソースをかけたチキン南蛮は宮崎県の定番料理。延岡市で生まれたメニューなんだ。

宮崎県の木でもあるフェニックスはヤシの１種。県庁の前や日南海岸沿いなど、多くの場所に植えられているよ。

学んだ日
／
／
／
／
／

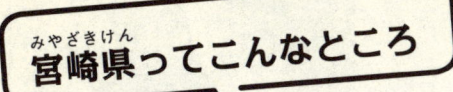

自然 高千穂峡

高千穂町にある高千穂峡は、国の天然記念物。80 ~ 100m の高さの険しいがけが、五ヶ瀬川に沿って 7km も続くんだ。ボートでじっくり見てまわることができるよ。

特に有名なのが真名井の滝。時期によっては夜に色とりどりにライトアップされ、とてもきれいなんだ。

水が光って
キレイ!

遊歩道から滝を見ることも可能だよ。

歴史 飫肥

何て
美しい

日南市の飫肥地区は難しい漢字だよね。「おび」と読むんだ。江戸時代の武士の家などがたくさん残っていて、「九州の小京都」とも呼ばれているよ。

魚のすり身をあげた「飫肥の天ぷら(おび天)」も有名なんだ。

自然 鬼の洗濯板

宮崎市にある青島という島には、「鬼の洗濯板」があるよ。700 万年ぐらい前にできた岩が波にけずられて、大きな洗濯板のように見えるんだ。鬼が本当にパンツを洗っているかも?

がんこな
よごれ…

1934 年に天然記念物になっているよ。何と、80 年以上前なんだ。

もっと知りたい！宮崎県

宮崎県出身の偉人

◆小村寿太郎（政治家）
◆若山牧水（歌人）

宮崎県出身の有名人

◆蛯原友里（モデル）
◆堺雅人（俳優）
◆東国原英夫（タレント）

ご当地グルメ

◆スコール

都城市の南日本酪農協同が売っているヨーグルト味の飲み物で、1973年から40年以上にわたって愛されているロングセラー。

◆肉巻きおにぎり

のりの代わりに、豚肉をご飯に巻いてこんがり焼いたおにぎりだよ。あまからいタレがポイント。レタスに包んで食べるんだ。

学んだ日
／
／
／
／
／

産業　スイートピー

スイートピーをおくるよ！
別れたいのかしら？

暖かい宮崎県は、スイートピーの生産量が日本一。ちなみにスイートピーの花言葉は「別れ」「門出」。入学や卒業のときにあげるのにぴったりだね。

産業　日向夏

日向夏は、ミカンの仲間の果物でグレープフルーツに似た味なんだ。白い皮の部分もおいしく食べられるんだ。日本一の生産量をほこるのが宮崎県だよ。

「夏」って名前だけど
食べごろは1～4月よ

動物　幸島のニホンザル

キレイ好きで有名なんです
フキ
フキ

串間市の幸島は、野生のニホンザルがいるよ。ここのサルはエサであるサツマイモを水で洗って、よごれを落としてから食べるんだ。おもしろいね。

幸島も、住んでいるニホンザルも天然記念物になっているよ。

方言クイズ

なんて言っているのか、考えてみよう！

① よだきい

例）宿題やるのは本当によだきいな。

② てげ

例）この本はてげおもしろいっちゃ。

③ てげてげ

例）そんなの、てげてげでいいっちゃが。

➡ 正解はP309へ

歴史　天岩戸神社

高千穂町には天岩戸神社があるよ。ここには、『古事記』や『日本書紀』などの日本神話でアマテラスという神様がこもったとされる天岩戸があるんだ。他にも高千穂町周辺には天安河原、くしふるの峰など、日本神話にまつわる場所が残っていて、多くの観光客でにぎわっているよ。

ここに天岩戸があるのか！

天岩戸は、神社に2つある本宮のうち、西にある本宮の裏側にあるんだ。

グルメ 流しそうめん

こうすれば すべて 食べられる
こらっ

割った竹に水とそうめんを流し、はしで取って食べる流しそうめん。夏になるとやりたくなるよね。昭和30年代に高千穂町で始まったと言われているよ。

産業 はまぐり碁石

日向市の伝統工芸の1つがはまぐり製の碁石。碁石とは、囲碁を行うときに置く石のこと。最近は日向のはまぐりが減ってしまって、とても高価なものなんだ。

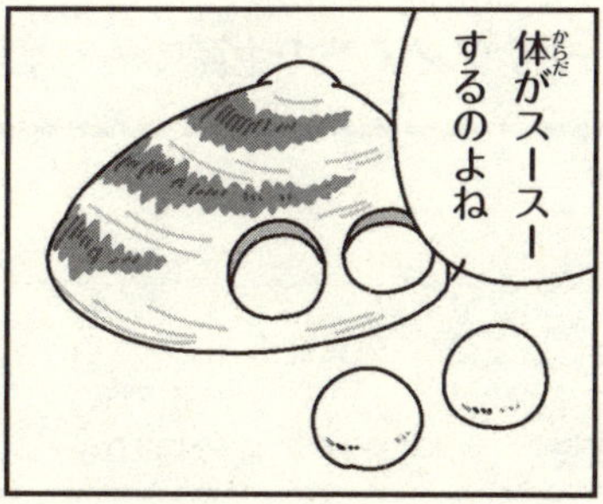
体がスースーするのよね

みんなの給食 in 宮崎県

魚のすり身を麺にした魚うどんは、日南市付近の郷土料理。ムースは宮崎県をはじめ、九州の給食で広く提供され、人気のあるデザートなんだ。

ムース

魚うどんに使われる魚はトビウオが多いよ。しっかりした歯ごたえなんだ。

ムースは、プリンやババロアのようなやわらかい舌ざわりのアイスだよ。

学んだ日
／
／
／
／
／

【P308 方言クイズの答え】①めんどう・つかれた　②とても　③だいたい・適当に

鹿児島県

県の中央には今も活動する火山の桜島がそびえるよ。桜島大根やサツマイモの生産でも有名。

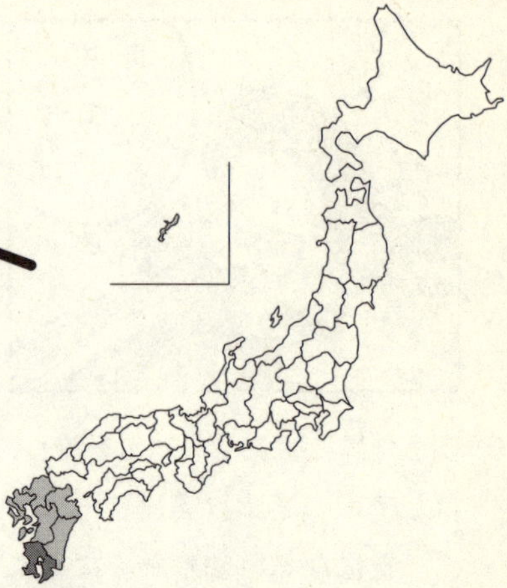

県庁所在地	鹿児島市
面積	9187㎢（全国10位）
人口	164万8177人（全国24位）

県の花	ミヤマキリシマ
県の木	カイコウズ・クスノキ
県の鳥	ルリカケス

いいダシが出るよ

鹿児島県はかつお節の生産が日本一よ
いいかおり！
1
カビをつけて、うま味を引き出すの
おもしろいわ
2
あれっ、お兄ちゃんは？
フフフ…
3
カビ付きの味のある男になったぜ
もわ〜ん
来ないで！
4

鹿児島県ってこんなところ

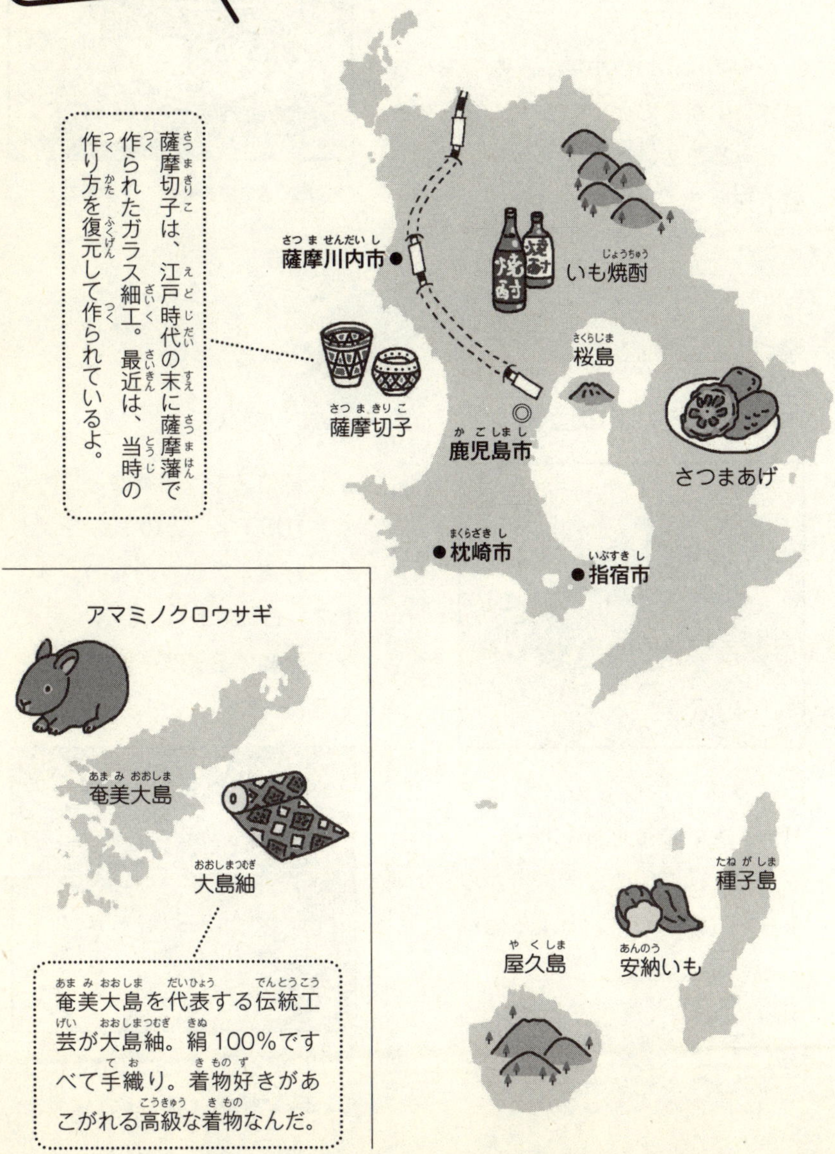
薩摩川内市
いも焼酎
焼酎
桜島
薩摩切子
鹿児島市
さつまあげ
枕崎市
指宿市
アマミノクロウサギ
奄美大島
大島紬
種子島
屋久島
安納いも

薩摩切子は、江戸時代の末に薩摩藩で作られたガラス細工。最近は、当時の作り方を復元して作られているよ。

奄美大島を代表する伝統工芸が大島紬。絹100%ですべて手織り。着物好きがあこがれる高級な着物なんだ。

学んだ日
／
／
／
／
／

自然　桜島

鹿児島県のシンボルといえば、桜島。今も活動中の火山で、年に何度もふん火して、けむりをもくもくと上げているんだ。

近くの学校に通う小学生・中学生たちは、火山から降ってくる灰や岩石から身を守るため、ヘルメットをかぶって登下校しているよ。

登下校はいつもこれ！

ひなんできる施設もたくさんあるよ。

動物　ウミガメの産卵

うう産まれる…

鹿児島県にはウミガメが毎年1000匹単位で産卵に来るよ。ウミガメは産卵のときに目から水分を流すんだ。涙のように見えるけれど、ちがうんだって。

南さつま市の吹上浜や屋久島が産卵地として有名なんだ。

自然　屋久杉

屋久島のスギは樹齢がとても長く、1000年以上のものを屋久杉と呼ぶよ。代表的なのが縄文杉で、日本で最も太いスギだよ。その樹齢は2000～7200年とも言われているんだ。

わしは2000才以上だよ

太さは16.4mもあるよ。保護されていて、近くに行くことはできないんだ。

もっと知りたい！鹿児島県

鹿児島県出身の偉人

- ◆大久保利通（政治家）
- ◆五代友厚（実業家）
- ◆西郷隆盛（政治家）

鹿児島県出身の有名人

- ◆綾小路きみまろ（タレント）
- ◆長渕剛（歌手）
- ◆山田孝之（俳優）

ご当地グルメ

◆さつまあげ

魚のすり身を油で揚げた名物料理で、そのまま食べたり、おでんに入れたりするよ。鹿児島県では「つけあげ」と言うんだって。

◆白くま

練乳をかけたかき氷に果物やあずきをのせたひんやりスイーツ。鹿児島県で生まれて、今では全国で人気を集めているよ。

学んだ日

／

／

／

／

／

産業　サツマイモ

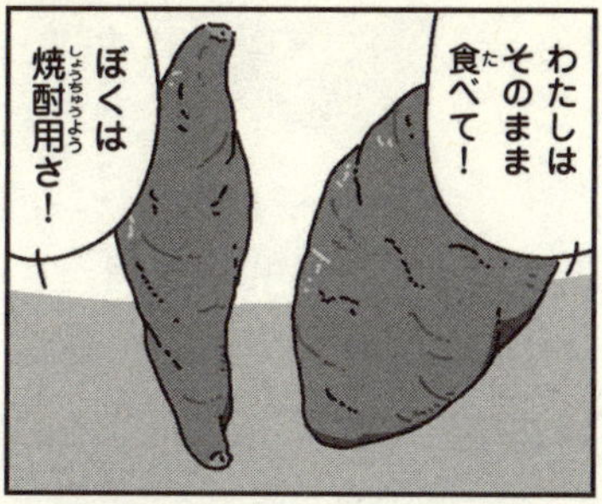
わたしはそのまま食べて！
ぼくは焼酎用さ！

鹿児島県はサツマイモ生産が日本一。「サツマ」はむかしの鹿児島県の呼び名である薩摩国のこと。ふつうに食べるだけでなく、焼酎造りにも使われるんだ。

観光　砂むし温泉

指宿市で特に有名なのが砂むし温泉。温泉の出る砂浜にねそべって、上から砂をかけてもらい、砂の熱で体を温めるんだ。市内には普通の温泉もあるよ。

しまった！おしっこもれそう…

産業

桜島大根

世界一の大きさでごわす
ぼくは世界一小さい

桜島大根は世界一大きなダイコンの種類。桜島の火山灰の土で育てることが大きさの秘密だよ。逆に、世界一小さいミカン・サクラジマミカンもあるんだ。

桜島大根はあまみが強いから、生で食べても煮てもおいしいよ。

方言クイズ

なんて言っているのか、考えてみよう！

① あったらしか

例）まだ使えるのに、あったらしかことするな。

② げんね

例）そげなこつして、げんねはねか。

③ わっぜ

例）３年生のときの担任は、わっぜ厳しい先生だった。

➡ 正解は P315 へ

産業

かごしま黒豚

鹿児島県は、ブタの飼育頭数が全国トップだよ。戦国時代から豚肉をさかんに食べていて、戦国大名の島津氏は、いくさにもブタを持って行ったんだ。
黒豚はバークシャーと呼ばれる種類のブタで、明治時代になって導入されたんだ。今では「かごしま黒豚」という有名なブランドになっているよ。

サツマイモを食べてるから
健康的なんです

サツマイモを混ぜたエサを与えないと「かごしま黒豚」とみとめられないんだ。

九州・沖縄地方
鹿児島県

交通 ななつ星 in 九州

高級ホテルみたいだ

ななつ星 in 九州は、JR九州が運行する寝台列車。半年ごとに運転する区間が変わるんだ。残念なことに、小学生のみんなは乗車できないよ。

産業 種子島宇宙センター

種子島には、日本産のロケットを発射する種子島宇宙センターがあるよ。でも発射のとき、センターの中に入れないんだ。外にある見学場から観察してみよう。

行くぜ！
ギュドーーン

みんなの給食 in 鹿児島県

鶏飯は奄美大島の郷土料理で、具をのせたご飯にとり肉のスープをかけて食べるんだ。また、骨付きの豚肉を使った豚骨料理も給食で出るよ。

鶏飯は、とり肉やシイタケ、きんし卵、パパイヤづけなど具だくさん。

豚骨のみそ煮は、地元のいも焼酎や黒砂糖も入れて煮こむんだ。

学んだ日
／
／
／
／
／

[P314方言クイズの答え] ①もったいない ②はずかしい ③とても

沖縄県

美しい海に囲まれ、年中暖かいよ。琉球王国として栄え、独自の文化が受けつがれてきたよ。

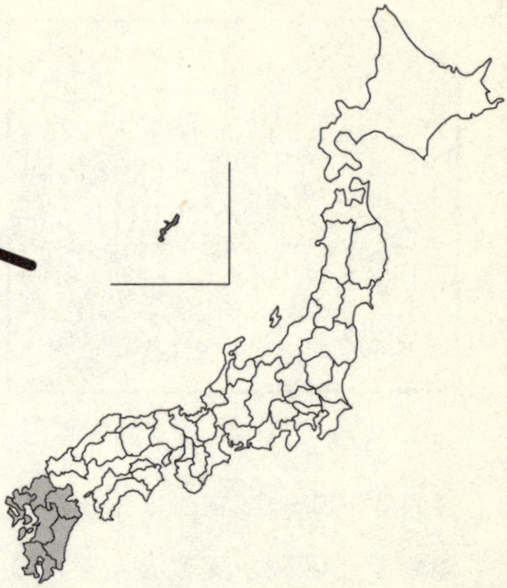

県庁所在地	那覇市
面積	2281㎢（全国44位）
人口	143万3566人（全国25位）

県の花　デイゴ
県の木　リュウキュウマツ
県の鳥　ノグチゲラ

ざわわ、ざわわ

サトウキビ畑、ひろーい！
たかーい！
高いものは3メートルにもなるの
すごい！
かじるとあまい
おいしい
フフフ、でもね…
ハブもいるのよ～
ニヤ
うわあっ!!

沖縄県ってこんなところ

パイナップル
シークワーサー
名護市
マンゴー
ゴーヤー
那覇市

沖縄県でよく食べられるゴーヤーの正式名はツルレイシ。苦味があるから、みんなの中には苦手な人もいるかも。

マングローブとは、海の上に生えている森のこと。西表島には広大なマングローブがあり、天然記念物になっているよ。

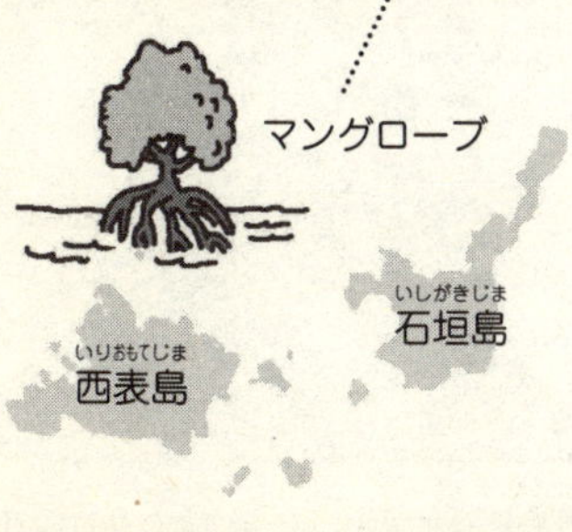
マングローブ
石垣島
西表島

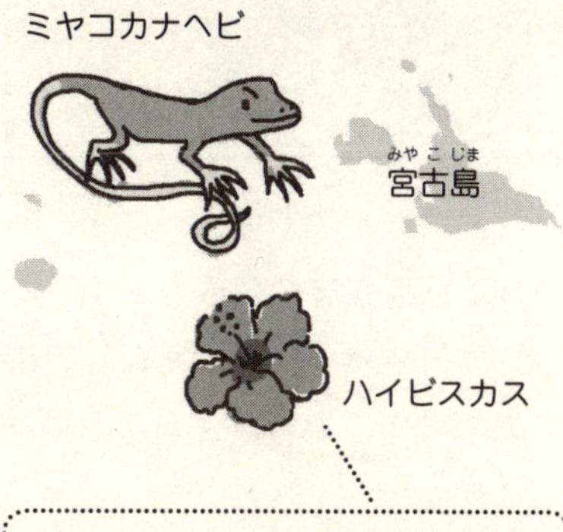
ミヤコカナヘビ
宮古島
ハイビスカス

ハイビスカスの花は沖縄県ではアカバナーと呼ばれ、生けがきや庭に植える木として広まっているよ。

学んだ日

／

／

／

／

／

自然 サンゴ礁

沖縄県の海は、きれいな海として世界中に知られているよ。特にサンゴ礁が有名で、約200種類ものサンゴが住んでいるよ。

でも、最近は海がよごれたり、海水の温度が上がったりしたことで、サンゴがへりつつあるんだ。美しいサンゴを守りたいね。

サンゴは動物なの

サンゴはクラゲなどに近い仲間なんだ。

産業 南国の果物

果物のパラダイスや～

沖縄県はすべての島が熱帯、もしくは亜熱帯の気候なので、マンゴーやパイナップルなどの南国の果物の生産がさかん。パパイヤも自生しているんだ。

アセロラやドラゴンフルーツなどの生産も行っているんだ。

動物 イリオモテヤマネコ

世界中で西表島だけに住んでいるイリオモテヤマネコ。生きている数が少なくて、とても貴重。ぜつめつが心配されているんだ。もし島で会えたとしても、そっとしてあげよう。

ん？もしかして…
あ、見つかっちゃった…

西表島に住んでいても、野生のものを見つけるのは難しいんだって。

もっと知りたい！沖縄県

沖縄県出身の有名人

- ◆安室奈美恵（歌手）
- ◆新垣結衣（女優）
- ◆川平慈英（タレント）
- ◆具志堅用高（元ボクサー）
- ◆仲間由紀恵（女優）
- ◆夏川りみ（歌手）
- ◆満島ひかり（女優）

ご当地グルメ

◆ゴーヤーチャンプルー

ゴーヤーととうふ、豚肉、野菜をいためた料理。チャンプルーとは、方言で「混ぜこぜにする」の意味なんだ。

◆沖縄そば

沖縄そばは、そば粉は使わず、小麦粉ベースの太い麺を使うよ。固めのうどんに近い、しっかりした歯ごたえがおいしいんだ。

学んだ日
／
／
／
／
／

観光　沖縄美ら海水族館

デカっ！

本部町にある「沖縄美ら海水族館」では、大きな水そうに大きなジンベイザメが泳いでいるよ。ジンベイザメは成長すると10m以上の大きさになるんだって。

歴史　シーサー

沖縄県の家や建物に置かれているのがシーサーの像。多くは2体１組で置かれていて、魔よけの意味があるんだ。みやげとしても観光客に大人気だよ。

沖縄は
楽しーさー！

交通 ゆいレール

グイイイイイン
沖縄で電車はおれだけ!

ゆいレールは、沖縄県でただ1つの電車。正式には「沖縄都市モノレール」と言うよ。車社会である那覇市の渋滞をへらすことにつながっているんだ。

「ゆい」は「ゆいまーる」の略で、「人と人との助け合い」のこと。

方言クイズ

なんて言っているのか、考えてみよう!

① にふぇーでーびる

例)めんそーち(来てくれて)、にふぇーでーびる。

② はいさい

例)はいさい。ちゃーがんじゅーね(元気かい)。

③ でーじ

例)うふぃーび(親指)ぶつけて、でーじ痛い。

➡ 正解はP321へ

歴史 首里城

那覇市にある首里城は、15世紀から19世紀まで沖縄を治めていた琉球王朝のお城だよ。城のあとなどは、2000年に世界遺産になっているんだ。

建物の多くは1992年に復元されたもの。他の日本の城とちがって、中国の城に似た建物なんだ。色が赤くぬられているのも中国風。

カッコいい

1958年に再建された守礼門は、二千円札にえがかれているよ。

自然 エイサー

イーヤーサーサー

エイサーは、沖縄県でお盆の時期に行われるおどり。若い人びとにも大人気で、県の各地でエイサーのイベントが行われているよ。

グルメ 沖縄料理

沖縄県は独特の食文化が発達しているよ。豚肉やモズク、コンブなどの海そうを使った料理が多いんだ。アメリカの料理の影響も大きいよ。

ぼくらはひづめと鳴き声以外、すべて食べられるのです

みんなの給食 in 沖縄県

沖縄県ではヘチマを使った料理が多く、給食でも出るよ。また、タコライスなど県外でもおなじみの沖縄料理もメニューになっているんだ。

ヘチマのみそ汁。ヘチマは地元ではナーベーラーと呼ばれているよ。

タコライスは、メキシコ料理のタコスの具をごはんの上にのせたメニュー。

学んだ日
／
／
／
／
／

[P320方言クイズの答え] ①ありがとうございます ②こんにちは ③とても

コラム　日本一よく眠っているのは？

「学校がなければ、ずっと眠っていられるのに…」なんて、思うこともあるよね。都道府県の中で、最もすいみん時間が長いのは青森県。1日8時間眠っているんだ。健康的だね。

逆に、最もすいみん時間が短い都道府県は埼玉県。青森県より28分少ないんだ。以下、千葉県、神奈川県、兵庫県、奈良県と続くよ。忙しい人が多そうな東京都や大阪府ではなく、その周りにある県のほうが、通勤・通学する時間の分だけ、すいみん時間が短いのかも。

すいみん時間の多い都道府県

1	青森県	8時間
2	山形県	7時間56分
3	岩手県	7時間55分
4	島根県・高知県 宮崎県	7時間53分

すいみん時間の少ない都道府県

1	埼玉県	7時間32分
2	千葉県	7時間33分
3	神奈川県	7時間34分
4	兵庫県・奈良県	7時間35分

※10才以上の男女の土日を含む週全体の平均値（総務省統計局「平成28年社会生活基本調査」）

8章

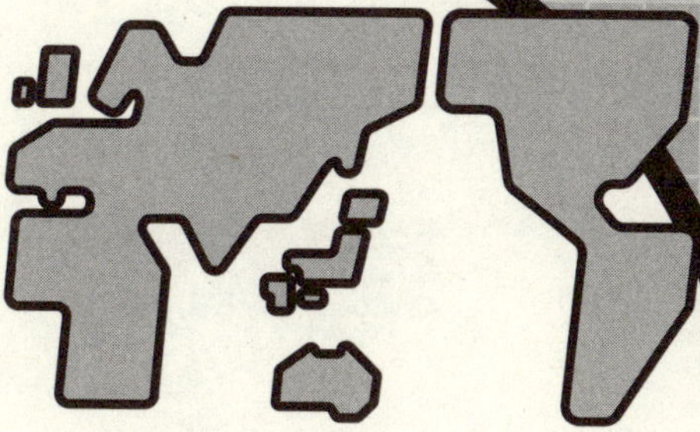

世界の国

世界はどんなところ？

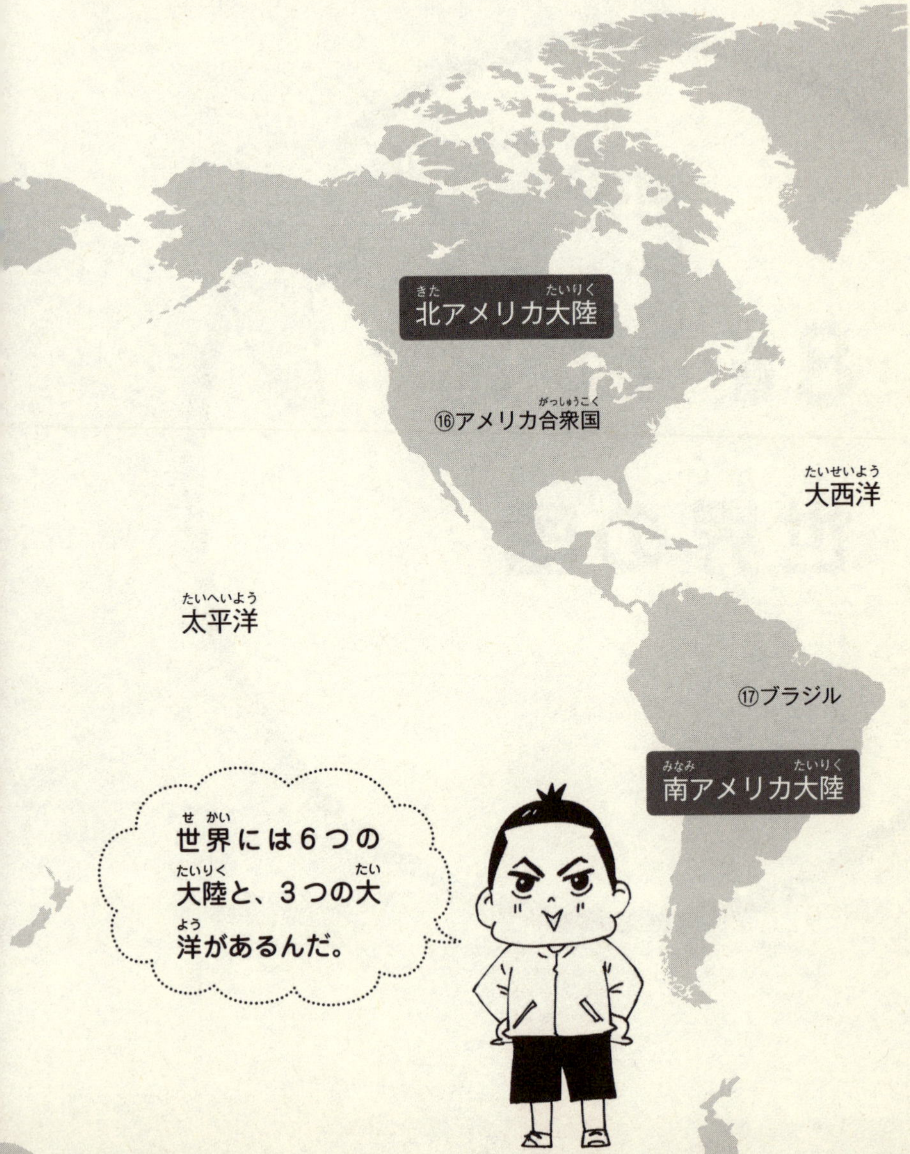

北アメリカ大陸
⑯アメリカ合衆国
大西洋
太平洋
⑰ブラジル
南アメリカ大陸
世界には6つの大陸と、3つの大洋があるんだ。

北極海
⑫イギリス
⑪ロシア
ユーラシア大陸
⑭ドイツ
⑬フランス
⑮イタリア
①中国
②韓国
エジプト⑱
⑩サウジアラビア
⑨インド
④タイ
③ベトナム
アフリカ大陸
⑤マレーシア
⑥シンガポール
⑦インドネシア
インド洋
オーストラリア⑧
オーストラリア大陸
南極大陸

学んだ日

／

／

／

／

／

①

中国

人口が 14 億人以上と世界一多いんだ。近年は経済が発展し、さまざまな国の企業が中国に進出したんだ。

首都	北京
面積	約960万㎢
人口	約13億7600万人

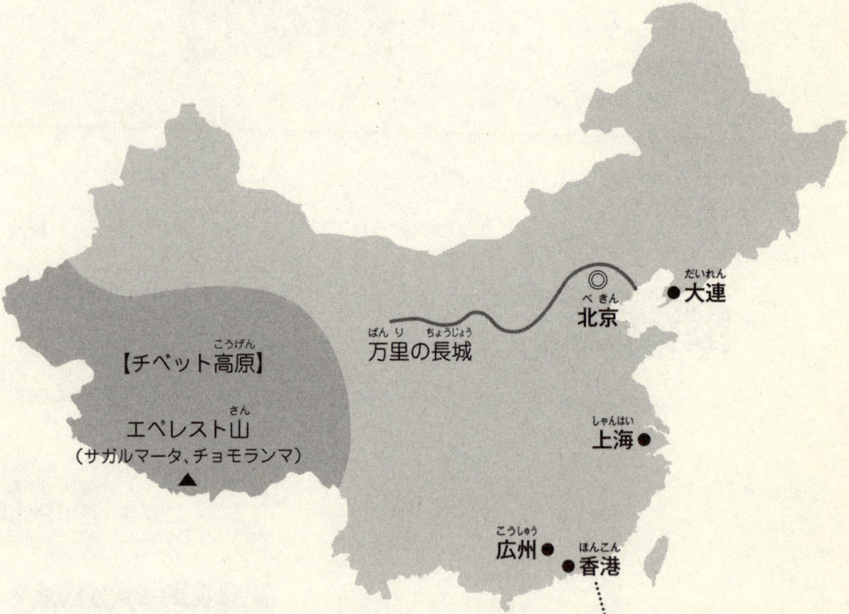

北京
大連
万里の長城
【チベット高原】
エベレスト山
（サガルマータ、チョモランマ）
上海
広州
香港

観光地として大人気の香港は、1997 年まではイギリスの一部だったんだ。今でもイギリス風の文化が残っているよ。

ポイント 世界の工場

中国は1990年代以降、経済が大きく成長。特に工業が発展して「世界の工場」と呼ばれているよ。いろいろな国の企業も進出し、上海や広州などの都市も大きく発展して、人びとの生活レベルが格段に向上したよ。

着ているものすべて
メイド・イン・チャイナ!
HIP HOP

ポイント 日本文化にも影響

中国は、昔から日本の文化にとても多くの影響を与えた国。ラーメンやぎょうざだけじゃない。漢字も仏教も政治の仕組みも、当時の中国から入ってきたんだ。

このはしもお茶も中国から来たよ
何と!

ポイント 中華料理と言っても…

日本でも広く食べられている中華料理。でも、中国はとても広くて地方ごとに作られる料理が全く異なるんだ。マーボーどうふは内陸部の料理だし、ぎょうざは北部の料理。シュウマイやチャーシューは南部の料理だよ。

学んだ日
／
／
／
／
／

② 韓国

日本のとなりの国で、貿易や観光などで日本とつながりが深いよ。「大韓民国」とも呼ばれているよ。

首都	ソウル
面積	約10万㎢
人口	約5150万人

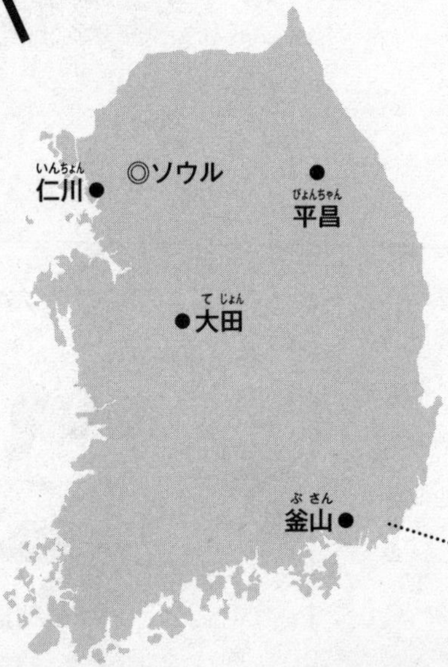

仁川
◎ソウル
平昌
大田
釜山

釜山は世界有数の貨物港。昔から日本とのつながりが深く、今も下関や福岡、大阪などへのフェリー航路があるよ。

ポイント 韓国料理が人気

韓国は日本のとなりの国。英語ではコリアと呼ぶよ。キムチ、焼肉などの韓国料理は日本で広く食べられているし、K-POP や韓国ドラマも人気があるんだ。

コリアうまい!

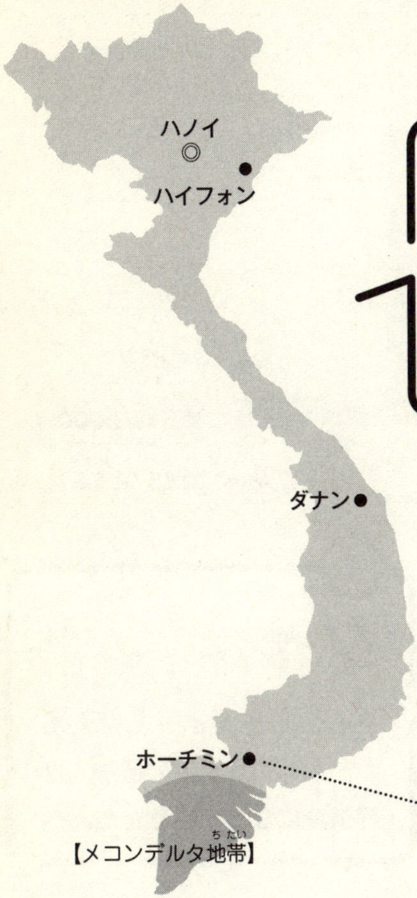
ハノイ
ハイフォン
ダナン
ホーチミン
【メコンデルタ地帯】

③ ベトナム

南北に長い形がとくちょう的。フォーや春巻などの料理は、日本でもおなじみ。

首都	ハノイ
面積	約32万9241㎢
人口	約9270万人

ホーチミンはベトナム最大の都市で、経済・文化の中心。国をつくったホー・チ・ミンという人の名前を都市名にしたんだ。

学んだ日
／
／
／
／
／

ポイント フォーとアオザイ

ベトナムは、フォーなどの麺料理やアオザイという服が日本で人気。また、かつてフランスの植民地だったから、フランスパンが広く食べられているよ。オートバイの台数も多いんだ。

みんな日本のバイクに乗っているよ

チェンマイ
アユタヤ
バンコク

チェンマイはかつてタイの首都だったところ。たくさんの寺や遺跡があって、日本でいう京都みたいなところなんだ。

首都	バンコク
面積	約51万4000㎢
人口	約6572万人

④ タイ

古くから王国として栄えたよ。古都アユタヤの遺跡は世界遺産になっているんだ。

ポイント 仏教徒が多い

タイ料理で有名なタイは国民の多くが熱心な仏教徒。また国王はとても尊敬されていて、国王をたたえる歌が１日２回流れると、国民は必ず立ち止まるんだ。

れいぎ正しい
国なのよ
ピタッ

⑤ マレーシア

マレー半島南部とボルネオ島の北部にある多民族国家で、マレー語や英語が使われているよ。

首都	クアラルンプール
面積	約33万㎢
人口	約3119万人

コタキナバル
クアラルンプール
マラッカ
カリマンタン
（ボルネオ島）

学んだ日

／
／
／
／
／

ポイント **多民族国家**

マレーシアは東南アジアを代表する多民族国家だよ。もともと住んでいたマレー系のほか中国系（華僑とプラナカン）、インド系の人も多く暮らしているんだ。

みんなで！
仲よく！

⑥ シンガポール

赤道が近くを通る常夏の国。面積は東京23区より少し大きいくらい。シンガポールという都市が1つの国なんだ。

首都	なし
面積	約719㎢
人口	約561万人

シンガポール
0
20㎞

ポイント 教育熱心な国

マレー半島の南のはしにあるシンガポール。教育のレベルがすごく高いことで世界的に知られており、海外から子どもの教育のために移住する家族もいるよ。

英才教育するザマス！

⑦ インドネシア

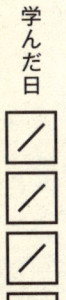

ジャワ島、スマトラ島、カリマンタン、スラウェシ島など、多くの島からなるよ。首都ジャカルタはジャワ島にあるよ。

首都	ジャカルタ
面積	約189万㎢
人口	約２億5500万人

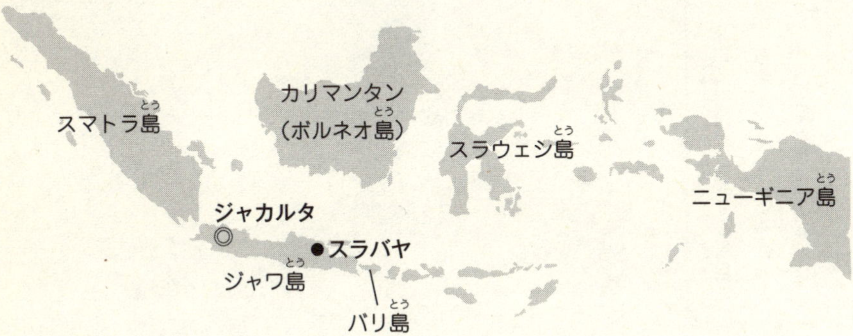
スマトラ島
カリマンタン
（ボルネオ島）
スラウェシ島
ニューギニア島
ジャカルタ
スラバヤ
ジャワ島
バリ島

学んだ日

／

／

／

／

／

ポイント イスラム教徒が多い

インドネシアは日本の２倍の人口が住んでいて、多くがイスラム教徒。世界最大のイスラム教の国でもあるんだ。バリ島がリゾート地として有名だよ。

バリ島の夕日は美しい…

⑧

オーストラリア

オーストラリア大陸やタスマニア島からなる南半球の国。アボリジニと呼ばれる先住民も有名だよ。

首都	**キャンベラ**
面積	**約769万2024㎢**
人口	**約2413万人**

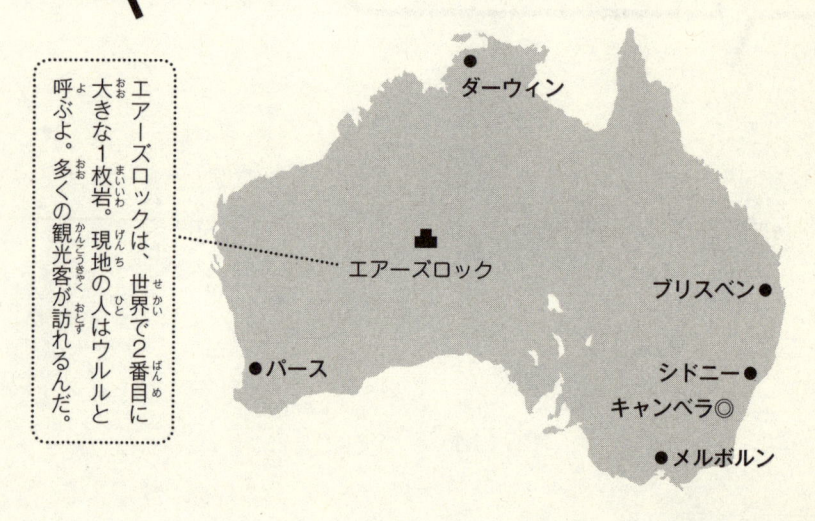

エアーズロックは、世界で2番目に大きな1枚岩。現地の人はウルルと呼ぶよ。多くの観光客が訪れるんだ。

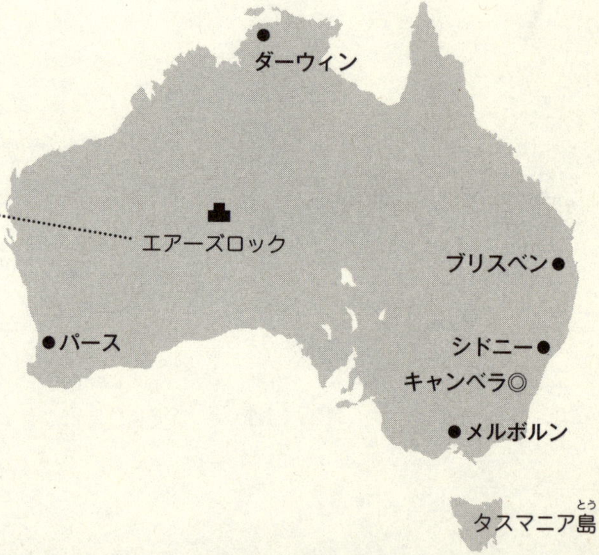
ダーウィン
エアーズロック
ブリスベン
パース
シドニー
キャンベラ◎
メルボルン
タスマニア島

ポイント かわいい動物に会える

オーストラリアはコアラやカンガルーなど、他の大陸では見られない動物がいっぱい。また鉄鉱石や石炭、ボーキサイトなどの資源が豊富にとれる国なんだ。

子どもはおなかの袋で
育てるの!

⑨ インド

人口は世界２位。仏教が生まれた国だけど、今はヒンドゥー教徒が多いんだ。

インドで最も有名な観光スポットがタージ・マハル。かつての王妃の墓で、白い大理石で作られていてすごくきれいだよ。

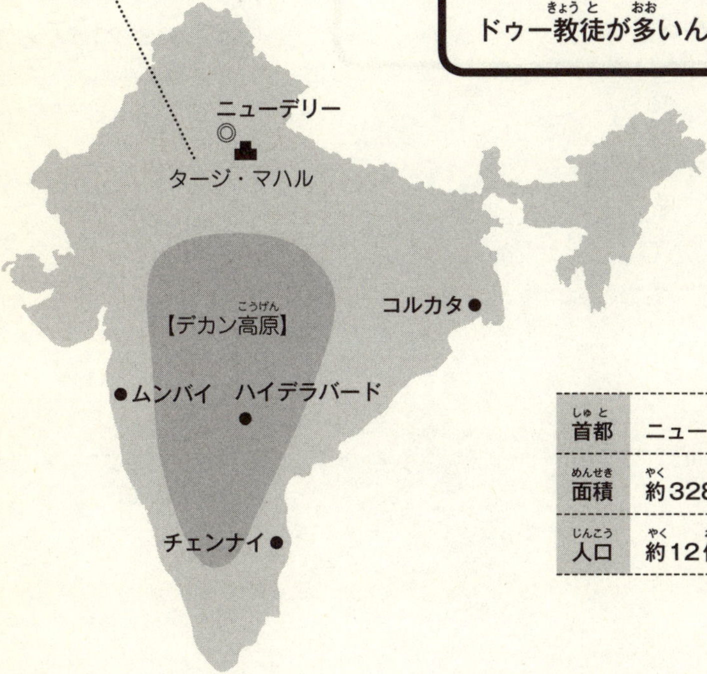
ニューデリー
タージ・マハル
コルカタ
【デカン高原】
ムンバイ
ハイデラバード
チェンナイ

首都	ニューデリー
面積	約328万7469㎢
人口	約12億1057万人

学んだ日

／

／

／

／

／

ポイント カレーと映画の国

インドは、ヒンドゥー教の信者が多い国。カレーに代表されるインド料理は、香辛料をたくさん使うよ。

また映画の人気が高く、世界で１、２を争う数が作られる国でもあるんだ。

牛は聖なる動物だよ…
あっ！
ふにっ

⑩ サウジアラビア

アラビア半島にある王国で、国土の多くを砂漠が占めるんだ。原油生産量は世界2位だよ。

首都	リヤド
面積	約215万㎢
人口	約3228万人

ダンマーム●
リヤド◎
●メッカ
アラビア半島

ポイント 聖地メッカ

サウジアラビアは原油を世界中に輸出している国。国民のほとんどがイスラム教徒で、イスラム教の聖地であるメッカもあるんだ。メッカは世界中のイスラム教徒が集まるよ。

メッカはすごい人！

⑪ ロシア

ヨーロッパとアジアにまたがる国。シベリアなどの寒い地域には、１年中こおった大地が広がっているよ。

首都	モスクワ
面積	約1710万㎢
人口	約１億4680万人

サンクト
ペテルブルグ
モスクワ
【シベリア】
ウラジオストク

学んだ日
／
／
／
／
／

ポイント 資源が豊富

ロシアは面積が世界で最大の国。天然ガスや原油の産出量は世界トップクラスだよ。ピロシキなどのロシア料理やマトリョーシカ人形も知られているよ。

ウオッカという酒も大好き！
それ石油！

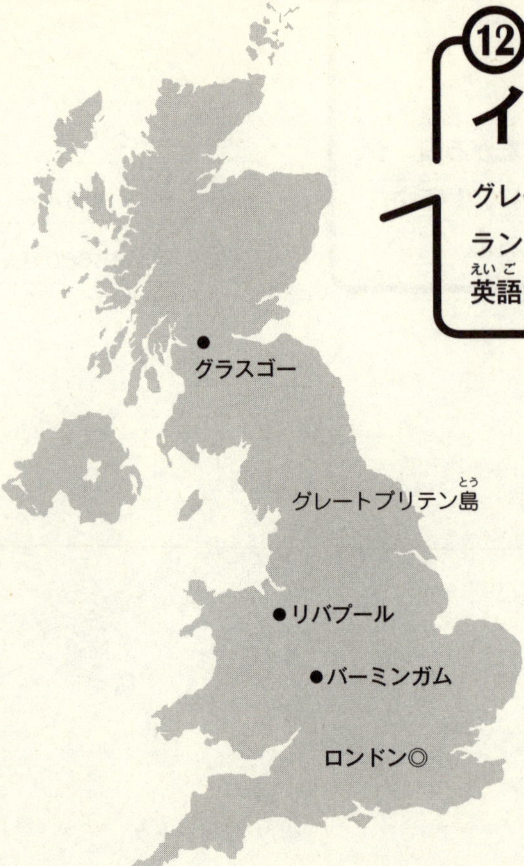
グラスゴー
グレートブリテン島
リバプール
バーミンガム
ロンドン◎

⑫ イギリス

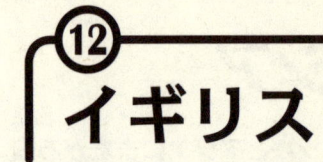

グレートブリテン島やアイルランド島北東部からなる国。英語が生まれたところだよ。

首都	ロンドン
面積	約24万3000㎢
人口	約6511万人

ポイント 産業革命が起こった国

イギリスは、君主がいる国。18～19世紀の産業革命で世界で最も早く工業が発達したよ。最近はポピュラー音楽など、文化面でも世界的に有名なんだ。

ロック！
パンク！
演歌！
きみはちがう…

⑬ フランス

大西洋と地中海に面する西ヨーロッパの国で、小麦やワインの生産がさかんだよ。エッフェル塔がトレードマーク。

首都	パリ
面積	約54万4000㎢
人口	約6699万人

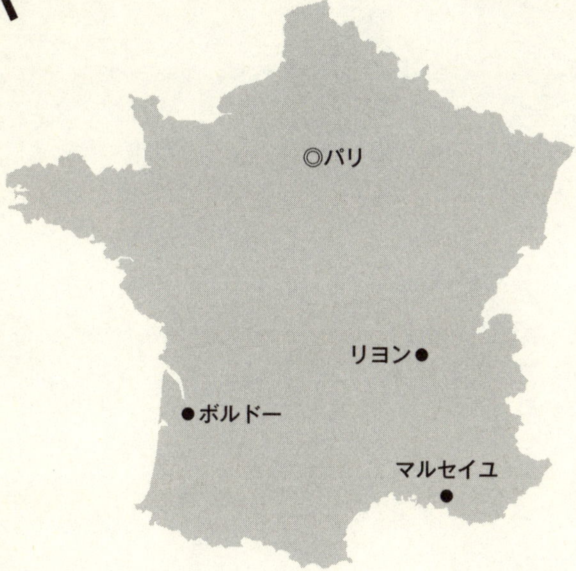
◎パリ
リヨン●
●ボルドー
マルセイユ

学んだ日

／

／

／

／

／

ポイント 「花の都」パリ

フランスは美術、ファッション、映画、食文化などで世界をリードする国。首都であるパリは「花の都」と呼ばれ、多くの芸術家たちが集まる都市だよ。

東京タワーだ！
パリのエッフェル塔よ

⑭ ドイツ

工業がさかんな国で、EU（欧州連合）ではリーダー的な存在だよ。ソーセージやビールがおいしいんだ。

首都	ベルリン
面積	約35万7000㎢
人口	約8218万人

ハンブルグ
ベルリン◎
ケルン
フランクフルト
ミュンヘン

ポイント 自動車メーカーがずらり

ドイツはヨーロッパで最大の工業国。特に自動車工業がさかんで、フォルクスワーゲンやBMW、メルセデス・ベンツは世界中の人びとが乗っているよ。

ぼくの鼻みたい！
BMWの車ね

⑮ イタリア

長ぐつのように南北に細長い形をしているよ。パスタなどのイタリア料理が大人気。

ミラノ
ベネチア
トリノ
フィレンツェ
ローマ
ナポリ
サルデーニャ島
シチリア島

首都	ローマ
面積	約30万1000㎢
人口	約6070万人

学んだ日

／

／

／

／

／

ポイント 観光スポットがたくさん

イタリアのローマやフィレンツェといった都市には歴史的な遺産がたくさん。世界中から観光客がやってくるんだ。もちろんイタリア料理もお目当てだよ。

ピザがおいしい！
ピザじゃなくてピッツァ！

16 アメリカ合衆国

50の州からなる国で、経済力がとても強いんだ。広い国土を生かして、多くの農産物を生産・輸出しているよ。

首都	ワシントンD.C.
面積	約962万8000㎢
人口	約3億875万人

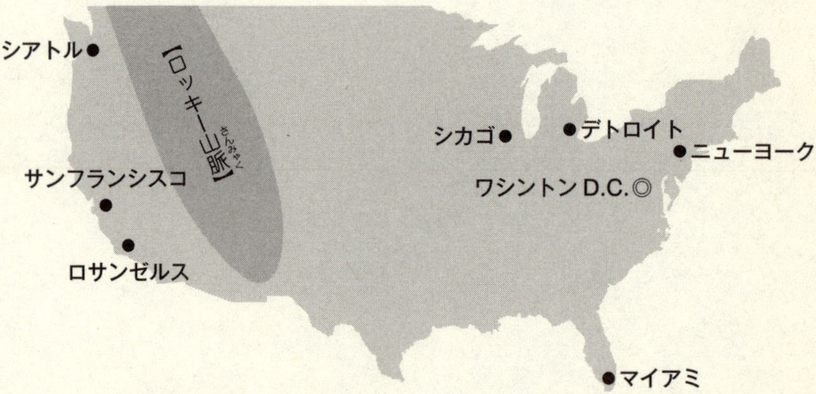
シアトル
ロッキー山脈
サンフランシスコ
ロサンゼルス
シカゴ
デトロイト
ニューヨーク
ワシントンD.C.
マイアミ

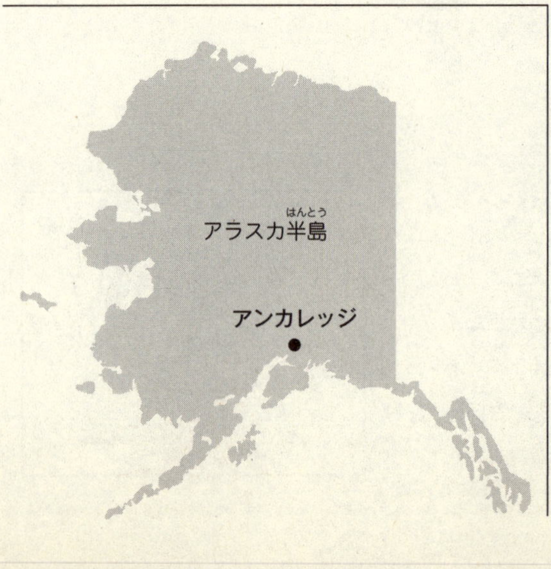
アラスカ半島
アンカレッジ

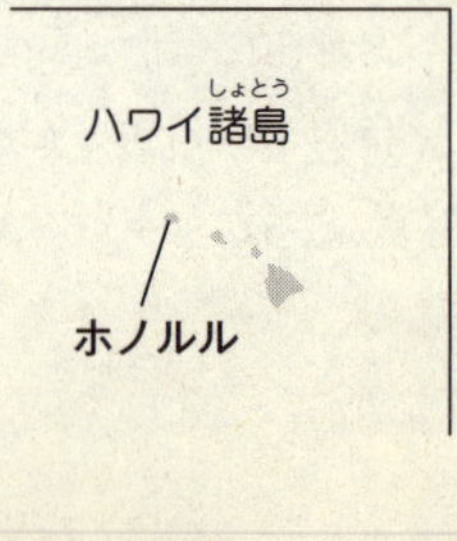
ハワイ諸島
ホノルル

ポイント 人種のサラダボウル

アメリカは、ヨーロッパから移民した人びとが造った国。今もさまざまな民族が移民してきている多民族国家なんだ。「人種のサラダボウル」とも呼ばれているよ。

みんなでサラダの
味を作っているんだ！

ポイント 新しい文化で世界をリード

アメリカは第2次世界大戦後、日本の文化にも大きな影響を与えたよ。ハンバーガーやコーラ、デニム、コンビニエンスストア、インターネットもアメリカ生まれなんだ。

かたくない、自由な文化なのよ

ポイント 日本人のあこがれ！ ハワイ

アメリカの50州のうち、ただ1つだけ北アメリカ大陸にないのがハワイ州。太平洋にある島じまで、アメリカ大陸から約3200㎞はなれているよ。明治時代から日本人の移民が多く、今はリゾート地として大人気なんだ。

学んだ日
／
／
／
／
／

17

ブラジル

南アメリカ大陸で一番大きい国で、アマゾン川流域には広大な熱帯雨林が広がるよ。近年では、経済が発展。

首都	ブラジリア
面積	約851万2000㎢
人口	約2億784万人

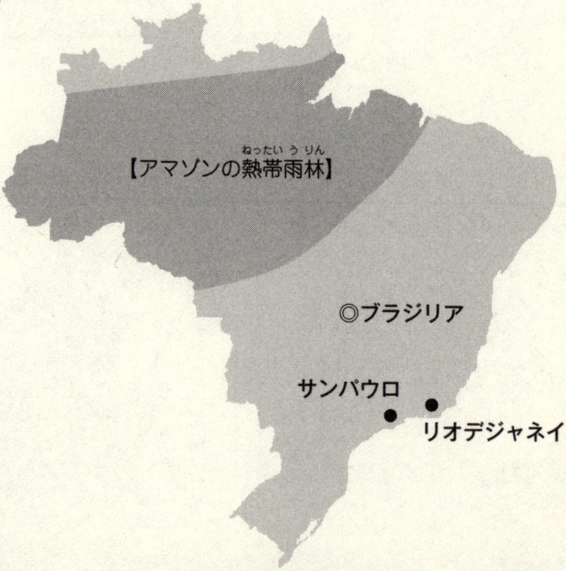

【アマゾンの熱帯雨林】
◎ブラジリア
サンパウロ
リオデジャネイロ

ポイント **日系ブラジル人も多い**

ブラジルは明治・大正時代には多くの日本人が移り住んだ国でもあるんだ。赤道が通る熱帯の国で、陽気な人びとが多く、サッカーやリオのカーニバルが有名なんだ。

移住してもう110年じゃよ…

⑱

エジプト

アフリカ大陸の北東部にあり、広大な砂漠が広がるよ。古代文明が栄え、天文学などの科学が発達したんだ。

首都	カイロ
面積	約100万㎢
人口	約9304万人

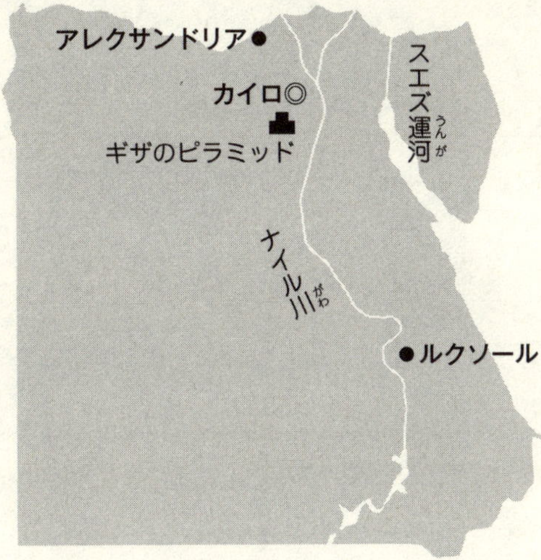
アレクサンドリア
カイロ◎
ギザのピラミッド
スエズ運河
ナイル川
ルクソール

学んだ日

／

／

／

／

／

ポイント **ナイル川を中心に発展**

エジプトは、ナイル川という大きな川沿いに、古くから文明が発達した国。ピラミッドやスフィンクスなどの、石造の遺跡が有名だよ。

わたしは女性なの！

「この本を読んで」なんて言ったけど大丈夫かしら？
特にユウキが気になるわ
そ…
ちょっと様子をのぞいてみようっと
島根はシジミがすごく取れるらしい
そうなのね
ちゃんと読んでいるようじゃない
あ、おばあちゃん
読めば読むほど都道府県をもっとくわしく知りたくなったの！
あら！それはいいことよ
次は、自分でいろいろと調べてみるといいわね
え？

知りたいことを自分で調べるのはとても楽しいのよ
図書館に行ったり、地域の人に話を聞くのもいいわ
やってみる！
だから…
?
おばあちゃん、今、紙を落としたわ
・・・
どれどれ…これは!?
ド
スニャップ
@東京ドー
2018. 0.
アイドルのライブのチケット！
しかも今日の！
沖縄から出てきた理由はこれか…
うそつき…
い…いやあ そんなに怒らないでよ

さくいん

参考資料・ホームページ

『データでみる県勢 2017年版』（矢野恒太記念会）／『最新記念地図ー世界・日本ー 41訂版』（帝国書院）／『朝日ジュニア学習年鑑別冊 イラストマップとデータでわかる日本の地理』（朝日新聞出版）／『はっけん！ NIPPON 地図と新聞で見る47都道府県』（PHP研究所）／総務省統計局ホームページ（http://www.stat.go.jp/）／総務省ホームページ（http://www.soumu.go.jp）／農林水産省ホームページ（http://www.maff.go.jp）／外務省ホームページ（http://www.mofa.go.jp/mofaj/）／各都道府県ホームページ　など

※都道府県データは、総務省統計局「平成27年国勢調査」に基づいております。

[監修] **陰山英男**（かげやま ひでお）

1958年、兵庫県生まれ。陰山ラボ代表（教育クリエイター）。岡山大学法学部卒業後、小学校教員に。「百ます計算」や漢字練習の「読み書き計算」の徹底した反復学習と生活習慣の改善に取り組み、子どもたちの学力を驚異的に向上させた。その指導法「陰山メソッド」は、教育者や保護者から注目を集め、陰山メソッドを教材化した「徹底反復シリーズ」は800万部の大ベストセラーに。
文部科学省中央教育審議会特別委員、大阪府教育委員長、立命館大学教授を歴任し、全国各地で学力向上アドバイザーも行っている。主な著書に『ポジティブ習慣』（リベラル社）、『だから、子ども時代に一番学習しなければいけないのは、幸福です』（小学館）ほか多数。小学生向けの学習教材や『陰山手帳』（ダイヤモンド社）でも有名。

コミック	加藤のりこ
イラスト	アンドウカヲリ・イケウチリリー・さややん。・BIKKE・深蔵
装丁デザイン	長谷川有香（ムシカゴグラフィクス）
本文デザイン	渡辺靖子（リベラル社）
編集	猫塚康一郎・堀友香（リベラル社）
編集協力	土井明弘・山崎香織
編集人	伊藤光恵（リベラル社）
営業	廣田修（リベラル社）

編集部　上島俊秀
営業部　津田滋春・青木ちはる・栗田宏輔・中西真奈美・榎正樹・澤順二

マンガ×くり返しでスイスイ覚えられる 47都道府県と世界の国

2017年12月24日　初版
2018年 2月 3日　再版

編　集	リベラル社
発行者	隅 田 直 樹
発行所	株式会社 リベラル社 〒460-0008　名古屋市中区栄3-7-9　新鏡栄ビル8F TEL 052-261-9101　FAX 052-261-9134　http://liberalsya.com
発　売	株式会社 星雲社 〒112-0005　東京都文京区水道1-3-30 TEL 03-3868-3275

 ISBN978-4-434-24156-7
 115001